Lo que la gente está diciendo acerca de…

llegando a ser *yo misma*

"Stasi Eldredge y yo tenemos mucho en común. Por años estuve paralizada por el temor y la inseguridad—atrapada en mi propia prisión. Dios me dirigió en un viaje hacia la libertad que me está ayudando a llegar a ser la persona que Él creó que fuera. Si necesitas una transformación real desde tu interior, te animo a leer *Llegando a Ser Yo Misma*. ¡Aprende a verte a ti misma tal como Dios te ve!"

Betty Robison, autora de *Libre para ser Yo*
(Free to Be Me) y coanfitriona del programa
de televisión "LIFE Today"

"Toda hija desea que su padre se sienta orgulloso de ella, y no hay mayor forma de glorificar a nuestro Padre celestial que llegando a ser quien Dios te creó que fueras. Llegando a Ser Yo Misma es tapiz tejido magistralmente de las Escrituras, con vulnerabilidad y aplicaciones prácticas a medida que Stasi te invita a ser tú misma."

Lisa Bevere, oradora y autora de *Chicas con Espada*
(Girls with Swords) y *Leonas Levantándose (Lioness Arising)*
Messenger International

"La lectura de *Llegando a Ser Yo Misma* de Stasi Eldredge es como pasar el tiempo con una amiga cercana quien entiende de primera mano las luchas internas que las mujeres enfrentan y quien desea más que nada ayudarnos a ganar esas batallas. El cúmulo de mensajes negativos plantados en lo profundo del alma de una mujer a través del abuso emocional y sexual, y las pérdidas y decepciones de la vida produce una parálisis de duda y de miedo. Stasi ofrece esperanza de que confrontar estas batallas podría ser la forma en que Dios nos equipa para el trabajo del reino que Él nos llama a hacer."

Carolyn Custis James, autora de
La Mitad de la Iglesia (Half the Church)

"*Llegando a Ser Yo Misma* es un libro espléndido. Stasi es generosa con su sabiduría, su humor y su historia, y el impacto es una profunda sed por vivir esa clase de libertad que se nos ha otorgado. Stasi profundiza en las Escrituras y en su propia vida para traer un libro significativo y de disfrute—uno que nos llama a profundizar, a profundizar en nuestro ser porque esto le agrada a Dios. Leer este libro es como sentarse con Stasi a escuchar las historias de todo lo que ha formado y transformado su vida. Hay esperanza sobreabundante en este libro—la esperanza de que puedo llegar a ser yo misma a medida que Jesús derrama Su amor en mí y lo extiende en mí. Consigue este libro. Es un tesoro."

Jan Meyers Proett, consejera, oradora y autora
de *El Encanto de la Esperanza (The Allure of Hope)*
y *Prestando Atención al Amor (Listening to Love)*

"En casi todos los lugares a donde he ido a hablar en la pasada década, mucha gente me ha confundido con Stasi Eldredge (porque nuestros nombres y apellidos suenan similares). Es cómico. Luego, cuando vi su libro titulado *Llegando a Ser Yo Misma*, no pude resistir el reírme por la ironía del mismo— un libro acerca de 'llegar a ser yo misma,' ¡escrito por la persona con la que me confunden a menudo! Pero la ironía no se detuvo ahí. A medida que me adentré en las páginas, me di cuenta de que Stasi y yo bien pudiéramos ser la misma persona—y ¡mi sospecha es que tú también dirás lo mismo cuando leas este libro! Todas tenemos las mismas voces de vergüenza que hacen eco en nuestras mentes, la misma fuerza estricta para autodisciplinarnos, la misma noción de que algún día triunfaremos en hacer mejor y en organizarnos. ¡Esto es tan agotador y autodestructivo! Pero prepárate para que finalmente te sientas cómoda en la piel que Dios te puso, ¡a medida que Stasi revela cómo exactamente bajarse de ese alocado tren! *Llegando a Ser Yo Misma* es un recordatorio impresionantemente hermoso de que Dios nos ama, nos acepta y nos celebra—*no algún día*, sino *ahora mismo*."

Shanon Ethridge, MA, reconocida autora de veinte libros, incluyendo la serie de La Batalla de Cada Mujer (Every Woman's Battle)

"Lo bueno del escrito de Stasi Eldredge no es sólo que ella es sabia o real o con experiencia—sino que impregna todas las verdades con su calidez y se hace sentir como una amiga que nos impulsa a entrar en la belleza y en la portadora de imagen de nuestro ser. Simultáneamente, nos invita a subir y a salir de cada cosa paralizante y falsa que nos aleja de Cristo, el Único y el Todo."

Ashley Cleveland, escritora de música, músico y autora de *La Pequeña Oveja Negra* (Little Black Sheep)

"¿Quién estoy llegando a ser? ¿Quién quiero llegar a ser? ¿Habrá alguna mujer honesta allá afuera quien pudiera ayudarme en mi viaje? Mi respuesta es ¡SÍ! Stasi Eldredge escribió la historia de su llegar a ser, y aplaudo a Stasi por su honestidad, su vulnerabilidad y por ser realista en *Llegando a Ser Yo Misma*. ¡Cuán refrescante es para una líder cristiana verter esperanza en el corazón de mujeres de Dios al ser real! Permítele a Stasi agarrarte de la mano y delicadamente dirigirte hacia el sueño de Dios para ti. ¡Lee este libro! ¡Es transformador!"

Linda Dillow, autora de *Calma mi Corazón Ansioso* (Calm My Anxious Heart) y *¿Qué se Siente estar Casada Conmigo?* (What's It Like to Be Married to Me?)

"*Llegando a Ser Yo Misma* se lee como cartas de amor hacia nosotras mismas, escritas con la mano de Jesús alrededor de la nuestra mientras sostenemos el bolígrafo. Su mano guía pone una nueva dirección en la interpretación del dolor y la gloria profundamente enterrada en nuestras historias. Si alguna vez has sufrido del síndrome de Ricitos de Oro de 'se siente demasiado' o 'no se siente tan', Stasi Eldredge te llevará por el camino de 'esto sí está perfecto' en Cristo."

Kimberly L. Smith, autora de
El Pasaporte a Través de la Oscuridad
(Passport through Darkness) y
copresidenta de Make Way Partners

llegando a ser
yo misma

stasi eldredge

reconocida autora de *Cautivante*
en el *New York Times*

llegando a ser
yo misma

*abrazando el sueño
de Dios para ti*

LLEGANDO A SER YO MISMA
Publicado por David C Cook
4050 Lee Vance View
Colorado Springs, CO 80918 E.U.A.

Distribución en Canadá David C Cook
55 Woodslee Avenue, Paris, Ontario, Canada N3L 3E5

David C Cook Reino Unido, Kingsway Communications
Eastbourne, East Sussex BN23 6NT, Inglaterra

El logo gráfico circular con la C es una marca registrada de David C Cook.

LCCN 2013942317
IBSN 978-1-4347-0622-5
eISBN 978-0-7814-0981-0

©2013 Stasi Eldrege
Impresa en asociación con Yates & Yates, www.yates2.com

El Equipo: Terry Behimer, Karen Lee-Thorp, Nick Lee, Caitlyn Carlson, Karen Athen
Diseño de la portada: Amy Konyndyk

Impreso en los Estados Unidos de Norteamérica
Primera Edición 2013

1 2 3 4 5 6 7 8 9 10

060613

Para John
A ti, a quien amo

contents

1

¿realmente cambia alguien alguna vez?

Los padres de mi esposo venían de visita—razón más que suficiente, como toda mujer bien sabe, para pintar el sótano sin dejar a un lado la limpieza de la nevera. Cuando esperamos visita, nos esforzamos por hacer lo mejor, especialmente si esa visita son los suegros. Nos teñimos el cabello, compramos una blusa nueva, tapamos con pasta dental los agujeros de los clavos en la pared; hacemos un esfuerzo adicional para enseñar al perro a sentarse y a nuestros hijos a leer, a sentarse derechitos y a masticar con la boca cerrada— todo esto dentro de un período de más o menos cuarenta y ocho horas.

Unos días antes de su llegada, la madre de John me había mencionado que durante su visita quería llevarme a dar un masaje.

Huy.

Nunca me habían dado un masaje, y el mero hecho de pensar en que algún extraño tocara mi cuerpo, *no* me llamaba la atención. Mi suegra me aseguró que me encantaría. Albergué la esperanza de que así fuera, aunque dentro de mí no estaba convencida. Sabrás que la verdadera razón era que no me gustaba mi cuerpo, me avergonzaba de él. No me entusiasmaba la idea de exponerlo en manos de algún masajista extraño. ¿Cómo se puede perder diez libras en cuatro días? Busqué en Google y encontré que podía lograrlo con jugo de limón y pimienta de cayena. No pude hacerlo, pero tenía que ir. Era su regalo para mí, y le emocionaba la idea de dármelo. Yo tenía que estar agradecida de recibirlo, o al menos aparentarlo.

Luego de registrarnos en el spa, nos dieron unas suaves y lujosas batas de baño, y un par de pantuflas plásticas. Nos mostraron el área para cambiarnos, el cual tenía casilleros para nuestra ropa, nuestros bolsos y nuestras joyas. Miré a mamá y con temor le pregunté: "¿*Toda* nuestra ropa?"

"Sí, toda tu ropa." Al ver la expresión en mi rostro, amablemente agregó: "Puedes quedarte con tu ropa interior, si eso te hace sentir más cómoda."

Ummmm... *Sí.*

Llegó el momento para intentar desvestirme discretamente y ponerme la bata de baño sin exponer ni una pulgada de piel a ninguna mujer que se le ocurriera echar un vistazo en mi dirección. Era difícil, pero estaba decidida a hacerlo. Además de sentirme incómoda, sentí vergüenza. La bata de baño, la cual era talla única, no me quedó bien. Estaba muy gorda.

Me aseguré que mi rostro no reflejara emoción ninguna, me vestí nuevamente, y me dirigí al frente para decir las palabras más temidas: "Esto no me queda. ¿Tiene algo más grande?"

Tenían una bata de baño más grande, una bata para hombre. Era extra grande y de un color muy diferente a las batas de baño para las mujeres.

Aquí estábamos en este spa, sentadas en la sala de espera, rodeadas de muchas otras mujeres que llevaban puestas batas de baño que combinaban, y yo llevaba una que bien podría haber estado parpadeando un letrero, con luz color naranja y brillante en la oscuridad, el mensaje: "obesa."

Me fui al baño y me eché a llorar. Prometí no volver a estar en esa situación de nuevo.

Pero, once años más tarde, después de haber perdido cien libras y recuperado noventa, estaba de nuevo allí: con un regalo diferente, en un spa diferente, con una bata de baño diferente, con la excepción de que no había tallas grandes disponibles.

¿Por qué no tengo victoria aquí? ¿Por qué no he sido capaz de mantener un cambio duradero? ¿Qué me pasa? ¿Has sentido eso alguna vez? Tal vez no con tu peso, pero ¿con alguna área de tu vida?

¿por qué aquí y no allí?

Recuerdo muy bien la risa de una vieja amiga en torno a mi incapacidad para perder peso. No era una risa cruel; era una risa alegre. Con una mirada de alegría y con un profundo conocimiento, me preguntó: ¿Cuán difícil piensas que es para Dios encargarse de tu lucha?

Con un chasquido de sus dedos, me demostró lo rápido que Él podría eliminar toda mi compulsión de usar la comida para consolarme, para insensibilizar mi dolor o simplemente para escaparme.

Pues bien, si era tan fácil para Él, ¿por qué no lo hacía? Desde luego, le había pedido, le había rogado, había clamado por Su ayuda. Por tanto, era *Su* culpa. Así me sentía.

El asunto es que *he* experimentado un cambio—un cambio milagroso. Poco antes de llegar a ser cristiana, al comienzo de mis veinte años, había querido limpiar mi vida. Me había convertido en una persona extremadamente consciente de mi dependencia de las drogas y del alcohol. Los usaba todos los días con el fin de sobrellevar mi vida o al menos mantener el dolor bajo control. Decidí dejar de fumar de golpe. Ya no fumaría marihuana, no consumiría ningún tipo de droga ni tomaría alcohol, y mientras lo hacía, también dejaría de comer azúcar. Eso no duró ni veinticuatro horas. En ninguna de las situaciones.

¡Caramba!

Una noche, entre la desesperación y la esperanza, me di por vencida tratando de arreglar mi vida, y colapsé en los brazos de Jesús que esperaban por mí, respondiendo así a su invitación. "Vengan a mí todos ustedes que están cansados y agobiados, y yo les daré descanso. Carguen con mi yugo y aprendan de mí… Porque mi yugo es suave y mi carga es liviana." (Mat. 11:28-30). Terminé de leer estos versículos y me desplomé en el piso.

Me sentía cansada más allá de lo que podía expresar con palabras. Mi vida era un desastre. Mi corazón estaba destrozado y yo misma había causado gran parte de ese destrozo. Confesé mi profunda necesidad a Dios y le pedí que si me aceptaba, que por favor viniera en mi rescate. Le entregué mi vida a Jesús, el desastre de mi vida y el desastre que era yo, y Él me escuchó y vino a mi rescate. Mi corta oración de salvación había funcionado.

Dos semanas más tarde, me di cuenta que desde el momento de aquella oración no había fumado marihuana, no había consumido droga alguna ni bebido alcohol, dos semanas. Esto rompió todo récord en los pasados diez años. Ese fue un milagro verdadero y genuino. Dios me liberó quitando aun el deseo de consumir cualquier cosa. No lo deseaba ni lo necesitaba. Hubo un despertar en mi alma hacia la presencia de Dios y hacia la esperanza. Y sí, corazón, pasé por tiempos difíciles durante esa etapa, pero la cantidad de historias que tengo acerca de los momentos milagrosos en que Dios vino a mi rescate, son gloriosos.

Para ese entonces la comida no era un problema. No estaba sobrepeso ni tenía inclinación por comer desenfrenadamente. Eso llegó después. Y cuando llegó, lo hizo con tanta fuerza que todas mis oraciones y mis esfuerzos, mi arrepentimiento, mi determinación y mi fuerza de voluntad no pudieron combatirla.

Dios me había liberado una vez. ¿Por qué no hacía un chasquido con sus dedos y lo hacía de nuevo?

Muchas mujeres se sienten fracasadas como mujer. Reconozco que muchas veces me siento así, fracasada como ser humano. Esto ha afectado casi todo lo que he hecho y todo lo que no he podido hacer. Sin embargo, no soy una fracasada ni como ser humano ni como mujer. Lo sé en lo más lo profundo de mi ser. Fracaso, sí, pero no soy una fracasada. Decepciono, pero no soy una decepción. Sin embargo, cuando me encuentro en este lugar otra vez—perdiendo la batalla por mi belleza, mi cuerpo, mi corazón— claro que puedo sentirme como una fracasada en todos los sentidos. ¿Qué no es cierto esto para todas las mujeres? ¿Acaso no tenemos todas lugares secretos en donde no estamos experimentando la victoria que anhelamos, lugares que influyen en cómo nos vemos a nosotras mismas? ¿Acaso no llega esto a convertirse en una barrera entre nosotras y la gente en nuestras vidas? ¿Un muro separándonos del amor de Dios? ¿O acaso soy yo solamente? No lo creo.

A veces no tenemos esperanza de poder cambiar, simplemente porque nuestra historia personal está llena de intentos fallidos. Nos preguntamos, ¿dónde estaba ese ángel que se suponía estuviera guardando nuestra lengua y previniendo que arremetiéramos contra nuestros hijos con esas duras palabras? ¿Qué pasó con ese fruto del Espíritu que nos daba el poder para tener dominio propio al pasar por la sección de las donas? Dios no me ha dado un espíritu de temor, entonces ¿por qué estoy tan consumida preocupándome por mis hijos, mis finanzas, mi futuro? Si el temor del hombre es una trampa, ¿por qué todavía me encuentro aterrorizada de exponer mi verdadero yo y de ser rechazada después? Mi esclavitud a la comida ha revelado ser una mentira y un ladrón, y, sin embargo, en el momento de dolor, a menudo recurro a ella.

Dios lo sabe.

Dios lo sabe.

Él no nos ha abandonado. El mismo hecho de que anhelemos el cambio, es una señal de que nuestro destino es obtenerlo. Nuestra propia insatisfacción con nuestras debilidades y luchas, señalan a la realidad de que continuar en ellas no es nuestro destino.

Lee esas dos oraciones nuevamente. Deja surgir la esperanza. ¿Por qué luchas con las cosas que haces? Hay una razón. Se encuentra en la vida que has vivido, en las heridas que has recibido, en lo que has llegado a creer acerca de ti misma por causa de esas heridas y en no tener una idea de cómo sobrellevar tu dolor. Pero también se debe a lo que estás destinada a ser.

No es demasiado tarde. No es demasiado difícil. No eres un caso perdido. Las misericordias de Dios son nuevas cada mañana. Hay misericordia en sus ojos aun en este momento.

esforzándome para vencer la dificultad

Odio las arañas. Son espeluznantes. Se han hecho películas sobre arañas gigantes y venenosas invadiendo el Amazonas. Hay una película vieja acerca de una araña enorme que se escondía en los túneles de los trenes y luego, por supuesto, aparece esta araña desagradable persiguiendo a un pobre e indefenso hobbit. ¡Arañas, qué asco! Está garantizado que las arañas provocan gritos.

Yo solía gritar cuando encontraba una araña en el baño. Tenía casi doce años cuando mi madre se negó a matar aquella aterradora cosa peluda que estaba en el lavamanos. "No seas ridícula. Hazlo tú." Me llené de valor y con un manojo de papel higiénico aplasté a la pobre araña. Después, creía que todos sus parientes, sus tías y tíos, hermanos y hermanas, la madre y el padre, iban a vengarse. Ellos probablemente se me subirían encima durante la noche. Sí, era un miedo irracional. Bueno, tal vez. De todos modos, sigo odiando a las arañas.

Cuando tenía veintitrés años viví sola durante un año en una cabaña de una habitación, detrás de la casa de un amigo. Era bien pequeña y a la vez perfecta para mí, pero tenía un inconveniente. Lo adivinaste—estaba llena de arañas. Me despertaba cada mañana por lo menos con diez de ellas dispersas en las paredes, saludándome con la llegada del nuevo día. En la noche cuando regresaba de trabajar, una docena más estarían tambaleándose alrededor de la habitación, dándome la bienvenida. Terminé adaptándome. Ya no grito (usualmente) cuando veo una araña y sí, puedo matarlas yo misma. Tengo que hacerlo.

Mi situación de vida, convertirme en adulta y madurar, me obligó a tomar responsabilidad de mi pequeño mundo. Conoces el dicho: "Te adaptas o te mueres." O tal vez era "Lo que no te mata, te hace más fuerte." De cualquier manera, tenía que ganarme la vida, pagar la renta, comprar un seguro para el auto, planificar una boda, matar o ignorar las arañas invasoras. Tenía que hacer lo necesario para vencer la dificultad. Matar por primera vez una araña cuando estaba al borde de la adolescencia, fue un logro para mí. Y con el tiempo, me convertí en una mujer con la capacidad de no quedarse paralizada en presencia de una criatura de ocho patas. Cambié, y eso es algo bueno.

Tal vez nunca le tuviste miedo a las arañas. Tal vez eres como mi amiga Sam, quien captura cualquiera tipo de insecto invasor—sí, hasta arañas—transportándolas con cuidado a su patio trasero y poniéndolas en libertad. Pero sin duda tienes áreas de tu vida en las que deseas crecer. Tú quieres ser libre.

Yo creo que puedes.

Yo creo que Dios está en el asunto de libertarnos, transformándonos en la mujer que Él siempre ha deseado que seamos, la mujer que siempre hemos deseado ser. Algunas veces Él lo hace con un toque en el interruptor, pero la mayoría de las veces no es así (como bien sabes). La mayor parte del tiempo Dios nos invita a entrar en un proceso de cambio—un proceso en el que por su gracia, podemos enfrentar la dificultad. Pero antes de hablar de ese proceso, hay algunas cosas que necesitamos aclarar.

la vergüenza y la disciplina no funcionan

En primer lugar, la vergüenza no es un agente de cambio.

Al igual que una dosis de cafeína en la mañana, el detestarnos a nosotras mismas puede impulsarnos hacia el camino del cambio, pero encontraremos que el odio hacia nuestra persona sólo nos conducirá a una rotonda sin fin. Es como sentirse aterrorizada por el número que ve en la báscula en la mañana, y prometer no volver a comer en exceso; un poco de vergüenza podría llevarnos hasta el almuerzo pero no hacia nuestra victoria. El odio hacia nuestra persona, la vergüenza y el temor—aunque rampantes en muchos de nuestros mundos ocultos— simplemente nunca van a ser capaces de crear o sostener el crecimiento que anhelamos. Con todo, la mayoría de las mujeres tratan de usar la vergüenza como un motivador interno. Sé que lo he hecho. La autodisciplina tampoco va a funcionar.

La disciplina, particularmente la disciplina espiritual, es santa y buena, que aumenta con la práctica durante la vida. Pero cuando nos apoyamos sólo en ella para lograr el cambio que anhelamos, nos damos cuenta que el fruto no es una mujer llena de gracia. Nos enojamos; nos desalentamos. Si lo logramos a través de varias batallas, fácilmente podríamos llegar a ser esa clase de mujer que presiona a otras a hacer lo mismo, un tipo de mujer fuerte que requiere que se tenga todo en orden. Con la autodisciplina, el enfoque sigue girando alrededor de nuestra persona, por lo que ya nos encontramos frente a un mal comienzo. El intentar, el luchar, el trabajar duro nos llevará a sobrevivir una semana, pero no nos sostendrá a través de las décadas. Aún así, la mayoría de las mujeres cristianas creen que esa es la forma de manejar el mundo externo.

Me divertí mucho con un correo electrónico que recibí la semana pasada:

Algunas mujeres de nuestra iglesia decidieron hacer un estudio sobre la mujer de Proverbios 31. Me uní porque quiero conocer a estas damas, pero en realidad, detesto la mujer de Proverbios 31. Ella me hace sentir como *&#@. Pero de todos modos, la semana pasada en el estudio se nos dijo que compráramos un colchón nuevo (para que durmiéramos mejor y así poder servir más) y que limpiáramos nuestra despensa, y ayer se me dijo que sólo debía comer verduras y tomar agua durante los próximos 10 días (como Daniel), y hoy se supone que debo dejar de consumir azúcar (y también dejar de servírsela a mi familia). Le dije a mi esposo: "Necesitamos un colchón nuevo, nos volveremos vegetarianos y estaré eliminando todo el azúcar de tu dieta y la mía." Él comento: "¡Con razón la detestas!"

Ahora bien, algunos de esos cambios pueden ser muy buenos. Tal vez Dios la está llamando a ella o a nosotras para que hagamos algunas de esas cosas. Pero la verdadera transformación no puede ser forzada desde el exterior, sino que es un proceso de adentro hacia afuera. ¿Quién de nosotras no ha recibido o creado una lista de maneras para vivir, comer, hacer ejercicio, responder, buscar a Dios, crecer y cambiar —¿y cuánto tiempo duró si es que funcionó? Esas listas no funcionan por mucho tiempo para *nadie*, y así es que volvemos a caer en el autodesprecio. El problema no radica en nuestra falta de disciplina. El problema está en el enfoque. El problema radica en las listas.

Por cierto, nosotros los humanos somos geniales haciendo listas, códigos de conducta, Reglas de etiqueta: no te vuelvas a aplicar el lápiz labial en público; cúbrete la boca al bostezar; los regalos de boda se pueden enviar hasta un año después del evento, pero, por favor, ten la amabilidad de dejarles saber si vas o no vas a asistir; mantén la servilleta en tu regazo; no hables mientras comes; mastica con la boca cerrada; haz una parada completa ante la señal de Pare; usa los indicadores para girar a la izquierda o a la derecha; no interrumpas; espera tu turno; párate derecha; regístrate para votar.

¿No te cansa el leer todo esto?

Dios le dio a Israel una lista fabulosa: no mientas; no robes; no codicies la mujer de tu prójimo, su criado, buey, burro o su carro nuevo. ¿Era realmente demasiado pedir? Aun siendo esta lista tan noble como era, la gente descubrió que no podía cumplirla ni por un día. Entonces, entra Jesús. En su famoso Sermón de la Montaña, enseñó que desear a una mujer (o a un hombre) *en el corazón*, era lo mismo que cometer adulterio. Enseñó que cuando se odia a una persona en el corazón era lo mismo que asesinar a esa persona. Ummmm, todos tenemos un problema.

Una lista de leyes, reglas, consejos, técnicas y estrategias no transforman un corazón. No es de extrañar que el 95% de todas las personas que pierden peso son incapaces de mantenerlo. Las dietas funcionan sólo si trabajas con el plan, pero trabajan de afuera hacia adentro. Y sin un cambio interno considerable, es imposible mantener un índice bajo de masa corporal. Sí, todas tenemos áreas en nuestras vidas que deseamos y necesitamos cambiar, pero la única manera de que esto suceda es cuando tengamos un cambio en el *corazón*.

Scrooge tuvo un cambio en su corazón, así que le dio a Bob Cratchit un aumento de sueldo. La Cenicienta tuvo un cambio en su corazón, así que fue al baile. Saulo, el violento fariseo, tuvo un cambio en su corazón, por eso se convirtió en el misionero número uno de Jesús. Yo tuve un cambio en mi corazón cuando me rendí y le entregué mi vida a Jesús. Cuando mi corazón volvió a casa a su verdadero Hogar, un gran cambio ocurrió al instante.

Cuando ocurre un cambio interno en el corazón, se manifiesta en el exterior. Pero tú y yo sabemos que la mayor parte de nuestra sanidad y nuestro cambio no sucede en el momento de nuestra conversión. Tenemos que recorrer ese camino. Dios nos invita a entrar en un proceso. Nuestro viaje para llegar allí toma lugar en el polvoriento y áspero camino del día a día, del aquí y del ahora. Y es en el aquí y en el ahora, que Jesús llega a nuestra vida.

Por tanto, la vergüenza no lo logrará, ni la disciplina lo logrará. Dios nos invita a unirnos en el proceso por el cual Él sana nuestro mundo interior para así transformar nuestro mundo exterior.

Un punto más antes de explorar cómo hacerlo.

Dios no va a amarme más o en forma diferente cuando y si finalmente, pierdo este peso y me libero del dominio de los alimentos. El amor de Jesús por mí, el amor de mi Padre por mí, nunca cambia. Sí, acepto que la relación a veces se vuelve tensa, pero Su corazón hacia mí nunca cambia. Él está apasionadamente enamorado de mí. Mejor aun, yo creo que le gusto. Y por cierto, también tiene algo grande para ti. Sí, para ti. Entonces, ¿qué significa ser amada así? ¿Importa algo? ¿Hace alguna diferencia en mi vida cotidiana? Claro que sí.

somos amadas

Dios tiene algo por los seres humanos. Al mirar alrededor del planeta, parecerá difícil de creer, pero es cierto. Somos amadas, nacidas del amor, en el amor, para conocer el amor y ser amadas. Sí, hemos nacido en un mundo decadente y de dolor, el cual es al mismo tiempo más hermoso que cualquier cuento de hadas. Es ambas cosas, hermoso y doloroso, y Dios—el Eterno, Omnisciente, Asombroso—ama a los seres humanos, incluyéndote a ti, especialmente a ti.

¡Tú eres asombrosa!

Bueno, está bien, tal vez no todos los días. Cada día la maravilla que eres, es asombrosa, pero muchos otros días la maravilla que eres parece estar bajo los escombros de un mundo enloquecido. Naciste en un desorden glorioso y todas hemos llegado a ser algo de ese desorden glorioso. Y en medio de ese desorden, Dios tiene algo para nosotras. Él no desprecia nuestra humanidad ni se desespera por nuestra condición como a veces lo hacemos nosotras. Él no voltea su rostro cuando fracasamos o cuando somos egocentristas, como pensamos. Eso *no le sorprende*. Está consciente de que no somos más que polvo y que nuestros pies están hechos de barro, y ha hecho arreglos para que no nos quedemos de esa manera.

Déjame decirte esta verdad una vez más: tú eres amada, amada intensamente, profundamente e inimaginablemente. Eres una criatura maravillosa, ya sea que puedas matar una araña o no, ya sea que una bata de baño de talla única te quede demasiado grande o no te cubra en lo absoluto, ya sea que estés o no obteniendo la victoria en cada área de tu vida, ya sea que pierdas los estribos (de nuevo) o te hayas entregado a una fantasía, a otra galleta o a pensamientos de autodesprecio. Tú eres amada. Aquí mismo, en este preciso momento, eres amada, seguida, observada por Aquel quien todo lo ve. Él te conoce mejor de lo que te conoces a ti misma, y nunca has sido una decepción para Él.

No lo estás defraudando en este momento. Podrás sentirte decepcionada, pero Él no lo está. Jesús sabía lo que le esperaba cuando vino a "buscar y a salvar lo que se había perdido" (Lucas 19:10). Él vino a buscar y a salvar *todo* lo que estaba perdido—en nuestro amar, vivir, soñar y anhelar. Él nos ha salvado y continúa haciéndolo, pues sigue transformándonos a su propia imagen. Lo sintamos o no.

> Así, todos nosotros, que con el rostro descubierto reflejamos como en un espejo la gloria del Señor, somos transformados a su semejanza con más y más gloria por la acción del Señor, que es el Espíritu. (2 Cor. 3:18)

Lo sé, lo sé—la mayor parte del tiempo no se siente como creciendo en gloria. Es un desorden, pero Dios está presente. Está transformando nuestro desorden interior para luego transformar el resto del desorden. Nuestra transformación comienza cuando creemos que somos amadas.

Jesús entiende nuestras luchas y dolores. Sabe que nuestros corazones han sido rotos, y ha venido a sanarlos. El conoce el deseo que tenemos de cambiar; sabe lo que tiene que ocurrir y dónde tiene que ocurrir. Conoce lo que hay en el camino. Y aunque sintamos que somos difíciles de trabajar, para Él no lo somos.

Jesús nos mostrará el camino. Jesús es el Camino. Esto nos conduce a una paradoja radiante.

llegando a ser

Mi amiga Julie estaba siendo fiel a su nuevo régimen de ejercicios. A pesar de la lluvia, salió a correr de acuerdo al plan. Nuevamente sintió como si estuviera corriendo con lentitud al ver que otro corredor pasara por su lado saltando como una gacela. *Tal vez el ejercicio es sólo para los que están en forma,* pensó ella. *¡Dios!* gritó, *¡cambiar es tan difícil!* Ella escuchó Su respuesta en lo profundo de su corazón: *¿Qué si el cambio soy Yo revelándote quién eres en realidad?*

Espera—¿qué?

Yo pensaba que, de una forma u otra, nosotras básicamente nos teníamos que deshacer de nosotras mismas, y que Jesús se haría cargo de nosotras y viviría la vida por nosotras. ¿Acaso Juan el Bautista no dijo: "A Él le toca crecer y a mí menguar?" (Juan 3:30).

Esa es la paradoja de nuestro cambio. Por un lado, se trata de rendir nuestras vidas a Dios, entregándole todo a Él, incluyendo todos nuestros esfuerzos por cambiar, y toda nuestra resignación de que jamás lograremos cambiar. Como dijo C. S. Lewis: "Hasta que no hayas rendido tu yo a Él, no tendrás un verdadero yo."[1]

Sin embargo, Dios no nos echa a un lado. Nos restaura—a quienes somos en realidad. A medida que Él sana nuestro interior, nos llama a vencer la dificultad en nuestras vidas. Una vez nos rendimos, Él nos devuelve nuestro verdadero yo. De hecho, el viaje más importante que cualquier mujer pueda tomar, es el viaje para llegar a ser ella misma a través del amor de Dios. Es un viaje que requerirá valor, fe y sobre todo, voluntad para crecer y para soltar. El viaje de llegar a ser es uno de mayor conciencia de sí misma junto con rendir el yo.

Dios tiene que ver con todo este proceso de llegar a ser. Llegamos al mundo con nitidez, e iniciamos nuestro viaje hacia ese llegar a ser con nuestro primer respiro. Tal vez, todas deberíamos tomar un respiro profundo en este momento. Escucha:

El que los llama es fiel, y así lo hará. (1 Tes. 5:24)

Es una bella paradoja que cuanto más nos asemejamos a Dios, más llegamos a ser *nosotras* mismas—el "yo" que Él tenía en mente cuando pensó en ti antes de la creación del mundo. Ella está allí; podría encontrarse gravemente golpeada y cubierta de todo tipo de suciedad, pero está allí. Y Jesús llega y la llama. El camino es una danza entre elegir y ceder, desear y renunciar, intentar y darse por vencida.

A medida que crecemos, vamos descubriendo que hay herramientas que no nos ayudan en nuestro caminar hacia el cambio, sino que nos lastiman.

La voz de la Vergüenza dice: *Básicamente, me odio; necesito deshacerme de mí.* La voz de la Disciplina dice: *Tengo que corregirme, porque no soy buena.* Dios dice: *Te amo, permíteme restaurarte.* Me gusta más ésta.

Dios está *develando* quiénes somos en realidad, con el rostro descubierto como lo dijo Pablo. Todos esos velos de vergüenza y pecado y del falso yo, todos los velos que otros nos han puesto, pensando que saben lo que debemos ser—Dios los quita todos para que con rostros descubiertos podamos reflejar su gloria.

El proceso a menudo parece lento, incluso interminable. Pero el cambio duradero requiere tiempo. Cualquiera puede luchar durante todo un día; las resoluciones de Año Nuevo pueden durar algunos meses. Mas Dios es un Dios de procesos, y tiene su mirada puesta en la eternidad. Sus planes para nosotras no tienen una solución rápida, más bien una transformación eterna. El quitar el velo y revelar quiénes somos ocurre lentamente, cuidadosamente e intencionalmente.

Entonces, ¿hay alguna forma de acelerar este proceso y apresurar el cambio que anhelamos?

Sí, hay una forma. Acelerar nuestro "llegar a ser" implica decir sí a Dios una y otra vez y otra vez. No es una postura de esfuerzo sino de liberación. Se parece más a ceder que a empujar hacia la próxima meta. Colapsamos en la vida de Dios dentro de nosotras. Nuestra oración se convierte en la expresión: "Cristo en mí, ayúdame." Por eso es que muchas veces Él nos lleva hasta el punto en que no podemos más, hasta el final de nosotras mismas. Porque es a partir de ese momento que nos alejamos de nuestra lucha y levantamos los brazos *otra vez* en señal de rendición a nuestro Dios para que nos salve.

Por la fe, nos volvemos a Él. Por la fe, escogemos creer que escucha nuestra oración. Por la fe, creemos que Él es bueno y está por nosotras. Por la fe, confiamos que aunque no lo vemos ni lo sentimos, sabemos que Dios está trabajando en nosotras y por nosotras porque Él dice que lo está.

juntas

¿Realmente cambia alguien alguna vez? Yo creo que sí. Lo he visto ocurrir, las Escrituras prometen que puede suceder; está sucediendo en mí.

Dios ha venido por mí y continúa haciéndolo. Él me ha sanado y continúa sanándome. Él me ha salvado y sigue salvándome, marcando su belleza y su presencia con mayor profundamente en mi alma. El "Yo Soy" ha establecido su residencia, y su sola presencia me está cambiando. Aquel, quien es absolutamente él mismo, me permite a mí llegar a ser yo misma, llegar a ser el yo que tenía en mente antes de formarme.

Piensa en esto—Dios es completamente Él mismo y está en paz con ese hecho. ¿No es eso lo que la gran criatura caminando al lado de Shasta le dice en ese cuento maravilloso *El Caballo y Su Muchacho (The Horse and His Boy)*? Descorazonado, Shasta le pregunta a la voz que está junto a él: "¿Quién *eres* tú?" Aunque es el gran león, éste no le responde, "Soy Aslan." Al igual que Yahweh, él simplemente responde "Yo Soy."[2] Él es quien Él es, quien siempre ha sido y quien siempre será. Dios es *Yo Soy*. No es que esté llegando a ser. Él ya es. Y ahora, gracias a Él, yo también estoy llegando a ser *yo misma*.

Seguro, tiendo a repetir en mi cabeza las conversaciones que he tenido con otros, buscando mis errores, pero en esos días, no me quedo en el autodesprecio. Sí, todavía busco los carbohidratos cuando lo único que tiene hambre es mi alma, pero lo hago con menos frecuencia. Estoy creciendo al saber que en este momento soy completamente amada y que Dios no está esperando a que ponga todas mis cosas en orden para llegar a ser digna de su afecto. He perdido algo de peso. La bata de baño talla única ahora sí me queda bien. Sin embargo, sé que no tengo más aprobación de Dios por esto. Esto no me hace una cristiana más cualificada. No me hace más hermosa para Él de lo que he sido antes. Sólo he sido y siempre he sido preciosa para Dios, y tú también lo has sido. Ante Su gran amor, estoy siendo cambiada. Estoy llegando a ser yo misma.

Yo sé que has tratado de cambiar y en el pasado has tenido la esperanza de cambiar. Hoy, Dios te invita a volver a tener esperanza, por fe. No podemos sanarnos a nosotras mismas, o liberarnos a nosotras mismas o salvarnos a nosotras mismas. No podemos llegar a ser nosotras mismas por nosotras mismas, pero no estamos solas. Somos vistas y conocidas y fortalecidas y animadas a la vida que el Rey de Amor creó para nosotras.

Él quiere ayudarnos a cambiar y a crecer. Nosotras no podemos hacerlo, pero *Él sí puede*. Él es muy, muy bueno en eso. De hecho, es lo que ha prometido hacer.

> Pues Dios conoció a los suyos de antemano y los eligió para que llegaran a ser como su Hijo, a fin de que su Hijo fuera el hijo mayor de muchos hermanos. (Rom. 8:29 NTV)

Esto es lo que he aprendido:

> Las arañas son realmente feas, pero la mayoría de ellas no te pueden matar.
> Somos amadas más allá de lo que se dice.
> Hay razones por las cuales luchamos con las cosas que hacemos.
> Y hay una manera de llegar a ser la mujer que Dios nos destinó a ser.

Exploremos juntas ese proceso.

2

mirando el pasado
con misericordia

No importa quien haya sido mi padre; lo que importa es quién yo recuerdo que era.

–Anne Sexton

Deseo que mi vida hubiese traído un botón para volverla a empezar.

¡Si tan sólo yo hubiera sabido lo que sé ahora! ¡Si tan sólo hubiera mantenido mi boca cerrada! ¿Por qué dije eso, hice eso, quise eso? Sin embargo, me doy cuenta que la razón por la que estoy donde estoy es por el viaje en el que he estado. Y no sólo en la parte encantadora de mi viaje donde "me gustaría volver a hacer algo otra vez", sino también en las partes feas. Llegué aquí desde allí. Me gustaría cambiar gran parte de mi historia, particularmente, todos los momentos cuando mis luchas y fracasos le causaron dolor a mi familia y a mis amigos.

Sin embargo, Dios también está en sus historias, entonces, con mano abierta y rodeada por la gracia, mi única opción es aprender y empezar de nuevo, recordar y caminar hacia delante. Olvidar mi vida—mis errores, mis victorias, mis retos, mis penas, mi historia—me impide avanzar y convertirme en la mujer que se supone debo ser. Debo recordar, y las invito a unirse a mí para recordar. Puede parecer extraño que en ciertos momentos de nuestro viaje necesitemos mirar hacia atrás para continuar avanzando, pero es la verdad.

La tentación es mirar hacia atrás con pesar más que con misericordia. Mas los ojos de Dios ven claramente y están llenos de misericordia. Nosotras también podemos ser misericordiosas.

No es que recuerde todo claramente. Mi historia llega a mí espontáneamente, en una fragancia que capturo en la brisa, en el sonido de los pájaros que felizmente se dan a la tarea de buscar alimento. Es un indicio de la eternidad en el viento, una conexión a temporadas pasadas, el recuerdo de lo maravilloso, del anhelo, del conocimiento. Aún tengo tres, siete y veintidós años.

a los cinco y a los cuarenta nueve

Cuando tenía cinco años, mi familia tomó unas vacaciones en el Parque Nacional Grand Teton. Nos quedamos en un albergue compuesto por cabañas separadas unas de las otras, y había un riachuelo que corría detrás de nuestra casita. Yo era Pocahontas y Audra Barkley y Laura Ingalls Wilder, todas al mismo tiempo, y absoluta y gloriosamente yo misma.

Mi hermano atrapó un pescado y el chef de la cabaña lo asó a la parrilla para su cena. Mis hermanas fueron a montar a caballo, mientras que mi hermano, mis padres y yo hicimos un viaje en balsa por el Río Snake. Yo sentía como sus aguas me arrullaban hasta adormecerme. El movimiento de las aguas me adormecieron y me dormí una siesta en el fondo de la balsa bajo el calor del sol. Hicimos una excursión por la senda del lago Jenny y nadamos en el Lago Jackson, mantuvimos frías nuestras botellas de Coca Cola atándolas a un tronco en el lago.

Fue una época dorada. Una época que ha brillado en mis sueños y en mi memoria. Éramos exploradores y aventureros, libres y felices. Era bueno. Estábamos bien. Fue el alivio santo dentro de una vida impía.

En nuestra primera tarde allí, nos enrollamos los pantalones y nos metimos al río que corría detrás de la cabaña. Mi madre se reía mientras me agarraba antes de que fuera arrastrada por la corriente, salvando mi vida como una madre lo hace unas mil veces durante la infancia de un hijo. Aguas cristalinas, momentos puros, recuerdos que atesoro.

Actualmente, regreso año tras año al Grand Teton, con mis propios hijos. Se siente como volver a casa. Una belleza llena de Dios que no ha cambiado (aunque mi propio reflejo no lo sea). Me encanta este lugar de recuerdos y esperanzas, donde el paisaje se hace eco de lo que siempre debió haber sido.

Pasé años buscando esa cabaña en particular en la que se quedó mi familia, y a la edad de cuarenta y nueve años la encontré. Mi esposo se detuvo en el estacionamiento y yo me bajé sola, dejándolo a él con mis desconcertados hijos que esperaban mientras daba un paso hacia atrás en el tiempo.

Ya no son cabañas de hospedaje sino cabañas que alojan al Club Americano de Alpinistas. Los edificios no están bien cuidados ni son encantadoramente rústicos. Están tan usados y en mal estado como a veces se siente mi corazón. Caminé hasta el final del terreno donde estaba nuestra cabaña. Allí estaba en pie todavía. El pasado volvió a ser real. Controlé mis emociones. *Si este es el lugar y esta es la cabaña, entonces habrá un riachuelo que corre detrás.* En la expectativa pero siendo cautelosa, caminé hacia la parte de atrás. El río estaba elevado. No había forma segura de caminar en él en esta época del año, pero allí estaba –impetuoso, limpio y claro—el agua corriendo sobre las piedras.

Estaba profundamente consciente del sonido del agua y del viento entre los árboles cuando percibí otro sonido: risas. Eran las risas de unos niños y de una mujer—la risa de mi madre. No lo estaba imaginando, ni tampoco en este preciso momento, pero era tan real como mi respiración. La risa me llega desde un lugar más cercano que la brisa que acaricia mi rostro. La luz no cambia, la fragancia es la misma, pero una ventana a la eternidad se ha abierto—y el sonido es celestial: libre, alegre y verdadera risa.

Me detuve en el momento, dándome cuenta de que a mi edad— cuarenta y nueve años—quince años más que los que tenía mi madre cuando agarró mi cuerpo flotante al pasar frente a ella, capturándome con una fácil alegría. Han pasado diez años desde la última vez que oí reír a mi madre. Ella está muerta y yo sé que eso es verdad. Yo estuve allí. Presencié su muerte, cuando su espíritu salió de su cuerpo. Pero ahora, en este instante, oigo su risa, la risa de una mujer joven llena de vida.

Mi madre está muerta. Mi madre está viva.

Mi madre se ha ido. Mi madre permanece aquí.

Tengo cuarenta y nueve años, y también tengo tres, siete y veintidós años. A veces dentro de mí hay un eco de la verdad de que soy eterna. Estoy conectada a mi presente, mi futuro y mi pasado. Tú también lo estás. Llevamos dentro de nosotras cada edad y cada momento de nuestras vidas.

Lo bueno de envejecer es que no pierdes todas las otras edades que has vivido.
—Madeleine L'Engle

recordando con honestidad

Es importante recordar. Para mí, la banda de sonido de mi infancia eran los grillos y las tormentas y el sonido de las hojas del otoño crujiendo bajo mis pies y liberando su fragancia a tierra. Yo crecí en un vecindario sin cercas y lleno de niños. Explorábamos "la zanja", y atrapábamos luciérnagas que colocábamos en un frasco de conservas. De verdad hicimos eso. Eso no ocurre sólo en las películas. Jugábamos Red Rover, Red Rover y Starlight, Star Bright, y le poníamos música a nuestros padres.

Había cuatro estaciones, patinando en un lago de hielo durante el invierno y nadando en la piscina pública durante todo el verano. Tallábamos calabazas en Halloween e íbamos casa por casa sin escolta de adultos, cuando todavía era seguro entrar en la casa de un desconocido para que nos tomara una foto. Había puestos de limonada y de trineos, simulacros de tornado y paseos en bicicleta, la misa del domingo y meriendas al regresar a casa.

A los seis años, mientras me encontraba en cama, con las varicelas, recibí la noticia de que había ganado un concurso de colorear que el periódico había llevado a cabo. ¡Qué alegría! Todavía tengo la foto que mi madre me tomó cuando me dio la noticia. Estoy sonriendo, sentada al lado de mi muñeca Pebbles, exhibiendo prominentemente la ausencia de mis dientes. Mi premio fue un certificado de regalo de una tienda de dulces y la emoción de haber sido escogida. O, sí, lo recuerdo.

Todas las noches mi madre nos preparaba la cena, todas las noches. Cenar fuera como una familia era una extravagancia rara reservada para la víspera de Año Nuevo y para algún viaje por tierra. "¿Cuánto dinero podemos gastar?" preguntábamos a medida que fijábamos la mirada sobre el misterioso menú. Mi madre no usaba perlas, pero sí un delantal. Y si ella no estaba jugando a las cartas, haciendo algún trabajo voluntario en la iglesia o limpiando la casa, se le podía encontrar en nuestra cocina.

Casi todos los días, después de regresar de la escuela, me estacionaba frente al televisor para ver los programas *Father Knows Best* y *The Rifleman*. Todavía puedo cantar melodías de los anuncios comerciales de hace cuarenta años. No recuerdo haber tenido ni un poco de tarea escolar. ¡Vaya, las cosas han cambiado!

A la edad de treinta y cinco años, era madre de tres hijos varones, y llevaba once años de casada; tanto mi esposo como yo estábamos recibiendo consejería por separado. Empecé un año antes que él y terminé (esa sesión) un año después que él. Un día llegó a casa y me dijo que su consejero había declarado que esta temporada en su vida había terminado—que se había graduado—me quedé atónita. ¿Qué sucedió? le pregunté: ¿Cómo es posible que hayas terminado con la asesoría en tan poco tiempo cuando tu familia tiene mayores problemas que la mía? Él me miró fijamente a los ojos y respondió: Es porque tú crees que es así, es por eso.

Espera un momento. ¿Qué es eso? Mi infancia fue increíble. ¿Qué me estaba insinuando? ¿Estaba diciendo que mi niñez no había sido como el ameno programa *Ozzie y Harriet* que yo recordaba? Sentí que la tierra se movía bajo mis pies mientras lo consideraba como una posibilidad remota.

Es importante recordar, pero también es importante recordar honestamente. (Por lo menos cuando estemos listos y equipados por Dios para hacerlo.)

Cuando soy honesta, la banda de sonido de mi infancia también es el tintineo de los cubitos de hielo y el olor a whisky. Es el sonido de las palabras hirientes de mis padres que se lanzaban el uno al otro con una precisión mortal, y el sonido de las correas que preparaban para las palizas. Es el aburrimiento adormecedor que emanaba de la televisión y el sonido de las latas de cerveza al ser abiertas. Es la sensación de un estómago ansioso, un corazón solitario y el deseo no satisfecho de que te invitaran a jugar. Además, es el dolor tangible de haber querido ser aceptada, aprobada y que disfrutaran de mi compañía. Es la sensación de fracasar miserablemente.

En el proceso de recordar mi propia historia, Dios está revelando la verdad. Ha sido un viaje hacia la pérdida, la tristeza y el dolor intenso. Involucra el haber llegado a estar muy enojada. Y lenta, tan lentamente, pero nunca con tanta seguridad, ha involucrado la misericordia, el perdón, la sanidad y el amor.

Mi infancia no fue placentera. Como no ha sido la de nadie. Supongo que es una apuesta bastante segura pensar que la tuya tampoco lo fue. Sin embargo, comprender con profundidad nuestras historias nos lleva a comprendernos con profundidad a nosotras mismas—quiénes somos y quiénes Dios desea que seamos. Sí, allí hay dolor, pero también hay gloria.

formada por la infancia

Los primeros diez años de la vida de una persona pasan muy rápidamente, pero el efecto de ellos marca el resto de su vida. Ya sea que la mayor parte haya sido buena o haya sido mala, la infancia de la mayoría de las mujeres es una mezcla de ambos. Tienen el propósito de ser años libres y sin trabas del peso de los asuntos complicados de los adultos. Estos son los años maravillosos para soplar burbujas, dibujar con tiza en la acera y buscar ballenas en las nubes. Son los años marcados por la exploración, el sonido de los asientos de los columpios y el olor de las flores de amargón o diente de león. Son los años de la formación y la consolidación de la mujer que somos hoy.

¿Recuerdas cómo eras? ¿Qué te gustaba? ¿Qué juegos disfrutabas? ¿Recuerdas si otros disfrutaron de tu compañía?

Annie, la más joven de cinco hijas, se crió en el área rural de Minnesota rodeada de espacios abiertos y en una familia extendida. Su cabello rubio y sus ojos azules correspondían perfectamente con sus hermanas holandesas, pero no su pequeño cuerpo, débil y enfermo. Annie tenía un asma severa que le impedía participar en los deportes o en los juegos de fútbol del vecindario. Atrapada por un miedo implacable a la hora de dormir, pasaba casi todas las noches en el piso de la habitación de sus padres. Las alergias que la atormentaban le impedían aumentar de peso, respirar profundamente y vivir sin preocupaciones. Annie se describe a sí misma como una niña enfermiza, flaca y sola.

¿Cómo hacen los padres atléticos, dedicados a sus niños activos para transmitir amor y aprobación a un niño poco atlético, enfermizo y que no se puede involucrar en deportes? Annie creció sintiendo que no disfrutaban de su presencia. Ella no encajaba dentro de su familia. Sentía que sus padres no sabían qué hacer con ella, y por lo tanto, no hicieron nada. Pasaba sola la mayor parte del tiempo y una de las heridas que más impactó su vida, vino de manos de un primo. La dejaron desatendida y sin protección durante horas, y fue abusada sexualmente. Tal como ha sido la historia de muchísimas mujeres (y hombres), el efecto de haber sido violada causó que Annie creyera que no valía la pena que la protegieran, no era digna que la atendieran; en realidad, no era digna de nada. Creía que algo andaba mal con ella.

¿Cómo fue tu infancia? ¿Qué recuerdas incluso ahora? ¿Qué era lo que te encantaba, lo que soñabas, lo que jugabas, lo que sentías, lo que creías? Invita a Jesús a entrar en tu memoria y en tu percepción de ella.

El recuerdo hace posible bendecir el pasado, aun aquellas partes por las que siempre nos hemos sentido maldecidos, y también ser bendecido por él.
— Frederick Buechner

ser más, ser menos

Mis hermanos y yo solíamos torturarnos los unos a los otros en las luchas de cosquillas. No era jugar, sino torturar. Tengo dos hermanas y un hermano, y yo soy la menor, por consiguiente, mi experiencia y los recuerdos de mi infancia varían mucho de la de ellos. En estos días nos reunimos y compartimos historias que recordamos de manera muy diferente. Yo tenía diez años cuando mi padre dejó de beber; mi hermano tenía catorce y mis hermanas tenían dieciséis y diecisiete años. Unos años más tarde, diagnosticaron a mi padre con desorden bipolar, y comenzó a tomar el medicamento para estabilizar sus emociones. Para ese entonces, mis hermanas se habían ido de casa y mi hermano cada vez que podía buscaba la manera de ausentarse. Por lo tanto, como dije, su experiencia de la niñez varía mucho de la mía. Pero sí sé que en las luchas de cosquillas, quien quedara en el suelo, se le hacían cosquillas hasta que no podía respirar, y por lo general, se le metía una esponja húmeda en la boca, o a veces una media sucia.

¿Por qué hacíamos esas cosas?

Teníamos una canción familiar. Si nos reuniéramos esta tarde, mis hermanos y yo podríamos cantártela en perfecta armonía: "Fue sólo una vieja botella de cerveza." Ahora, ¿qué te dice esto sobre nuestra familia? Te diré que quien abría la lata de cerveza de mi padre era recompensado con el primer sorbo. A la edad de tres años yo competía por ese privilegio. Todavía me gusta el sabor de la cerveza:

> *Era sólo una vieja botella de cerveza,*
> *Una botella flotando en la espuma.*
> *Era sólo una vieja botella de cerveza,*
> *A un millón de kilómetros de casa.*
> *Y en ella había un mensaje*
> *Con estas palabras escritas:*
> *El que encuentre esta botella*
> *Encontrará que toda la cerveza se ha acabado.*
> *(Todaaaaaa la cervezaaaaaa se ha acabadooooo).*

Éramos una familia de cantantes, más o menos. Y aunque estoy segura del amor de mis hermanos, mientras crecíamos no éramos exactamente aliados. Tampoco fuimos enemigos. Nuestras alianzas cambiaban, excepto por Terri, mi hermana mayor. Todos nosotros, incluyendo mis padres, podíamos contar con Terri. Ella era la misericordiosa, la pacificadora, el factor tranquilizador en nuestra familia, la que continuaría buscando mis lentes, aun después de yo haberme rendido.

Sin embargo, a pesar de que vivíamos juntos y sentíamos la misma amenaza tácita de un inminente desastre, estábamos solos. Solos en el camino nos las arreglamos con el desastre del matrimonio de nuestros padres. El mensaje que se nos dio a cada uno fue: *tú eres una profunda decepción en quién eres.* Tú debes hacerlo, ¿por qué no puedes?—la lista era interminable: baja de peso, broncéate más, sé más atlético; involúcrate más, sé popular, practica deportes, juega golf, toca el piano, sé más, sé menos. Sé *diferente.*

dietas

La primera dieta a la que mi madre me sometió fue cuando estaba en cuarto grado. Tenía ocho años y estaba un poco gordita. A partir de esa edad, los almuerzos escolares (y gracias, mamá, porque tú misma los preparabas), consistían en palitos de apio y carne embutida marca Buddig. ¡Oh—que dicha—para los afortunados que recibían las bolsitas de papas fritas o un ponquecito marca Hostess en sus almuerzos!

Con muchos elogios y aplausos, perdí las siete libras que necesitaba perder y ahí lo tienen: los estudios demuestran que si usted pone a una persona en un régimen de dieta baja en calorías, claro que sí va a perder unas cuantas libras. Pero sus cuerpos se aclimatarán al régimen y a partir de allí, tendrán que luchar en diferentes grados a fin de mantener su peso en un rango normal. Haz una dieta para perder peso y quedarás encantada.

El trabajo de mi padre era en la industria de la moda. ¡Qué horror! La apariencia de su esposa y de sus hijas, así como la de su hijo, eran de gran importancia. Mi madre tenía una figura fabulosa. Ella nunca lo creyó, estaba constantemente en una o en otra dieta, tratando, además, de "ayudar" a sus hijas. Cuando cursaba el décimo grado, mis padres me enviaron a una dietista con la intención de adelgazar. Tenía que mantener un registro de lo que comía, aprender sobre nutrición y pesarme cada semana. Tenía quince años y medía cinco pies y siete pulgadas de estatura. Pesaba 140 libras.

Cuando veo mis fotos mientras crecía, preparándome para aceptar a la chica gorda y poco atractiva, veo a una niña sencilla, bonita, insegura de sí misma, pero con un peso totalmente normal. ¿Cuál era el problema? Por la gracia de Dios no llegué a ser anoréxica o bulímica, pero sí comía sin poder controlarme. Aunque por muchos años, de vez en cuando, silenciosamente sacaba cuatro galletas extra del congelador para que mi mamá no se diera cuenta.

Mi madre quería que yo fuera más de lo que ella pensaba que yo era, más de lo que pensaba que era ella. Lo que ambas éramos, claramente, no era suficiente. Más bien era demasiado.

Mi mamá, mirando de reojo mi cabello, dijo: "Jenny lleva el cabello tan elegantemente que apenas notas su sobrepeso." El lema de Wallis Simpson era, "Una mujer nunca será demasiado rica ni demasiado delgada," ese era su evangelio. Al menos en la parte de ser delgada, mientras menos peso, más valor.

Mientras buscaba consuelo para mi corazón en la promiscuidad, comencé a subir de peso. Eran los dos últimos años de la escuela secundaria. Aumenté quince libras, que muy bien pudieron haber sido cincuenta. Así que, estuve en verdadero sobrepeso mis dos años.

Cuando ingresé a la universidad, descubrí el poder de las anfetaminas, y en dos meses perdí más peso del que debía. Sin embargo, me veía a mí misma como la "chica gorda", no deseada y poco atractiva, lista para inclinar la balanza hacia el rechazo en cualquier momento. Sentí que era una decepción para mis padres, que nunca podría experimentar un profundo nivel de aceptación. Nunca, mis hermanos y yo, sentimos que diéramos la medida.

Y Dios estaba allí.

Dios estaba allí

Cuando contaba con diez años de edad, mi familia se mudó de Kansas para California. Treinta años más tarde tuve la oportunidad de regresar.

Mientras me dirigía lentamente hacia el viejo vecindario, le pedí a Dios que me mostrara que Él ya había estado allí por mí. Él respondió, llegando al frente de mi bien recordada y querida casa de infancia. Allí, montando guardia en el porche delantero, estaba una gran estatua de un león. El León de Judá susurró a mi corazón que había estado montando guardia todo el tiempo. Estacioné el auto y caminé por la calle en dirección a mi escuela primaria. Fue allí donde algunos maestros me habían prestado atención y habían alimentado mi corazón hambriento.

"Dios, yo sabía que estabas aquí. Pero, ¿podrías demostrármelo?" La escuela se había convertido en una iglesia. Tuve la oportunidad de entrar y caminar por el pasillo hasta llegar a mi última aula. Me asomé a la ventana y allí en el pizarrón, escrito tan grande como la vida, estaban las palabras: "Dios te ama."

¡Oh, sí, Él estaba allí!

Y estuvo también para Annie:

Él también estaba allí para Annie. Cuando ella tenía treinta años, Dios le invitó a recordar. Y eso fue lo que hizo. Se acordó de su pena, su soledad, su dolor. Y entonces, recordó algo más. Cuando era una niña, a Annie le encantaba la primavera. Cuando el invierno finalmente liberaba su control sobre su mundo, Annie se ponía las botas y se dirigía al pantano cerca de su casa. No estaba lleno de arenas movedizas, pero sí de barro. A la primera señal de la primavera el lugar se llenaba de algo más también: botones de flores color oro, amarillo pálido, tiernas, complejas y pequeñas proclamadoras de belleza. Los botones de oro cubrirían el pantano de asombro. El botón de oro, es una flor sencilla que sólo confiere su belleza a los pantanos lodosos. Los botones de oro no crecen en los campos fertilizados. No muestran su presencia en las laderas de los campos. Solo florecen en el lodo.

La infancia de Annie estuvo llena de lodo. Pero, honestamente, es una de las mujeres más hermosas que he tenido el privilegio de conocer. Belleza para las cenizas, elogios para la desesperación. El fénix se levanta y Annie también se ha levantado con una preciosa fe, contagiosa y encantadora más allá de las palabras. Ella es el propio botón de oro de Jesús. Sí, Dios estaba allí. Él todavía está allí.

La infancia de Annie estuvo llena de lodo y la mía también. Hubo momentos cuando la tuya también lo estuvo; y Dios también estuvo allí contigo, llamando, proveyendo, protegiendo, sufriendo y amando. ¿Por qué Él permite que sucedan ciertas cosas? No lo sé, y no lo sabremos hasta que lleguemos a preguntarle cara a cara, pero sí sabemos que Él es bueno y está con nosotras.

Pablo escribe: "Ahora bien, sabemos que Dios dispone todas las cosas para el bien de quienes lo aman, los que han sido llamados de acuerdo con su propósito." (Rom. 8:28). Un día vamos a comprender completamente. Sin embargo, en este momento, sólo se nos ha invitado a ver a través de Sus ojos de misericordia.

¿Por qué no le preguntas sobre tus años cuando eras menor? Pídele que te muestre, de alguna forma creativa y que en tu corazón puedas entender, cómo Él estuvo allí.

¿qué hicimos con eso?

Cada ser humano tiene un lugar vital en su vida donde no está viviendo la victoria que tanto anhela, y eso afecta la manera en que se ve a sí mismo. La lucha personal de cada mujer enraizada en su pasado, ya sea que tenga temor a la intimidad o que tenga un arraigado odio hacia sí misma o que tenga una gran necesidad de controlar su mundo, la hace necesitar desesperadamente a Dios.

Todos tenemos algo que nos lleva a ponernos de rodillas. No es algo que podríamos llegar a elegir por nosotras mismas o deseárselo a alguien, pero todas tenemos un área (o diez) en nuestras vidas que nos muestran nuestra necesidad de Dios. No podemos liberarnos a nosotras mismas.

Somos débiles, conscientes de que algo en nuestro interior se ha roto y tiene hambre. Es una gracia maravillosa cuando finalmente nos damos por vencidas y nos postramos delante del Único que es fuerte. Y, amiga mía, no es una cosa mala que necesites desesperadamente a Jesús. Por alguna razón, nos sentimos avergonzadas por esa desesperación; vemos esa desesperación como una señal de que algo anda mal en nosotras. Oh, no. Fuimos creadas para necesitar desesperadamente a Jesús. Siempre lo hemos necesitado y siempre lo necesitaremos. Yo no creo que Dios haya "causado" el dolor de nuestras vidas, pero sí sé que Él lo usa para dirigirnos hacia Él. La desesperación es algo bueno. Así como George MacDonald escribió:

¡Cuantas ayudas Tú le das a aquellos que aprenden!
Para algunos una pena dolorosa, para otros un corazón
    que se hunde;
Para algunos un cansancio extremo, peor que cualquier
    esfuerzo;
Para algunos una preocupación inquietante, temerosa,
    ciega...
Para algunos un hambre que no se sacia.[1]

Yo soy una mujer hambrienta. Tengo hambre de amor, de aceptación, de pertenencia y de significado. Estoy desesperada por Dios. Estoy consciente del abismo doloroso dentro de mí, sobre el cual muchos han escrito. Oswald Chambers escribió: "Hay un Único ser que puede satisfacer el último abismo doloroso del corazón humano y ese es el Señor Jesucristo."[2] Ahora lo sé, pero ciertamente no lo sabía cuando era una niña hambrienta de aprobación y de amor. No despertaba cada mañana sabiendo que Jesús era el único que iba a satisfacer el hambre en mi corazón. El saber esto, me ha hecho crecer y continuar creciendo.

Ni siquiera estaba al tanto de lo hambrienta que estaba cuando, recién casada, comencé a dar mi corazón a la comida rápida. Yo no sabía que estaba haciendo un trato con la esclavitud. La comida iba a satisfacer mi hambre, mi soledad y mi dolor por un rato, pero sólo por un rato. Y entonces necesitaría otra dosis de comida, conseguiría otra dosis de comida y luego caería en un círculo vicioso en el cual pasé treinta años tratando de salir.

Los mensajes que recibí cuando crecía, y particularmente la obsesión de mi madre sobre mi peso, me encaminaron hacia la lucha. El camino se pavimentó para que la comida tuviera un poder en mi vida que nunca debió tener. La obsesión con el número en la balanza y el tamaño de la ropa, alteraron la medida de mi valor como mujer, mi peso y mi apariencia.

Mi descontrolada forma de comer moldeó mi vida tan profundamente como ninguna otra cosa o persona lo ha hecho. Lo que llegué a creer sobre mí misma a través de mi indefenso estado (fracaso), y cómo elegí luchar a través de mi vergüenza y aún así presentarme y ofrecer lo que pudiera hacer por otros, ha moldeado mi alma. Ser testigo de la forma en que el corazón de mi esposo se quebrantó y se transformó a través de mi perdida batalla con la comida, es una gran parte mi historia, una enorme parte de ella, una porción extra grande de ella. (Sí, entiendo el juego de palabras).

hacia la sanidad

En mi angustia y desesperación, caí de rodillas y volví mi rostro hacia Jesús una y otra vez y otra vez. Mis peticiones de ayuda fueron gemidos agonizantes de autodesprecio, acusación, y desesperación. Y Dios se encontró conmigo. En medio de la abrumadora vergüenza, no meramente por mi cuerpo sino mi persona, Dios me atrajo a su corazón y me habló la Verdad. Él me habló de su Amor y Verdad, justo en medio del dolor y las voces familiares que gritaban mi fracaso.

Parte de nuestra sanidad viene con el perdón (a nosotras mismas y de los demás), y parte de ello viene con el producto del arrepentimiento. Así que, primero, debemos comenzar con cómo Dios nos ve, cómo te ve a ti. ¿Lo sabías?

Eres profunda y completamente amada (Rom. 8:38).

Estás total y completamente perdonada (1 Juan 2:12).

Dios te ve a través de la justicia de Jesús (1 Cor. 5:21).

Tú significas el mundo entero para Él (Juan 3:16).

Él piensa que eres hermosa, ahora mismo (Cant. 4:1).

Él está comprometido con tu restauración (Rom. 8:29).

No estás sola ahora, ni nunca lo has estado (Heb. 13:5).

He perdido peso en los últimos años de una manera saludable. Pero antes de que Dios cambiara mi cuerpo, cambió la forma como me veía a mí misma. Me llevó de nuevo a mi historia, a esas heridas, y me ayudó a renunciar a las mentiras que se decían acerca de mí. Él me ayudó a perdonar a ambos, a los que me hirieron y también a mí misma. Así es como Dios trae el cambio—de adentro hacia afuera, desde nuestros corazones. Ese es el viaje que haremos juntas en este libro. Oh hermana, Dios tiene mucho más para ti.

Permíteme añadir una o dos palabras más acerca del perdón. El perdón es crucial si vamos a mirar hacia atrás con misericordia a nuestras historias. El perdón, como el arrepentimiento, es esencial y siempre es nuestra elección. Sin embargo, para perdonar, tenemos que saber lo que estamos perdonando.

El padre de mi esposo fue alcohólico por muchos, muchos años. Cuando bebía era un hombre peligroso. Él le hizo un daño incalculable a su familia, pero su crueldad se dirigió especialmente a una de las hermanas de John. Después de que sus hijos se fueron de casa, se casaron y criaban sus propios hijos, el padre de John dejó de beber. Lo más importante fue su arrepentimiento por el daño que su alcoholismo causó. John y él tuvieron muchas buenas conversaciones antes de que falleciera en el 2011. Hay un perdón total y la certeza de un reencuentro en el cielo, pero al igual que muchos alcohólicos, el padre de John no se acordaba de cómo era o lo que hizo cuando estaba borracho.

Hace unos quince años, en un esfuerzo por restaurar la relación con sus hijos, el padre de John les escribió a todos una carta pidiéndoles perdón. En la carta decía: "Yo no recuerdo lo que hice, pero lo lamento." Él les decía que tal vez había hecho algunas cosas, quizás muchas cosas equivocadas, pero no sabía cuáles habían sido. La respuesta de la hermana de John fue: "El no puede recordar lo que yo nunca puedo olvidar." La disculpa carecía de peso. Pero el perdón no espera una disculpa. Todavía sigue siendo una opción.

Mi lucha con la obesidad es sólo una parte de mi historia. Sí, es una parte importante que marcó más de dos décadas de mi vida; pero Dios la usó para acercar mi corazón a Él. Yo no creo que Él la haya causado, pero sé que usó. Y elijo perdonar a mi madre. Perdono a mi padre, y me perdono a mí misma, una vez más.

reescribiendo mi historia

Dios está reescribiendo mi historia. Mi historia es realmente Su historia, y un día Él la contará con todo su oculto esplendor. Voy a llegar a escuchar su opinión acerca de mis días, su percepción sobre lo que estaba pasando por debajo y detrás de las escenas. Él compartirá conmigo las muchas maneras que trabajó todas las cosas para mi bien, y será maravilloso oírle. Un día, Él también te contará tu historia, y será glorioso. Dios ha estado amándome, protegiéndome, y ha estado haciendo lo mismo por ti aunque tal vez todavía no lo veamos tan claramente como lo veremos ese día.

En estos últimos años he comenzado a recordar cosas que había olvidado por largo tiempo. Están surgiendo recuerdos del amor y la alegría de mis padres hacia mí. La misericordia y el perdón y el amor de Dios han barrido los escombros de la pérdida y el dolor, y en su lugar el amor ha sido revelado.

Una Navidad, mi padre llegó a casa de un viaje y me trajo un inflable del reno Rudolph. Este reno de nariz roja era sólo para mí. Puedo aún verlo agacharse para dármelo y sentir la alegría que me embargó cuando lo hizo. Me dio un pequeño perro negro de peluche. Olía como la pimienta, así que lo llamé Pimienta. Fue algo preciado para mí por muchos años aun luego de que mi perro se comiera sus orejas.

Recuerdo otros pequeños regalos. Fueron pequeños y grandes actos de bondad. Mi padre me regaló cosas que no esperaba como señal de su amor por mí. ¿Cómo me perdí eso? Ahora no me lo estoy perdiendo.

En estos días entiendo que cuando mi madre venía de visita, me miraba de reojo y decía: "Déjame llevarte a comprar sostenes," en realidad ella me estaba amando. La mayoría de nuestros años juntas, no hablamos el mismo idioma, por lo tanto, con demasiada frecuencia nuestras ofrendas de amor se perdían, pero ahora no las estoy perdiendo. Ella escuchó mi historia de la estrella de mar (escribí sobre ella en *Cautivante*) y más tarde, ese año, me dio una estrella de mar de adorno de Navidad. Lo aprecié.

Guardó algunas de mis ropas de bebé y me las confió a mí con estas palabras: "Eras tan hermosa." Ella le dio el "permiso" a mi esposo para pedirme en matrimonio (mi padre había muerto el año anterior) con estas palabras: "Stasi es especial. Ella siempre ha sido especial." Y ahora la recuerdo cuando me decía esas mismas palabras, muchas, muchas, muchas veces.

Deja que Dios comience a reescribir tu historia, e invítalo a que te muestre tu pasado a través de sus ojos. Pídele que traiga a tu mente los buenos recuerdos que has olvidado; a Él le encantaría hacerlo. Hay sanidad disponible allí, hay una sustitución del pesar por la misericordia.

Aunque nuestro pasado nos moldeó, no somos nuestro pasado. Aunque nuestras fallas y pecados tuvieron su efecto sobre quienes somos, nuestras fallas o nuestros pecados no nos definen. Aunque los patrones de pensamiento y de adicciones nos abrumaron, no nos vencieron ni nos vencerán. Jesús ganó nuestra victoria. Jesús es nuestra victoria.

Las historias de nuestro pasado, esas que nos moldearon, y las palabras que se dijeron sobre nosotras y que nos paralizaron: no tienen ninguna oportunidad a la luz de la poderosa gracia y misericordia que tenemos en la Persona de Jesús. No tenemos que permanecer cautivas por más tiempo. Sí, Dios usa nuestras historias para moldearnos. Él hace todas las cosas para el bien de aquellos que lo aman, aun las cosas horribles. La obra santa de Dios en lo profundo de nuestros corazones, cuando hemos sufrido, luchado, llorado y anhelado superar, es impresionantemente sin medida. Puede ser que aún no veas Su bon- dad, pero la verás, la verás. Llega cuando vemos nuestras vidas a través de los ojos de Dios.

Dios está llegando. Él no nos ha abandonado y nunca lo hará. Sí, es cierto, el dolor en la vida es a veces demasiado intenso para soportarlo. Pero cuando desde ese lugar clamamos a Jesús por salvación, los cielos se regocijan, los demonios tiemblan por la derrota y el Espíritu Santo, que está más cerca que nuestra piel, nos transforma.

Jesús nos está invitando a recuperar aquellas partes de nosotras mismas que hemos mantenido ocultas o aquellas partes que hemos querido cortar con la esperanza de tener aceptación. Dios quiere que lo amemos con todo nuestro corazón. Dios compró toda nuestra libertad con su sangre, incluyendo las partes de nuestra personalidad que nos gustaría cambiar, los sueños enterrados por largo tiempo y las heridas que hemos ignorado. El Espíritu Santo las está despertando con besos. Ven a la vida, mi Amada. Despierta. Recuerda. Jesús vino para sanar- nos y restauraros para Él, para otros y para nosotras mismas.

3

el paisaje de nuestras vidas

Lo que queda atrás de nosotros y lo que tenemos por delante, son asuntos pequeños comparados con lo que tenemos dentro de nosotros.
—Ralph Waldo Emerson

Ayer mientras conducía hacia una reunión, le pasé a una mujer joven que conducía una minivan, quien parecía estar perdida. Se demoró mucho tiempo en la señal de Pare, mirando a un lado y luego al otro. En el breve momento en que vi su rostro, pude percibir tanto la incertidumbre como una profunda molestia de sentirse insegura. Paralizada en su camino, podría haber estado detenida en el tiempo, pues aquella mujer era yo hace veinte años. Al comienzo de mis treinta años, también estaba perdida. Anhelaba aprobación, pero estaba segura de la desaprobación. Albergaba la esperanza de que me consideraran una persona divertida, pero no me sentía divertida y carecía completamente de ello. En algún lugar y de alguna manera, sentía que había perdido la dirección de cómo administrar la vida. Sí, yo sabía que la Biblia enseña que el Dios del universo canta sobre mí sinfonías de alegría. Pero mis experiencias y el odio hacia mi persona me habían hecho sorda a Su voz.

A media que viajamos hacia nuestro llegar a ser, de vez en cuando nos podemos perder. Es esencial que levantemos la mirada de la carretera y determinemos dónde nos encontramos, que tomemos nota de lo que nos rodea y comprobemos si hay marcadores de millas. El entorno nos explica muchas cosas. Claro, todas perdemos nuestro rumbo, incluso nos perdernos nosotras mismas, pero no queremos permanecer perdidas. Entonces, me gustaría intentar describirte el escenario de nuestras vidas como mujeres. ¿Sabías que existe un escenario, un paisaje que todas debemos navegar? Saber esto te será muy útil. Mucho de lo que te has estado echando la culpa, no ha sido por ti. El viaje de cada mujer tiene dos realidades que debemos conocer y navegar—una es interna, la otra, externa.

el misterio de las hormonas

Ayer por la mañana me quería comprar un cachorro; esta tarde me pregunté cuántos años de cárcel me darían por cometer homicidio.

¿Estaré loca? ¿Se tratará sólo de la naturaleza pecaminosa de la que enseña la Biblia y en la que me encuentro atascada en el arrepentimiento una y otra vez? No, mi querida hermana. Hay una realidad interna haciendo estragos en mi mundo; no son ni heridas, ni pecado, ni inmadurez, ni siquiera un toque de locura. Hay poderosas mareas femeninas arrastrando hacia y desde nuestro interior, y éstas influyen grandemente en nuestras vidas—y en cómo percibimos nuestras vidas.

Hasta finales de los 1900, el promedio de vida de una mujer era cuarenta y ocho años. La mayoría de las mujeres no vivían para experimentar los cambios drásticos de la menopausia (aunque muchas vivieron el difícil período de transición que le precede, la perimenopausia). Hoy en día, el promedio de vida para las mujeres está entre setenta y ochenta años.

La mayoría de nosotras, no sólo vamos a experimentar la menopausia, sino que vamos a vivir unos buenos veinte a treinta años después de haberla atravesado.

Los estudios sobre las hormonas y su efecto en el cuerpo de la mujer, son relativamente nuevas, pero van en aumento. Debido a que las mujeres están viviendo más tiempo, hay más de nosotras alrededor pidiendo ayuda y más profesionales en el campo tomándonos en serio. (Habrías pensado que los hombres pudieran haber profundizado en este misterio hace mucho tiempo como un sentido de autopreservación).

Las mujeres que sufrían del doloroso síndrome premenstrual o cualquier desequilibrio hormonal, meramente se les consideraba como sentimentales, histéricas o inestables. Muchas mujeres en la actualidad siguen sin estar conscientes de cómo sus hormonas están afectando sus vidas—emocional, física y espiritualmente. No obstante, no tenemos que permanecer desinformadas por más tiempo o preguntarnos si en ciertos momentos de nuestras vidas (o del mes) sencillamente nos estamos volviendo locas. Los cuerpos en los que vivimos y las asombrosas hormonas que se desplazan y fluyen a través de ellos, ayudan a preparar el escenario para la experiencia de nuestras vidas. Y éstas contribuyen al paisaje de nuestras historias personales y nuestra realidad actual.

las cuatro estaciones

La naturaleza se refleja en el cuerpo de la mujer. Cada año tenemos la primavera, el verano, el otoño y el invierno. Cuatro estaciones necesarias que continuarán hasta el final de nuestro tiempo. Y así como en ocasiones el invierno se deja sentir en medio de una semana esplendorosa de primavera, también la belleza de la primavera se filtra en el invierno para un breve respiro. Hay cuatro temporadas, pero ellas se entremezclan entre sí. De la misma manera, hay cuatro estaciones (menstrualmente hablando) en la vida de una mujer y cuatro semanas en su ciclo, aunque no necesariamente nítidamente separadas. Los ciclos de algunas mujeres son tan irregulares como el récord de votación de un político sin escrúpulos. Los ciclos de otras mujeres funcionan como un reloj suizo. De cualquier manera, entender lo que ocurre en nuestros cuerpos será de gran beneficio.

Comencemos con las cuatro estaciones. Pasamos por la preadolescencia cuando nuestro cuerpo de niña se desarrolla a un ritmo rápido e muchas veces hasta incómodo. Estos años sientan las bases para nuestra propia percepción. Las preguntas más profundas de nuestro corazón reciben respuesta durante esos años: ¿Me aman? ¿Merezco que me amen? ¿Soy cautivadora? Desde bebés hasta los primeros años de la niñez y hasta los próximos años de la niñez, nos estamos convirtiendo en nosotras mismas, desarrollándonos en las mujeres que somos hoy. En esta estación somos plenamente femeninas y sin estorbos (o bendecidas) por nuestro periodo.

La siguiente estación en la vida de una mujer es la menstruación. Se trata de las décadas en las que poseemos la capacidad (teóricamente) de concebir. Esta etapa se caracteriza por grandes cambios hormonales. Puede ser una transición difícil que a menudo incluye el aumento de peso, granitos en la cara y grandes luchas internas: *¿Quién soy yo? ¿Qué me hace valiosa? ¿Dónde encajo?* La adolescencia es *dura*. Todas las hormonas que se liberan en nuestros cuerpos pueden hacer que sea un tiempo emocionalmente volátil. Las preguntas en nuestros corazones continúan recibiendo respuesta mientras nos vamos acostumbrando a nuestra femineidad. Nuestra menstruación puede ser regular o llegar solamente como una completa sorpresa, pero estos años constituyen la estación más larga en la vida en una mujer.

La increíble capacidad dada a las mujeres para dar a luz lleva consigo un honor asombroso y un precio alto. Esta es la época cuando la mayoría de las mujeres se encuentran a sí mismas con cada periodo que se avecina, ya sea como un alivio o como una especie de muerte.[1]

La tercera estación en la vida de una mujer se conoce como perimenopausia. Durante esta estación, que dura hasta una década, nuestros cuerpos cambian de forma tan dramática como cuando entramos en la pubertad.[2] Para algunas mujeres afortunadas, pasa prácticamente desapercibida, pero para muchas puede ser agonizante. Sin embargo, para la mayoría de las mujeres la experiencia se ubica en algún punto intermedio. Se caracteriza por un sangrado irregular, emociones fuertes y relaciones que tal vez se necesiten renegociar. La dificultad para dormir cae aquí, y los sofocones comienzan aquí. Los estudios han demostrado que los sofocones, que anteriormente se pensaba que podían durar hasta dos años, pueden durar hasta diez—¡qué suerte! (Creo que tuve el primero ayer. No lo sabía a ciencia cierta porque todo es nuevo para mí. Tuve que quitarme varias piezas de ropa, incluyendo calcetines, quedarme con una camiseta ligera y ponerme unas chancletas para sentirme cómoda. He escuchado que pudo haber sido un sofocón. Oh, y por cierto, la temperatura afuera estaba a 15 grados, o algo así).

Para las mujeres con hijos, esta también podría ser la temporada en que ellos comienzan a irse de casa. El momento del nido vacío coincide con el lento apagar de las hormonas maternales que han sido de gran ayuda. Más a menudo comenzamos a tener pensamientos como: Haz tu propia *&%@ cena, o tal vez lo decimos. Empezamos a recordar lo que queríamos aprender y llegar a ser cuando éramos jóvenes, pero nos desviamos para cuidar de los demás. Es algo maravilloso tener avivados nuestros dones y deseos en nuestras vidas, pues, pero si hemos sacrificado parte de nosotras mismas para atender a los demás (¿y quién no lo ha hecho?), este es el tiempo en el que volvemos a nuestro propio llegar a ser. El tiempo de Dios en todo, es asombroso.

La cuarta estación en la vida de una mujer se llama menopausia. Ya no tenemos ciclos menstruales, no podemos quedar embarazadas y no nos preocupamos por manchar nuestros pantalones. Muchas mujeres viven veinte o treinta años en lo que a veces se denomina post-menopausia. Esta etapa de la vida puede ser maravillosa para las mujeres, ya que pasan a una expresión más plena de sí mismas: se dispara la creatividad, y los deseos que se dejaron a un lado por el interés de levantar una familia, vuelven a resurgir con vigor. La duda y la negación ya no tienen el poder que tenían cuando éramos más jóvenes y menos seguras, y muchas mujeres llegan a disfrutar de una profunda auto apreciación antes desconocida. Esta es una estación realmente maravillosa.

La buena noticia es que con Dios no tenemos que esperar la menopausia para ser una mujer cuya alma esté en paz con quien ella es, libre de la carga de las opiniones de los demás y ofreciendo su singularidad y fuerza única que Dios le ha concedido.

la vida en un mes

Voy a admitir de una vez que la semana favorita de mi ciclo menstrual es la primera. Tengo energía y una actitud positiva. Hago planes para hacer una fiesta, me ejercito con gusto y creo todas las cosas que Dios dice de mí en la Biblia con más fervor que el que tenía hace unos días atrás. ¡Ven! Horneemos un pastel y llevémosla a los desamparados en el refugio. ¡Oh sí!

Mis hormonas hacen su trabajo de traer vida. Me gustaría creer que esta es la versión más real de mí misma, pero en tres semanas, cuando los invitados comiencen a llegar, seguiré siendo la misma aunque no desee a nadie en mi casa. Se trata de mí. Las subidas y las bajadas, las altas y las bajas,—tú también eres así.

Hay cuatro semanas en el ciclo de una mujer. Veintiocho días. En la primera semana, el estrógeno se libera y los ovarios comienzan a trabajar en un óvulo. El estrógeno también ayuda a liberar otras cosas maravillosas en nuestro cerebro, como la dopamina y la serotonina. Somos más felices, nuestro nivel de energía está en su nivel más alto, y si nuestro marido nos guiña el ojo antes de irse a dormir, estamos muy propensas a guiñarles también, o guiñamos primero. ¡Chicas! Esta es nuestra mejor semana.

Cuando comienza la segunda, las cosas cambian. Los niveles de estrógeno se nivelan y luego disminuyen. Seguimos siendo enérgicas, fuertes y creativas, tal vez no tan maníacas. Entonces se produce la ovulación. El estrógeno aumenta ligeramente y la progesterona se incrementa. El óvulo se desplaza por la trompa de falopio con la expectativa de un encuentro. ("El amor estaba a simple vista, tan cerca como el cálido abrazo de un baile."[3]) Internamente estamos más tranquilas y quizás también más sexualmente seguras. Pero entonces nuestra energía comienza a disminuir y nuestras emociones pueden llegar a ser un poco conflictivas.

En la tercera semana, si no hay un embrión fertilizado, nuestros cerebros le indican al estrógeno y a la progesterona que desalojen el edificio. Las emociones se deslizan un poco. Los niveles de azúcar en la sangre también se deslizan. No nos sentimos seguras de nosotras mismas con la misma facilidad. Durante unos días, el espacio (ya vacío) creado por las hormonas que partieron, hace que muchas mujeres también sientan una sensación de vacío. Este no es el momento ideal para tener una gran reunión en su casa.

En algún momento durante la cuarta semana, si no estamos embarazadas, ambos, el estrógeno y la progesterona bajan sus niveles, al igual que el revestimiento endometrial que se formó en nuestro útero para preparar un lugar acogedor para un embrión. Nuestro período comienza, el chocolate es irresistible y los comerciales nos ponen llorosas. Este es el momento cuando deseamos desconectar el teléfono y desconectarnos de nuestra vida por un par de días. Estos son los días en que debemos permitirnos ir más despacio, tomar una siesta en la tarde, escribir en nuestro diario. Un baño de burbujas puede sonar grandemente bueno. Luego, el azafrán florece, y los narcisos hacen su feliz aparición. La primavera llega de nuevo y la esperanza se eleva. El ciclo comienza de nuevo.

Ves, ¡no estás loca! Mis ciclos menstruales están terminando y justamente estoy comenzando a aprender acerca de ellos. Los ciclos han afectado mi estado de ánimo durante cuarenta años, y justo ahora estoy aprendiendo que las fluctuaciones de mi estado de ánimo son normales. Me he sentido loca, quebrantada, miserable. ¿Por qué no llevé récord semana por semana? (Querida hermana, si no has practicado esto, por favor, registra tu ciclo. Toma notas en tu calendario cada mes para que sepas dónde te encuentras. Busca y toma nota de las señales. No estás perdida; sólo estás en tu tercera semana, eso es todo).

He tratado de vivir separada de mi cuerpo, ignorando sus gritos de atención, he tratado de vivir al margen de mis emociones, ignorando su solicitud de atención; no ha sido una buena elección. He estado viviendo desconectada de mi propio ser. Soy mi cuerpo, mi espíritu, mi alma, mis emociones, mis sueños, mis deseos y mi sentido del humor. Así que, honestamente, justo en este momento, no me estoy ignorando a mí misma. Confieso que estoy con el ánimo bajo, cansada, y mi pecho se siente pesado y dolorido. Y por lo que he aprendido, ahora sé que esto no quiere decir que estoy:

> Deprimida
>
> Perdida
>
> Confundida
>
> Abrumada
>
> Loca
>
> Sin avanzar
>
> Mal humorada
>
> Atascada por siempre

Sólo significa que mi estrógeno y mi progesterona están bajos. Eso es todo. ¿No es un alivio?

Estoy eligiendo orar, pidiéndole a Jesús que me ayude a ser amable conmigo misma y con los demás, que yo pueda permitirme el estar cansada y con el ánimo abajo, ya que esto es una parte normal de ser mujer. Y por supuesto, me gustan mucho más las otras semanas del mes. En la semana que siento que puedo hacer todo, entonces, quiero escribir, hablar, ministrar, experimentar más del Espíritu Santo, tener la sanidad de Jesús y pintar una habitación. Hoy, no quiero nada de eso. Quiero un chocolate caliente, una cama, una película, palomitas de maíz y a nadie que me hable, excepto para traerme las almohadas.

No soy una experta en hormonas, pero hay expertos disponibles para nosotras, y es sumamente importante que, como mujeres, nos honremos a nosotras mismas y tomemos el tiempo para descubrir lo que está sucediendo en nuestros cuerpos y cuándo está sucediendo. Las hormonas nos afectan emocional, física y espiritualmente. Para algunas de nosotras, el efecto es doloroso y emocionalmente perjudicial. Pero no necesitamos sufrirlo solas. Hay ayuda disponible para nosotras en muchas avenidas. Habla con una amiga, un pastor, un consejero, un médico. Consulta a un naturópata, un ginecólogo, un especialista en hormonas, y apóyate en Dios. Esfuérzate. Los días difíciles de cada mes pueden llegar a ser un respiro para esconder nuestros corazones en nuestro Dios, quien siempre nos entiende y nos ama infinitamente. Aquí hay gracia, aquí hay misericordia para cada una de nosotras.

Pero comencemos aquí: no te maldigas a ti misma hablando mal de tu cuerpo o tu feminidad. Ser mujer es algo grandioso. Sí, claro, llevamos un sufrimiento que los hombres no conocen. Pero no es una razón para envidiarlos o para maldecirnos a nosotras mismas. (Por cierto, te maldices a ti misma cuando dices cosas como, "Odio mi cuerpo; odio mi periodo; odio las hormonas; me hubiese gustado ser un hombre"). Aquí la sanidad comienza con bendición:

Bendigo mi cuerpo. Te doy gracias, Dios, por haberme hecho mujer. Acepto mi cuerpo y mi feminidad como un regalo.

Bendigo a estas hormonas dentro de mí. Consagro mi cuerpo femenino al Señor Jesucristo. Consagro mis hormonas a Él. Jesús, ven aquí y trae gracia y sanidad. Habla paz a la tormenta dentro de mí, así como calmaste el mar. Ven y bendice mi feminidad, y enséñame a entender cómo me has hecho, cómo vivir conmigo misma y con los ritmos de mi cuerpo.

Ahora bien, todo esto fue un breve vistazo a la configuración interna de la vida de cada mujer. Es hora de dirigir nuestra atención hacia el paisaje externo que todas compartimos. Puede ser que sea más fuerte que las hormonas, y les garantizo que está teniendo un impacto poderoso en muchas mujeres que no están conscientes de ello.

la guerra a nuestro alrededor

Hace poco leí una historia sobre una niña de doce años de edad. Sucedió en Etiopía. La niña había sido secuestrada por hombres con el fin de obligarla a casarse con uno de ellos. Estuvo desaparecida por una semana. Aterrorizada y ensangrentada después de haber sido golpeada brutalmente, tres leones custodiaban a la niña, habían llegado a su rescate; persiguieron a sus secuestradores, alejándolos de ella. ¡Tres leones carnívoros que normalmente atacarían a las personas, milagrosamente le habían salvado![4]

Me encanta esta historia; es como otra trinidad que auxilia al que está en necesidad. Pero después de leerla, me enteré que es una práctica común en Etiopía, secuestrar y abusar de las niñas con el fin de que se casen con los hombres. Las Naciones Unidas estiman que más del 70 por ciento de los matrimonios en Etiopía se dan por medio del secuestro.

Aquí no me estoy metiendo con Etiopía. Su historia y el estado actual de sus relaciones es un reflejo del camino que han tomado demasiados países. Las estadísticas sobre el sufrimiento en el mundo son como para entumecer la mente. Pero aquí está la historia de una chica. Estoy sorprendida y agradecida por este rescate, y a la vez triste por los millones de otras niñas que no son rescatadas.

La mayoría de las niñas en algún momento sueñan con vivir en un cuento de hadas. La gran sorpresa, cuando crecemos, no es enterarnos de que el cuento de hadas era un mito, sino que es mucho más peligroso de lo que pensábamos. Sí, claro, vivimos en un cuento de hadas, pero a menudo nos parece como si el dragón y la bruja malvada estuvieran ganando. (A veces sentimos que somos el dragón—esa es la batalla interna mensual, por lo general alrededor de la semana tres.) Pero permítanme decirles con absoluta seriedad, hay una batalla dándose a nuestro alrededor todo el tiempo cuando despertamos o cuando dormimos. El paisaje externo que compartimos está en medio de una batalla no sólo entre el bien y el mal, sino entre la vida y la muerte.

Las cosas no son lo que estaban destinadas a ser. Al este del Edén, nos hemos mantenido moviéndonos hacia el este dándole la vuelta, buscando encontrar el jardín completamente perdido y cruelmente irreconocible. Todos nacimos en este mundo. Llegamos jadeando en busca de aire y todavía jadeamos. Es un lugar difícil para vivir, un lugar duro para hacer una vida; fuego y hielo; belleza y terror; dolor y sanidad, entrelazados.

La buena noticia es que la Vida gana. La Vida ya ganó. El amor ganó. Sin embargo, el campo de batalla permanece donde nos encontramos a nosotras mismas, y el escenario de esta batalla es un mundo que odia a las mujeres con fiereza. Dios ama a las mujeres. Jesús ama a las mujeres. Pero el enemigo, el diablo, tiene a las mujeres en la mira.

No es un pensamiento agradable, pero es necesario hacerle frente. El viaje de tu vida pasa por un terreno hostil. Ya lo sabías. La nube del compromiso celestial que nos envuelve, al igual que el aire contaminado, afecta nuestros ojos que se vuelven llorosos y nuestra respiración. Con morteros volando y apuntando a nuestro corazón, necesitamos llamarlos por su nombre. Gran parte de la pena en la vida tiene sus raíces en la misoginia.

el odio a las mujeres

Misoginia: El odio a las mujeres. Del griego misein *"odiar"* + gyne *"mujer."*[5]

El filósofo griego Aristóteles vivió trescientos años antes de Cristo y tuvo un efecto enorme en el mundo tal como lo conocemos. Él creía que las mujeres existían como deformaciones naturales u hombres imperfectos.[6] No estaba solo en su creencia, y la misma ha tenido su efecto. Este es el mundo en el que naciste. La misoginia lo colorea y esos colores se han mezclado en tu vida. Reconocerlos nos ayuda a comprender nuestra vida y navegar por ella.

La misoginia es el odio a las mujeres y a todo lo femenino. Ésta surgió con la caída del hombre y ha encontrado su hogar, no solamente en los hombres, sino también en las mujeres. Se manifiesta de muchas formas diferentes—desde chistes, pornografía, trata humana y el auto desprecio que una mujer siente por su propio cuerpo. ¿Por qué ahora la cirugía plástica es una práctica común? La anorexia, la bulimia, los atracones, todas tienen sus raíces en el odio a sí misma, en la misoginia. La historia de nuestro mundo galopa con daño, opresión, disminución, desprecio y miedo dirigido a las mujeres.

Cuando Jesús entró en escena, cambió la misoginia por completo. En aquel tiempo, un rabino no le hablaba a una mujer en público, ni siquiera a su esposa, (esto todavía ocurre con los rabinos ortodoxos). Aún en la actualidad, está prohibido que un judío ortodoxo toque o se deje tocar por alguna mujer que no sea su esposa o familiar cercano. Jesús no se dejó llevar por esas reglas. Durante su ministerio, se relacionó con muchas mujeres. Les habló, les tocó, les enseñó, les estimó. Hubo mujeres que le sirvieron ministerialmente al tocarle, lavar sus pies, ungirlo con aceite y lágrimas. También hubo mujeres discípulas que viajaron con Él, apoyándolo, aprendiendo de Él y "sentándose a sus pies." Si nosotros, la iglesia, el cuerpo de Cristo, hubiéramos seguido el ejemplo que Jesús nos dio en lugar de seguir las tradiciones de los hombres (cautivos del pecado por causa de la caída), hoy tendríamos una historia mucho más valiosa.

Pero la misoginia se metió en la iglesia hace mucho tiempo. Muchos sermones, llenos de las Escrituras, se han predicado a lo largo de los siglos abogando a favor de la supresión de las mujeres. Tenemos que entender que la Biblia registra información y prácticas culturales que no apoyan tal postura.

La Biblia describe en detalle muchos pecados, pero no aprueba esas acciones. Sin embargo, en el Siglo XIX se apoyó la esclavitud desde muchos púlpitos en América, con sermones en los que se citaban las Escrituras. De la misma manera, las palabras de Pablo acerca de las mujeres, muy a menudo se han tergiversado para oprimir a la mujer—muy lejos de su intención.

La iglesia ha sido terriblemente sesgada con respecto a las mujeres. Ha enseñado que las mujeres son la fuente del mal y que el sexo en sí mismo es malo. Algunas iglesias siguen enseñando que la caída del hombre vino a causa de la maldad de Eva y que ella y todas las mujeres después de ella, son seductoras. Las iglesias han enseñado que las mujeres no pueden enseñar, no pueden hablar desde el púlpito y no pueden cortarse el cabello. También deben cubrir sus cuerpos, sus rostros y sus cabezas. Deben permanecer calladas, separadas de los hombres y, simplemente, quedarse en casa. Las mujeres no pueden poseer bienes, votar en las elecciones, testificar en la corte o viajar solas. Las mujeres no pueden ir a la escuela porque sencillamente no vale la pena educarlas.

La buena noticia es que eso está cambiando. Y la gran verdad es que el cristianismo ha hecho más para elevar el estatus de las mujeres que cualquier otro movimiento en la historia.

Sin embargo, en muchas culturas esto no está cambiando en lo absoluto. Sí, amiga, hemos recorrido un prolongado camino, pero aún nos queda otro largo por recorrer. La misoginia es feroz. Ha llegado a nosotras a través de la gente, los gobiernos, las culturas, las religiones y las naciones. Llega a través de los hombres, las mujeres e incluso, también es posible a través de las niñas.

Piensa de nuevo en el parque. Las niñas pueden ser malintencionadas, crueles y competitivas. En términos generales, los niños se pelean entre sí y cinco minutos más tarde se contentan y siguen adelante. Las niñas en cambio, preparan las estrategias para la venganza. Ellas hieren sofisticadamente y con palabras mortales.

Las mujeres compiten unas con otras por la atención de los hombres. ¿Cuántas mujeres han sacrificado a su mejor amigo haciéndolo pasar como su "novio"? Muchas mujeres se ven amenazadas por la belleza, la inteligencia y la gracia de otra mujer, Entramos a un lugar e inconscientemente catalogamos a todas las otras mujeres que se encuentran allí. Rápidamente juzgamos cómo encajamos en la jerarquía de la atracción (valor) sin ni siquiera estar conscientes que lo hemos hecho. Ese comportamiento tiene sus raíces en la misoginia. Recuerda, la misoginia es odio. Ya sea que estemos o no conscientes del mismo, cuando odiamos a las mujeres, nos estamos odiando a nosotras mismas, cooperamos con el enemigo a que se perpetúe este grave daño. Jesús dijo, odiar es asesinar.

Así que, por supuesto, la misoginia puede conducir a la violencia física entre las mujeres, y también entre los hombres. En 2 Samuel leemos:

> Pero el odio que sintió por ella después de violarla fue mayor
> que el amor que antes le había tenido. (2 Sam. 13:15 NVI).

Amnón, hijo del rey David, admiraba la belleza de su medio hermana, Tamar hasta "el punto de llegar a enfermarse" por no tenerla a su alcance. Siguiendo el consejo de un amigo, fingió estar enfermo en cama y pidió que le enviaran a Tamar para que lo cuidara. Una vez a Tamar llegó a su habitación, Amnón le pidió a los demás que se fueran, y le pidió a Tamar que se acostara con él. Cuando Tamar se rehusó, suplicándole que considerara su humanidad y la él, Amnón la violó. Luego de satisfacer su deseo y de devorar su belleza, el "amor" de Amnón se convirtió en odio inmediatamente.

Sam Jolman, un consejero que tiene un blog sobre temas de hombres, asocia la lujuria con la misoginia:

> Como Dan Allender dice: "La lujuria no se trata de sexo. Se trata de poder." La lujuria es el intento del hombre por dominar a una mujer para despojarla de su poder. La violación es la imagen obvia de esto. La violación no tiene nada que ver con el sexo. El placer en la violación radica en la experiencia momentánea del poder. Observe cómo la salvaje brutalidad de la guerra y el genocidio siempre implican el asesinato de los hombres y la violación de las mujeres. No se trata de soldados solitarios en busca de un poco de sabor del amor, sino de salvajes en busca de saciar su sed de poder.[7]

Como es cierto para muchas de ustedes que están leyendo, mi historia incluye el asalto sexual. Una instancia ocurrió cuando yo tenía veinte años. Un hombre me siguió al baño en un restaurante, cerró la puerta tras él y trató de forzarme. Peleé con él pero terminó sujetándome entre el inodoro y la pared, y se complació a sí mismo. Después de alcanzar el clímax, me soltó y gritó: "¡Mira lo que tú me provocaste a hacer! ¡Mira lo que tú me provocaste a hacer!" Después se fue.

Mira lo que *tú* me provocaste a hacer. Él me echó la culpa de su pecado, de su *odio*. Esa no es una inclinación poco común de la realidad.

Pero tengamos cuidado de no caer en echarle la culpa y odiar a los hombres. ¡Qué nunca sea así! Se debe apreciar a los hombres y también a las mujeres. La masculinidad es para disfrutarla, celebrarla, honrarla y aceptarla, como también lo es la feminidad. El dolor que los hombres cosecharon con la caída incluye su separación de Dios y la separación de su *ezer*. Dios creó a Eva para ser la *ezer* de Adán. Esta es una palabra hebrea que encontramos en Génesis 2:18 que significa su salvadora, su equivalente, aquella con quien literalmente no podría vivir ni prosperar en la vida. La intención de Dios era que los hombres y las mujeres se apoyaran y se completaran el uno al otro, ser uno en propósito, en misión y en amor. Pero ocurrió la caída y con ella llegó la división y la tristeza, más allá de lo que se pueda expresar con palabras. Aunque mucha de la tristeza en nuestras vidas viene de los seres humanos, las personas no son el enemigo. Las mujeres no son el enemigo. Los hombres no son el enemigo. Satanás es el Enemigo.

la verdadera causa

Cada minuto se venden dos niños en el comercio de la trata humana, con casi dos millones de niños forzados al comercio mundial de la prostitución.[8] El ochenta por ciento de las víctimas son mujeres y niñas. La trata humana no es un problema sólo en otros países—también está rampante en los Estados Unidos. Se esperaba que en el 2012, la trata humana fuera el crimen número uno en los Estados Unidos. Los Estados Unidos es el destino número uno para el turismo sexual.[9]

¿O qué tal esto? El ochenta por ciento de la pornografía que inunda el mundo está clasificada como pornografía "dura."[10] Cuando la mayoría de nosotros pensamos en la pornografía, lo que nos viene a la mente es la pornografía "suave." La pornografía dura incluye la pornografía infantil, la pornografía sadomasoquista, que mentalmente desordenada va más allá de la pornografía perversa. Todo ello está dirigido a destruir el corazón de cada persona que se le acerque.

La fuente de todo este odio y dolor no son los hombres, no es la iglesia, ni siquiera los gobiernos o los sistemas de injusticia. Las Escrituras dejan bien claro que la fuente del mal es el Maligno en sí mismo:

> Porque nuestra lucha no es contra seres humanos, sino contra poderes, contra autoridades, contra potestades que dominan este mundo de tinieblas, contra fuerzas espirituales malignas en las regiones celestiales. (Efes. 6:12)

El mal está rampante, y es demasiado fácil culpar a las personas, a las organizaciones, a los movimientos, a la iglesia o a los sistemas políticos. Pero eso nunca va a cambiar las cosas, porque es una manera ingenua de comprender el mundo. Jesús llamó a Satanás el príncipe de este mundo. Él es el príncipe de las tinieblas, cuyo único objetivo es robar, matar y destruir la vida en todas sus formas, y él tiene poder aquí. Él tiene el poder aquí en la tierra, donde el reino de Dios no se ha predicado o avanzado. Él es la fuente del odio hacia las mujeres, el odio que tú has soportado. Pero recordemos: Jesús ganó toda victoria por medio de su crucifixión, resurrección y ascensión. Toda autoridad en el cielo y en la tierra le fue devuelta, como corresponde. Y luego Jesús nos la dio a nosotras.

Hablaré más acerca de esto en un próximo capítulo. Por ahora, reconozcamos dos cosas:

Hermana mía, en el mundo hay gran maldad, y mucho de ello está dirigido a las mujeres.

La fuente de ese mal no son los hombres o las mujeres, sino Satanás.

Si aceptas esto, no solamente avanzarás en la comprensión de tu vida, sino que podrás encontrar tu camino a través de la lucha por la bondad que Dios tiene para ti y la bondad que Él quiere llevar a través de ti.

el camino hacia adelante es el amor

Así como no podemos mejorar nuestros cuerpos femeninos odiándolo, tampoco podremos superar la misoginia odiando a las mujeres o a los hombres. Cuando odiamos a las mujeres, nos odiamos a nosotras mismas.

Cuando reducimos el papel de las mujeres, nos reducimos a nosotras mismas. Cuando sentimos celos, envidia o difamamos a otras mujeres, nos unimos al asalto del Enemigo sobre ellas. Hacer esas cosas es estar de acuerdo con el Enemigo de nuestro corazón y decir que lo que Dios hizo no es bueno. Es hora de dejar de hacer eso. La forma de navegar la batalla externa comienza con el amor. No debemos culpar ni señalar con el dedo, sino obrar con el amor.

Sí, los roles que las mujeres dominaron en un pasado, son los que nuestra sociedad menos valora. Esto proporciona la columna vertebral de nuestro mundo, pagando ridículamente salarios bajos a las maestras, las enfermeras, las cuidadoras, las asistentes profesionales, tú las puedes nombrar. Su trabajo ha sido disminuido. El papel de madre también ha sido disminuido. "¿Trabajas?" queriendo decir, "¿Tienes un trabajo real que requiera algo de ti o sencillamente te quedas en casa y horneas galletas todo el día?"

¡Pooor favoooor!

Pero nosotras no superaremos esta misoginia sutil intentando ser más hombres de lo que podemos superar nuestros cuerpos femeninos, ni "privándonos a nosotras mismas de los atributos del sexo femenino" como Lady Macbeth intentó. Comencemos celebrando el papel que desempeñamos; defendamos esos nombres y a celebrémoslo como mejor podamos. La verdad es que quienes somos como mujeres, lo que traemos y el papel que nos corresponde desempeñar en el mundo, en el reino de Dios y en la vida de los hombres, mujeres y niños, es de un valor y poder incalculable.

El reino de Dios no avanzará como debe avanzar si la mujer no se levanta y desempeña su rol. La transformación y la sanidad de un hombre requieren de la presencia, fortaleza y compasión de una mujer. Los hombres no llegarán a ser lo que están destinados a ser sin la ayuda de mujeres piadosas. Ni las mujeres llegarán a ser lo que están destinadas a ser sin la fuerza, el ánimo y la sabiduría de otras mujeres que nutran sus vidas. Sí, ha sido difícil. Esto es porque eres vitalmente necesaria. Tu corazón, femenino y valeroso, se necesita hoy en la vida de aquellos con quienes vives, trabajas y amas. Es tarde.

Las mujeres llevan la imagen de Dios. Las mujeres son coherederas con Cristo. Las mujeres son de valor, son dignas, son poderosas y son necesarias. Hay razón para que el Enemigo tema a las mujeres y derrame su odio hacia nuestra propia existencia. Entonces, que siga temiendo porque "Estamos atribulados en todo, pero no aplastados, perplejos, pero no desesperados; perseguidos, pero no desamparados; derribados, pero no destruidos" (2 Cor. 4:8-9). Somos más que vencedoras por medio de Cristo que nos fortalece y no nos vencerán. Dios es nuestra fortaleza. Jesús es nuestro defensor. El Espíritu Santo es nuestra porción. Y en el nombre de nuestro Dios y Salvador elegimos amarlo, elegimos postrarnos rendidas en adoración a nuestro Dios. Y por el poder de Cristo en nosotras, elegimos levantarnos y ser las mujeres de Dios para llevar Su reino con fuerza inquebrantable y misericordiosa.

4

nuestras madres, nosotras mismas: parte 1

Mark trabajó como voluntario en un programa de tutoría de inglés para estudiantes de secundaria. Lo hacía después del horario de clases. La Hermana Janet era la fuerza impulsora detrás de todos los aspectos del programa. Ella descubrió que Mark tocaba bien el violonchelo, así que le pidió que tocara en una asamblea escolar.

A Mark no le entusiasmaba mucho la idea. Le dijo a la Hermana Janet que las asambleas con música clásica no siempre resultaban bien; lo arruinan. La Hermana Janet le respondió que sus muchachos nunca se comportarían mal. Sus "muchachos", por cierto, eran jóvenes entre los quince y dieciocho años, encarcelados en el Centro de Detención Juvenil de Los Ángeles en espera de juicio por delitos desde robo a mano armada hasta asesinato.

¡Y ella quería que Mark tocara el violonchelo!

La Hermana Janet tenía una firmeza que había que tomar en cuenta, así que, convenció a Mark. Llegó el día de la asamblea, y un guardia lo escoltó a la sala adyacente al escenario, y le dijo que esperara. Mientras aguardaba, podía escuchar el sonido ensordecedor de la música hip hop y a los jóvenes volviéndose locos de alegría. Se aventuró a asomarse por la puerta, y vio que la estrella del espectáculo era una mujer joven con poca ropa que desafiaba a la música golpeando una pandereta.

Mark cerró la puerta y se dejó caer en su silla. La Hermana Janet entró. Mark exclamó: "¡Esto es un gran error! ¡Escúchelos! ¡Se están volviendo locos y todo por una chica en bikini!"

"¿Hay una chica en bikini allá afuera?" preguntó la Hermana Janet intrigada.

"¡Muy bien podría ser un bikini!" Se quejó Mark.

"Ten un poco de fe," le instó la Hermana Janet.

Al grupo de hip hop le llegó el momento de terminar. El guardia le abrió la puerta a Mark y le hizo señas para que subiera al escenario. Mientras caminaba, tropezó con su violonchelo, ganándose unas risas y aplausos.

Sin mucho deseo de tocar, obsequió al público importantes datos (para él) y aburridos (para ellos) sobre el violonchelo hasta que ya no pudo postergar su actuación por más tiempo. "Me gustaría tocar 'El Cisne' para ustedes." Es una canción que siempre me recuerda a mi madre.

Mark comenzó a tocar. Los pisos de concreto, las paredes vacías y los techos altos hicieron la sala tan resonante como una ducha. La música era hermosa, cuando de pronto comenzó a escuchar otro sonido: el de inquietud, de movimiento, de revolviendo los pies. "Oh, qué bien," pensó él, "ya están aburridos." Arriesgando una ojeada, se dio cuenta que el sonido era el de narices mocosas. Los jóvenes se limpiaban sus narices en las mangas de sus camisas. Las lágrimas corrían por sus mejillas. Mark continuó tocando El Cisne mejor de lo que nunca lo había tocado. Cuando terminó, recibió un aplauso entusiasta.

"Ahora me gustaría tocar una zarabanda de Bach." Mark volvió a tocar bien. Después del puñado de aplausos, un joven le gritó desde el fondo: "¡Toca de nuevo el de las madres!"

Oh.

No fue tanto la belleza de la música lo que conmovió a los reclusos, sino la invocación de la maternidad. Mark tocó la canción dos veces más y recibió una ovación donde todos se pusieron en pie. Los reclusos abuchearon al guardia cuando éste vino a escoltar a Mark fuera del escenario.[1]

Madre.

En el libro *La Esposa del Pastor* (*The Pastor's Wife*), Sabina Wurmbrand comparte que por las noches, en la cárcel, cuando todo está en silencio, hay una palabra que se pronuncia con más frecuencia como un clamor en la oscuridad. Es una súplica y una oración, todo en una palabra: "¡Madre!"

En los campos de batalla cuando la lucha termina y los soldados yacen heridos y moribundos, una palabra se pronuncia universalmente: "¡Madre!"

Yo la pronuncié en alta voz. Tenía doce años y mi hermano finalmente me había permitido montar su pequeña motocicleta. Me dio instrucciones sobre todas las cosas, excepto una: cómo frenar. El camino de entrada a nuestra casa era largo y empinado y los árboles que lo bordeaban escondían la carretera. Volé por la carretera, aumentando la velocidad a medida que pasaba; aceleré justo al cruzar la carretera, me estrellé en la curva y volé por encima de la pequeña motocicleta, cayendo encima de la cerca de madera del vecino.

Grité: "¡Mamá!"

Ella vino corriendo con el vecino de al lado, y cojeando, ambos me ayudaron a llegar a mi habitación y a mi cama. Poco después, mi mamá vino a ver cómo estaba y sus palabras fueron: "Tienes que bajar de peso. Fue muy difícil cargarte porque estás muy pesada. Fue embarazoso."

Madre.

Es una palabra poderosa para una mujer poderosa que ha hecho toda clase de impacto en tu vida. Nuestras madres nos han bendecido y nos ha herido. Pero ahora, es el tiempo de buscar más la sanidad que Jesús tiene para nosotras. Dirijamos nuestra atención a la herida que abrió nuestra madre, quien, para algunas de nosotras, es la Madre de todas las Heridas. (Respira profundo. Continúa respirando).

el poder de una madre

Una tarde yo estaba cuidando a mis hijos en el parque, cuando nuestro hijo mayor (de sólo cinco años en ese momento), comenzó a irse hacia una dirección prohibida. En un instante estalló en mi boca un sonido que sonaba como una ametralladora: "¡AH! ¡AH! ¡AH! ¡AH!" Yo nunca había hecho antes ese sonido, pero mi madre sí. Miré a mí alrededor. ¿De dónde vino *eso*? ¿No te sorprendes cuando tu madre de repente emerge a través de *ti*?

Nosotras decimos: "¡Me estoy convirtiendo en mi madre!" Y esto no se suele decir con regocijo. Hay una tensión entre madres e hijas que se siente casi primitiva. A veces nuestras diferencias por sí solas pueden convertirse en una fuente de división. A mi madre no le gustaba el océano y apenas sabía nadar, y yo casi soy un pez. Ella se sofocaba de calor si estaba bajo el sol por mucho tiempo, y a mí me encanta el sol. Ella vestía muy clásica y conservadora, y a mí no me gustan las blusas con botones. Los cuellos me enmarañan el cabello. Ella prefería los zapatos deportivos, pero yo prefiero las chancletas. Ella pensaba que yo debía cortarme el cabello. Todavía no lo he hecho.

Sin embargo, hay cosas acerca de mi madre que amo tanto. A mi madre le encantaba la jardinería; a mí me encanta la jardinería. A ella le fascinaba hornear; a mí me fascina hornear. Ella decoraba la casa para los días festivos. Yo lo hago también. A ella le gustaba tener invitados. Yo disfruto tener invitados en mi casa. Hace cuarenta y cinco años, antes que la mayoría de la gente supiera que existía esa posibilidad, ella patrocinó un niño y traía huérfanos a nuestra casa para que pasaran el día jugando. Yo deseo ser como ella: tener dominio propio y ser disciplinada, y ¿cómo yo no obtuve más de eso? Honestamente, hay muchas, muchas formas en las que me *gustaría* llegar a ser como mi madre.

Lillian Hellman dijo: "Mi madre murió cinco años antes de que yo supiera que la amaba tanto."

Afortunadamente para mí—y gracias, Jesús— yo lo descubrí hace diez años, antes de que mi madre falleciera.

Es fácil culpar a nuestras madres. Los niños culpan a sus madres cuando están heridos (también los adolescentes). Yo estaba bajando las escaleras detrás de mi hijo Sam (tenía alrededor de cuatro años), cuando se dio un golpe en la cadera con la baranda. Hizo un gran sonido y yo sabía que tenía que haberle dolido, pero lo que él hizo después me sorprendió: se volvió hacia mí con una mirada y refunfuñó: "¡Mamá!" ¿Qué? ¡Yo no le hice nada! ¿Por qué me estará echando la culpa?

Queremos honrar a nuestras madres.

El mandamiento de honrar a tu padre y a tu madre se encuentra varias veces en las Escrituras. Es el único mandamiento con una promesa adjunta: "Honra a tu padre y a tu madre, para que disfrutes de una larga vida en la tierra que te da el SEÑOR tu Dios" (Éxod. 20:12). Tu tierra puede ser la tierra, o puede ser una profesión, un negocio, una relación, un ministerio. Tu tierra es tu territorio, tu dominio.

Las madres enseñan, aconsejan y guían: "No abandones la enseñanza de tu madre" (Prov. 1:8). Las madres consuelan: "Como una madre que consuela a su hijo, así yo los consolaré a ustedes" (Is. 66:13). Las madres son una fuente de sabiduría. El famoso pasaje de Proverbios 31 fue escrito por el Rey Lemuel como "una expresión inspirada que le enseñó su madre" (Prov. 31:1). Hay una razón por la cual los Proverbios personifican a la sabiduría como una mujer. La Señora Sabiduría camina en la gracia y en la sabiduría que ha adquirido en las últimas décadas para cultivar su corazón por la fe. La sabiduría se gana. Y una madre le transmite a sus hijos su sabiduría, su camino y sus creencias fundamentales. "Traigo a la memoria tu fe sincera, la cual animó primero a tu abuela Loida y a tu madre Eunice y ahora te anima a ti. De eso estoy convencido." (2 Tim. 1:5).

Con demasiada frecuencia nosotras hemos disminuido a nuestras madres, tanto en lo que son como en lo que han hecho. Debemos respetar el papel importante que han jugado en nuestras vidas.

También necesitamos ser honestas acerca de nuestras madres—nos han afectado mucho más de lo que la mayoría de nosotras podemos darnos cuenta. ¿Cómo podría ser de otra manera?

Las mujeres fueron hechas a imagen de Dios. Recuerde, Dios dijo: "Hagamos al ser humano a nuestra imagen…' lo creó a imagen de Dios; hombre y mujer los creó" (Gén. 1:26-27). Eso significa que nuestros corazones femeninos tienen su raíz en el corazón de nuestro Dios Creador. Yo no estoy cuestionando el género de Dios o el hecho de que Dios es nuestro Padre Celestial. Él lo es, definitiva y profundamente. Él no es nuestro Padre y Madre Celestial. Padre es masculino. Pero la Trinidad — Dios el Padre, Dios el Hijo y Dios el Espíritu Santo—, no es un género sino que es *la fuente del género*. Ahí está el corazón de Dios padre. También está el *corazón materno* de Dios. Ya he escrito algunas palabras de lo que la madre intenta hacer: enseñar, guiar, impartir sabiduría, consolar. ¿Le suena eso como cualquier otro miembro de la Trinidad? ¿Tal vez, el Espíritu Santo?

Llevas mucha dignidad en ti simplemente porque eres mujer. Eres portadora de la imagen del Dios viviente, sin precio, integral. Para llegar a ser cada vez más lo que nosotras realmente somos, tenemos que buscar cada vez más una profunda sanidad en Jesús. Así que, con eso en mente y corazón, quiero explorar cuidadosamente la herida más profunda, pero debes saber que no voy a arrojar a nuestras madres o a nosotras mismas debajo de un autobús. Ninguna de nosotras es una madre perfecta, y ninguna tuvimos una madre perfecta. Sólo Dios es perfecto. Yo no quiero darle paso a la culpa, a la vergüenza, a la acusación, al arrepentimiento o al resentimiento. No. En el nombre de Jesús, no.

Mucho se ha escrito sobre el impacto que un padre tiene sobre su hijo o su hija. Mi marido y yo hemos hablado de esto en los libros anteriores titulados: *Cautivante, Salvaje de Corazón, Engendrado por Dios (Captivating, Wild at Heart, Fathered by God)*. Cada niño llega al mundo con una pregunta básica y a la persona principal a quien le hacen las preguntas de corazón es a su padre. Para los hombres la pregunta es: *¿Tengo lo que se necesita? ¿Soy alguien verdadero?* Para las mujeres es: *¿Te deleitas en mí? ¿Soy cautivante?* Pero para las niñas y los niños, la pregunta más profunda es: *¿Me amas?*

Debido a la manera como Dios ha creado el universo, la relación padre/hijo es la más profunda en nuestras almas. El padre otorga identidad. *Esto es lo que eres. Este es tu verdadero nombre.* La forma en que tu padre contestó esas preguntas, ayudó a darle forma a la mujer que eres hoy en día. Tu padre terrenal ha jugado y sigue jugando un papel muy decisivo en tu vida.

Se puede deducir fácilmente que en nuestra forma de pensar la madre debe desempeñar un papel secundario, sin importancia. Pero ¿por qué habríamos de creer que lo que el padre le ofrece a sus hijos es de mayor importancia y lo que la madre le ofrece a sus hijos es... ummmm... ropa interior limpia y cestas de Pascua? ¿Tienes un gran padre? ¡Genial! Entonces, tienes todo listo.

Oh, si sólo fuera así de sencillo. No. El rol de una madre es profundo y el rol que *tu* madre desempeñó y sigue desempeñando en tu vida es absolutamente central para darle forma a la mujer que eres hoy.

El padre otorga identidad.

La madre otorga *autovalía*.

¿te valoró tu madre?

Lo que nuestra madre sentía por su cuerpo afectó profundamente cómo nos sentimos sobre el nuestro. Lo que ella creía también afectó lo que nosotras creemos, incluso lo que creemos que es posible en las relaciones: cómo son los hombres, cómo podría ser el matrimonio, cuán felices podríamos ser. Nuestra madre impactó lo que creemos es posible en esta vida—lo que podemos lograr, alcanzar y llegar a ser, cuán alto establecemos metas y sueños y aun cómo nos cuidamos a nosotras mismas.

Es importante echarle un vistazo a esto. Su efecto sobre nosotras no es una sentencia de por vida porque Jesús vino por nosotras y nos adoptó en una nueva familia; pertenecemos a un nuevo linaje. Sin embargo, nuestra madre nos pasó todo lo que ella creía. Y tenemos que estar conscientes de ello. ¿Qué creía o cree tu mamá? ¿Cómo se trató o se trata a sí misma y a sus necesidades?

¿Vale la pena sacrificarse por ti? ¿Vale la pena pasar inconvenientes por ti? ¿Dedicarte tiempo? ¿Amarte? ¿Tienes algún valor? Tu madre fue la única que respondió a estas preguntas de tu corazón. Y no sólo las preguntas del corazón de su hija, sino también las de su hijo.

El efecto de tu madre en ti es profundo, es fundamental, emocional, mental, físico, espiritual y relacional. Ella ejerció un papel muy decisivo en tu vida que comenzó cuando estabas en su vientre, continuó cuando eras una bebé y avanzó a través de cada etapa de tu vida hasta este mismo momento.

El bebé que está siendo formado en el vientre sabe mucho, siente mucho, incluso escucha mucho. Está documentado que el bebé en el vientre está *consciente*, y que en algún nivel profundo nosotras realmente recordamos lo que estaba sucediendo en nuestro mundo mientras estábamos allí. Cuando el bebé está en el útero, y su madre experimenta estrés, miedo, enojo, esto tiene un efecto directo sobre el feto y el desarrollo del bebé. Las emociones de la madre se transfieren al bebé. Los problemas con los que una madre lucha también se transfieren. Por ejemplo, si una madre tiene exceso de peso durante el embarazo, las probabilidades de que su bebé cuando crezca tenga una lucha con la obesidad, aumentan de formaexponencial. En realidad, si la madre tiene dificultad con cualquier tipo de adicción, esto aumenta dramáticamente el potencial de que su hijo/a también lo experimente.

Yo he luchado con la obesidad durante la mayor parte de los últimos treinta años. Sin embargo, mi madre, no tuvo exceso de peso cuando estaba embarazada de mí, así que no puedo echarle la culpa de mi obesidad. ¡Caramba! Sin embargo, sí estuvo profundamente abrumada y deprimida. Yo fui una bebé cuya llegada no fue motivo de celebración, sino de lágrimas. Mi madre no sabía cómo en el mundo podría criar otra hija o incluso cómo *sobrevivir.*

Lo que ocurre en el útero establece las bases para tu vida. Cuando una madre es feliz, segura y esperanzadora, el flujo de sangre hacia el útero se abre y nutre completamente al feto. Cuando una madre está preocupada, ansiosa o con miedo los vasos sanguíneos se contraen y el flujo de sangre hacia el feto se restringe. El feto en desarrollo no recibe suficiente sangre. Si esa experiencia predomina, el feto comenzará a creer que no tendrá suficiente sangre en su corazón: no se sentirá estable, seguro, ni atendido.[2]

Las preguntas reciben respuesta en su pequeño corazón: *¿Tendré seguridad? ¿Habrá suficiente para mí? ¿Habrá suficiente alimento? ¿Suficiente alimento emocional? ¿Me desean? ¿Soy motivo de alegría? ¿Seré presa del pánico otra vez? ¿Estoy entrando en un ambiente de vida peligroso o en uno seguro?*

Un bebé en el útero puede oír voces. Reconocerá la voz de su madre al nacer. Lo ves, una madre es una madre tan pronto como ella concibe. Todo lo que está pasando en su vida durante los nueve meses de gestación *importa,* afecta. Esto te ha afectado.

Reflexiona en cuando te formabas en el vientre de tu madre: ¿Crees que estabas satisfecha? ¿Recibiste lo suficiente? ¿Estaba tu madre estresada, con temor? ¿Preocupada? ¿Fumaba? ¿Bebía? ¿Estaba emocionada de estar embarazada o aterrorizada?

Debido a que tu madre era un ser humano, sin duda alguna hubo momentos en los que estuvo estresada por la expectativa de tu llegada. Y una vez el bebé nace, la mayoría de las madres tienen momentos o meses donde se sienten bastante abrumadas. Das a luz a un bebé y simplemente te envían a casa.

Como madre primeriza, experimenté bien fuerte la depresión posparto y no podía entender cómo cualquier niño había sobrevivido antes. Yo me sentía abrumada por la responsabilidad, por la expectativa de cuidar y criar a un bebé. Esos mismos sentimientos también acompañan a una madre que ha adoptado un hijo. Y podemos asumir con seguridad que los hijos adoptados tuvieron madres biológicas que, a menudo, también sintieron ansiedad. Si fuiste adoptada, tuviste una madre biológica que te amó profundamente y sin egoísmo, entregando su precioso ser a una familia que podía ofrecerle lo que ella no podía. Tal vez, tú misma tomaste esa increíble decisión difícil y amorosa. Dios te bendiga por eso. Dios sabe como ha sido?

la madre cría

La función primordial de una madre es la crianza, cuidar de la vida que ha engendrado. Se trata de satisfacer la amplia gama de necesidades físicas, emocionales, sociales y espirituales que tiene un hijo para crecer y desarrollarse sanamente. Un hijo necesita alimento, refugio, ropa, medicinas, atención, comodidad y caricias.

Una vez que se da a luz, el don de las hormonas maternales ayuda a la nueva madre a atender las *muchas necesidades* que su bebé tiene: responder a su llanto de ser alimentado/a, de ser calmado/a, de ser cargado/a, cambiado/a y valorado/a, una y otra vez, y otra vez. Y el infante está tomando nota. Aquí es donde nosotras aprendemos lo siguiente: *¿Son mis necesidades importantes? ¿Soy valiosa? ¿Es el mundo un lugar seguro? ¿Me atenderán, me protegerán, me cuidarán cuando lo necesite? O ¿cuando sea más conveniente? O ¿nunca?*

Los bebés que se dan en adopción, en muchos de los países en desarrollo, pasan horas, días y meses solos en sus cunas; se les carga o se les acaricia simplemente una o dos veces al día, según sea necesario. Un niño que no se carga lo suficiente se convierte en un adulto con un sinfín de dificultades emocionales, tal como una dieta inadecuada generara problemas de salud que se manifestarán más adelante en la vida. Es catastrófico el daño causado al alma humana que ha sido tratada con una cruel indiferencia. Pero no tenemos que ir muy lejos para encontrar el daño. Podemos ir a la casa de al lado, o volver a nuestra propia infancia.

El sentido de sí mismo y de autoestima de una persona se forma en los primeros dos años de vida. ¿Y quién es el principal responsable de ese escenario? La mamá. Incluso si ésta trabaja fuera de casa a tiempo completo y debe incorporarse a su trabajo justo cuando su bebé tiene sólo dos semanas de vida. No es la niñera la que debe formar el corazón de tu hijo, es la madre.

Nosotras no vivimos en un mundo perfecto. Soy una madre quien le ha fallado a sus hijos de innumerables formas. Así que al hablar de nuestras madres, no estoy tratando de echarles la culpa. Estamos en la búsqueda de la comprensión y la *sanidad*. Tú también puedes ser una madre y estoy consciente de la tensión entre mirar hacia atrás, a nuestra propia infancia y mirar la infancia de nuestros hijos. Fácilmente podemos llegar a temer que los hayamos arruinado para siempre. Querida, tú no lo has hecho. Sí, nosotras hemos fallado, incluso las mejores madres les han fallado a sus hijos. Nadie escapa a la necesidad de ser sanado. Nadie escapa a la necesidad de Dios. Nosotras lo necesitamos, y lo mismo ocurre con nuestros hijos.

Por ahora, queremos mantenernos presentes en *nuestras* historias y en el efecto que nuestras madres tuvieron en *nuestras* vidas. Aventurémonos con Dios a nuestros días del pasado—aun aquellos días más allá de los que recordamos—para recibir la sanidad divina. Necesitamos hacer eso antes de enfocarnos en cómo estamos criando a nuestros hijos y en qué área Dios nos está llamando a cambiar.

¿Fuiste satisfecha? Una vez que naciste, ¿recibiste suficiente alimento, comodidad, seguridad, amor, caricias, contacto visual? Los bebés necesitan a sus madres. Conocen su voz, su olor, su rostro; los bebés responden mayormente al rostro y a la voz de una mujer, que al de un hombre.

¿Quedaste satisfecha cuando *eras niña*? ¿Fueron satisfechas tus necesidades básicas de alimento, seguridad y caricias? ¿Recibiste la atención que necesitabas? ¿Experimentaste la alegría que estabas destinada a tener? ¿Celebraron tu llegada porque existías? No tener lo suficiente se siente igual que el rechazo. No tener tus necesidades básicas satisfechas crea una profunda sensación de no ser digna ni suficiente, de que algo anda mal.

Mi madre fumaba y bebía mientras estaba embarazada de mí. Era la época cuando todos pensaban que eso estaba bien. (Lo sé—¿puedes creerlo?) Ella estaba abrumada por el embarazo. Estaba enojada, asustada y en sus propias palabras, "devastada" por mi existencia. Yo no recibí lo suficiente mientras estaba en el útero. A esto se sumó el miedo por ser un embarazo de alto riesgo. Mi madre casi se desangró hasta morir al dar a luz a mis dos hermanos mayores, y el estar embarazada era peligroso para ella. Se programó una cesárea para mi nacimiento, y hubo riesgos envueltos.

Cuando yo nací, llegué a una familia con un padre ausente y una madre que les decía a mis hermanas que cuando se despertaran, ella no estaría. Ellas solían despertarse y correr a su habitación para ver si todavía estaba allí. Mi madre no pudo satisfacerme, no tuvo suficiente alimento, tiempo, caricias, amor, atención, cuidado, tiempo para jugar.

Phillip Moffitt del Instituto Life Balance escribió:

> Si usted no recibió el cuidado suficiente durante la infancia, en la edad adulta podrá sentir una necesidad insaciable, una incapacidad para disfrutar de los demás

o una falta de autovalía a pesar de su competencia y confianza.[3]

¿Le suena esto familiar a alguien, aparte de mí?

En contraste, el salmista dice:

> En cambio, me he calmado y aquietado,
>> como un niño destetado que ya no llora por la leche de su
>> madre. Sí,
>> tal como un niño destetado es mi alma en mi interior.
>> (Sal. 131:2 NTV)

Hay esperanza para nosotras. Hay sanidad. Nada está fuera del alcance de Jesús. "Destetada" significa satisfecha. *Yo estoy satisfecha. Ya he tenido suficiente. Todo está bien.* Un niño destetado es un niño satisfecho, lleno, contento. Tiene lo suficiente. Nosotras podemos saberlo. Sí podemos.

Dios ha usado la sanidad de la herida causada por mi madre para desbloquear los lugares insatisfechos y hambrientos en lo profundo de mí. Ha sido una de las claves definitivas para liberarme de una adicción impía a la comida. Comencé a orar para que Jesús entrara en los lugares insatisfechos de mi corazón y para proclamar la verdad de que en Cristo tengo todo lo que necesito. Empecé a estar de acuerdo con Dios en que mi alma está satisfecha en Él. No temo dejar de recibir lo suficiente en el futuro. No tengo que hacer arreglos para mi propia provisión, protección o comodidad. Ya tengo más que suficiente y siempre lo tendré. Cuando empecé a orar de esta forma, algo misterioso sucedió, y vamos a profundizar más sobre eso en un momento.

Todas nosotras tenemos un hambre profunda en el alma y la única satisfacción que encontraremos para saciarla está en la presencia de Dios. El invisible, el eterno, el Único ser no creado. *El que dice que va a satisfacer tus deseos con todo lo bueno*, en última instancia, con Él mismo.

la madre protege

Otro papel importante que una madre desempeña es el de proteger. Esto es instintivo. Un niño necesita que se le proteja de la explotación física, sexual y del abuso emocional, y de la amenaza de estas tres cosas.

Aquí es cuando Mamá Osa entra en juego y dice: "no te metas con mi hijo." Una vez estaba en el patio de recreo con unas amigas, todas ellas eran madres de niños pequeños. Ellos jugaban, y a la distancia nosotras les vigilábamos mientras manteníamos una conversación. Los más pequeños estaban dando tumbos por la arena y los mayores se mecían en los columpios. De pronto, uno de los más pequeños caminó directamente frente al columpio donde su hermano iba hacia atrás y arriba, arriba, arriba. El niño pequeño se había parado como un pino de boliche en la línea directa del columpio. Iba a recibir una pateada fuerte e iba a quedar gravemente lastimado.

Su madre voló como una gacela. Corrió a través de la arena, tomó a su hijo, saltó fuera del camino y el columpio bajó. Fue increíble. ¡De verdad! Todas nosotras aplaudimos. Una madre protege, o se supone que lo haga. Se espera que ella sepa lo que está pasando en la vida de su hijo, se dé cuenta, esté alerta e intervenga.

¿Se dio cuenta tu madre? ¿Intervino?

Mi madre pudo haberse dado cuenta, pero no intervino. Ella vio, pero volteó el rostro. Ella no lo hizo, ya sea porque en ese momento le era demasiado difícil debido a la magnitud de la pena en su propia vida, o porque simplemente no tenía las herramientas o la capacidad para intervenir. ¡Cómo me hubiese gustado que interviniera?

Era la noche del baile de la secundaria. La lluvia frustró nuestros planes de ir a la playa después del baile, así que [el chico y yo] volvimos a casa. Mi madre ya se había dormido hacía bastante tiempo. El dormitorio de mi hermano estaba al otro extremo de la casa, junto a la cocina, privado, independiente. Calladamente entramos a su habitación y cerramos la puerta. En un esfuerzo por ganar el corazón de este chico, le ofrecí mi cuerpo. Pero antes de estar en la intimidad, acostados en la cama, con deseos, se oyó un ruido en la puerta. Mi madre estaba al otro lado. Nos paralizamos. No nos movimos de nuevo hasta que la oímos alejarse. Y luego volvimos a lo que estábamos haciendo.

El rumbo de mi vida pudo haber sido totalmente diferente si mi madre hubiese tenido el valor de tocar a la puerta y entrar. Pudo haber sido, pero no lo fue. Después de un sinnúmero de veces de mostrar su incapacidad para hablar o intervenir en mi vida, este evento, en realidad, todos los eventos, tuvieron un efecto profundo y dañino.

¿Te honró tu madre con la autovalía que merecías, interviniendo en tu nombre, sin importar lo difícil o incómodo que pudo haber sido para ella? Las madres nos otorgan nuestra autovalía y tienen la capacidad de retenerla intencionalmente, pero más a menudo, involuntariamente. Una madre no puede transmitir lo que no posee, y nosotras tampoco. Las madres tienen la capacidad de retener la aceptación, el valor, el amor. Nuestras madres nos fallaron cuando, sin querer, nos transmitieron una baja autoestima o basaron nuestra autovalía en el hecho de que existimos.

Dios no hace eso.

Nuestro valor no se basa en lo que hacemos, ni en qué camino elegimos en la vida o en lo que creemos. Nuestro valor es inherente al hecho de que somos portadoras de la imagen del Dios viviente. Nuestro valor se basa en el hecho de que estamos vivas. Somos seres humanos. Nuestro valor es incalculable. Nuestro valor como mujer no viene cuando creemos en Jesucristo como nuestro Salvador, viene con nuestra creación.

Si no fuéramos de gran valor, entonces, la sangre de cabras y ovejas, bueyes y toros habría sido suficiente para liberar a la humanidad del cautiverio. Tiempo atrás recordarás que en el jardín del Edén la raza humana fue llevada cautiva y el precio para traernos de vuelta fue tan alto que ni siquiera se envió una nota de rescate. Pero Dios lo sabía y nos buscó. Él intervino.

Dios pagó el rescate necesario para, finalmente, librarnos de la cautividad del pecado y del diablo. Todos somos rehenes de tanto valor, que costó la sangre de Dios mismo para pagar nuestro precio. Tú tienes un valor más allá de lo que se puede contar, en este momento.

la madre prepara

El tercer papel crítico que una madre debe ejercer es el de preparar a su hijos, fomentando la independencia y enseñándoles la confianza en sí mismos. La madre está destinada a preparar a su hijo/a para que llegue a ser igual que ella e incluso para que la supere. La capacidad para hacer esto fluye de la confianza que la madre tiene en sí misma. Su auto-percepción no puede estar sujeta a cómo su hijo/a lo está haciendo. (Nadie dijo que esto iba a ser fácil). Cuando fomentas la autosuficiencia, provees educación, disciplina y oportunidades creativas, preparas a tu hija para que viva su propia vida.

Se supone que una madre sea una estudiante del corazón de su hijo/a. *¿Qué te encanta? ¿Qué te gusta? ¡Eso importa! ¡Tú importas!* Los intereses de ella se reciben con entusiasmo. Se alienta a la niña a intentarlo. Ella puede fallar y todavía ser aceptada plenamente. ¡De hecho, fallar se ve como una evidencia de que ella está intentando! Una madre le da poder a su hija cuando le habla con la verdad–inyectándole aceptación y amor en su vida.

Está bien. Hagamos una pausa. Ahora tú podrías estar sintiéndote abrumada. Respira. Jesús, viene por nosotras. Cuando niña, ¿fuiste aceptada? ¿Te tomaron en cuenta? ¿Se regocijaron contigo? ¿Te animaron a perseguir tus intereses? ¿A intentarlo?

¿Y qué pasó cuando fuiste una adolescente y una mujer joven? Ves, aún necesitabas todo eso—comida, seguridad, comodidad, amor, caricias, contacto visual. Funcionamos mejor cuando recibimos al menos dos abrazos amplios al día y quiero decir abrazos prolongados. No una palmadita en la espalda. ¿Recibiste atención y deleite? ¿Recuerdas haber recibido el estímulo para ser tú misma? ¿Para llegar a ser tu propio yo? ¿Te dieron la bienvenida al reino de la feminidad? ¿Se te inició en el mundo femenino con la aprobación y el sentido de pertenencia? ¿Tienes tan siquiera alguna idea de lo que te estoy hablando?

Está bien, ¿cómo te sientes con tu periodo? ¿Es "una maldición", una molestia y un gran estorbo? ¿Cuáles son algunas palabras que usarías para describirlo? ¿Maravilla? ¿Asombro? ¿El don de ser mujer y poseer la capacidad de llevar y nutrir la vida? ¿Cómo fue tu primer periodo? ¿Quién te enseñó a usar productos femeninos o cómo afeitarte las piernas? ¿Cómo aprendiste a lavarte la cara o a cuidar de tu cuerpo, de tu piel, de tu cabello? ¿Te sientes bendecida por ser femenina o avergonzada por ello?

¿Cómo se sintió tu madre con su cuerpo? ¿Cómo se sintió ella con su periodo? Más importante aún, ¿cómo se sintió ella acerca de ser una mujer? ¿Empiezas a ver ahora a lo que me refería cuando dije que tu madre ha desempeñado un rol fundamental en la formación de la mujer que eres hoy? Sin siquiera pensarlo, tu madre te pasó todo eso antes de que tomaras tu primer respiro.

pausa

Las heridas de nuestras madres son tan importantes para nuestras vidas y nuestro futuro que tomará dos capítulos para llegar a donde necesitamos estar. Mas tengo que hacer una pausa por un momento y decirte, hermana, escúchame ahora: hay sanidad; hay esperanza. Cualquiera haya sido el impacto de tu madre en ti, no es una sentencia de por vida. Lo que *tú* creas, lo que *tú* elijas ahora, es tu camino y tu futuro. ¡Tú eres una mujer! Tú eres una portadora increíble y poderosa de la imagen del Dios viviente. Tú eres la amada de Jesucristo. Para ser capaces de aceptar nuestra femineidad y llegar a ser quienes estamos destinadas a ser y ofrecer aquello para lo cual nacimos, se requerirá que todas nosotras recibamos alguna sanidad aquí. Oraremos juntas por todos estos puntos al final del próximo capítulo.

5

nuestras madres nosotras mismas: parte 2

Hemos hablado acerca de tres de las cuatro funciones vitales que una madre desempeña en la vida de sus hijos: Criar, Proteger y Preparar. Recuerde que estamos explorando esto no para criticar nuestra propia maternidad, sino con el fin de que entendamos por qué hemos llegado a ser las mujeres que somos, y lo más importante todavía: que logremos esos cambios que hemos anhelado durante años.

Antes de continuar, me gustaría decir algo más acerca de la madre como Preparadora, sobre todo, cuando se trata es de preparar a su hija para su femineidad. Muy pocas de nosotras tuvimos el tipo de preparación que Dios quería que tuviéramos a fin de crecer como mujeres seguras, resistentes y amorosas. Así que, permítanme ofrecerles aquí una imagen de lo que una de mis amigas le ofreció a su hija.

bienvenida, Kacey, a la femineidad

Becky es una mujer a la que he llegado a querer y a respetar. Cuando su hija Kacey comenzó a madurar, Becky y su esposo Jim, comenzaron a preparar a Kacey para todo lo que venía. Voy a dejar que Becky cuente la historia en sus propias palabras:[1]

> Utilizamos el libro titulado *Tu Cuidado y Tu Mantenimiento (The Care and Keeping of You)* de las Chicas Americanas (American Girls), e iniciamos el diálogo de lo que ella podría esperar. Hablamos de su belleza ante los ojos de Dios, que ella es una obra maestra creada por nuestro Dios. Fuimos a un restaurante divertido donde ordenamos unas bebidas especiales en tazas, pero también llevé conmigo un vaso de espuma de poliestireno. Hablamos acerca de como ella no es alguien que se bota como un vaso de poliestireno o algo de servicio como una taza; luego saqué la porcelana fina y le dije que ella es como la "porcelana fina", invaluable, pintada a mano y bien cuidada. ¡Fuimos de compras por sus primeros sostenes e hicimos de eso algo muy especial!
>
> En la próxima salida, hablamos de lo que le gusta y de lo que no le gusta de su cuerpo... Ese fue un gran diálogo. Una semana nos dimos una pedicura y hablamos acerca de la fuente de la verdadera belleza, utilizando principios del libro *Cautivante (Captivating)* a fin de darle la verdadera perspectiva de Jesús. Por último hablamos sobre el comienzo de su ciclo menstrual y, por si acaso, le di una pequeña bolsa con todas las cosas que iba a necesitar. El día en que realmente comenzó su ciclo, lo convertimos en un evento muy especial con una cita para comer helado.

Sólo necesito hacer una pausa por un momento y decir lo sé, lo sé— y dejar que las lágrimas corran por todo lo que deseaste tener y no lo recibiste. Yo comparto la historia de Kacey, en parte, para que conozcas lo que estabas destinada a tener, pero también para que tu corazón despierte a la sanidad que Jesús anhela para ti.

A lo largo de estos dos años, Jim empezó a salir con Kacey. El gran evento de todos los años era el baile Padre-Hija el cual se celebraba localmente. El último baile al que asistieron fue en la primavera pasada, a la edad de 14 años. ¡Cuán perfecto fue haber tenido la ceremonia de "convocación" ese mismo año, en ese año de transición! Jim hizo de este último baile algo muy especial, llevándola a comprar el vestido y los accesorios "perfectos."

la ceremonia de convocación

Oramos acerca de lo que íbamos a hacer para su Ceremonia de Convocación. En primer lugar, lo mantuvimos como una completa sorpresa y además, incluimos a familiares y amigos que habían desempeñado un papel clave en la vida de Kacey. También, Jim la había llevado una noche para que hiciera nuevas compras. Consiguieron un vestido nuevo (blanco), pero sin decirle para qué era. A medida que la noche empezaba y después de dedicarle todo a Dios en oración, le dijimos a Kacey que la estábamos preparando para ser la persona que *Dios dice* que ella es.

Varias semanas antes de esta ceremonia, Jim y yo le habíamos pedido que escribiera un artículo, sin parámetros, sobre lo que significa ser una mujer cristiana. Esa noche hicimos que ella nos leyera a todos lo que había escrito; yo creo que esto le dio certeza de todo lo que estábamos haciendo en su vida.

Luego, mostramos la escena de la película, *Comunidad del Anillo (Fellowship of the Ring)* donde Arwen viaja con Frodo al río. Su amor por los caballos y su asombroso parecido con Arwen, de verdad impactó el corazón de Kacey. Entonces nuestros dos hijos, de 9 y 17 años, trajeron la espada de Arwen. Cada uno de los chicos habló sobre Kacey y luego me entregaron la espada. Después de ellos, yo hablé sobre su vida y lo que veo en ella, y la llamé como Arwen, como una princesa guerrera. Seguidamente, pasamos la espada alrededor, permitiéndole a cada persona hablar desde su corazón sobre la vida de Kacey. Por último, la espada fue a su padre quien, después de hablar, se la entregó a ella.

Seguido, pusimos la canción titulada "Besos de Mariposa" y explicamos que esa fue la canción que usamos cuando ella era bebé, para dedicarla a Dios. Cerca de la mitad de la pieza, Jim la invitó a bailar. No había un solo ojo sin lágrimas en el salón. Entonces, Jim la sentó en su regazo y le habló acerca de mantenerse pura a sí misma, sacó un "anillo de promesa" que habíamos encontrado especialmente para esa noche. Tiene la piedra de su mes de nacimiento en el centro, sostenida por la piedra del mes de mi nacimiento y la de Jim. Dentro de la banda del anillo dice "para siempre mi hija."

Después todos se reunieron en torno a Kacey, pusieron las manos sobre ella y la ungieron para la siguiente parte de su vida, sellando en su corazón todo lo que se había hablado. Algunos amigos muy queridos le regalaron una pulsera de dijes, cada uno de ellos eligió uno para dárselo a Kacey. La pulsera es increíblemente significativa para ella. A lo largo de toda la noche una amiga escribió, en un hermoso diario de recuerdos, lo que cada persona dijo. Kacey se remonta y lo lee todo el tiempo y le ha ido añadiendo más.

Nosotros no hemos logrado una crianza perfecta, pero creo que Dios nos ha llevado a darle a Kacey las herramientas, la afirmación de quien es ella en Él, y el estímulo para vivir de manera diferente en una época en la que puede ser muy difícil para una adolescente. Justo la otra noche, Jim y yo nos sentamos juntos, la abrazamos y oramos por ella, edificando sobre la base de todo lo que realizamos en la Ceremonia de Convocación.

Yo comparto esto no porque Becky y Jim hayan hecho todo bien, ni para sugerir que este es el único modelo a seguir. Lo comparto porque es una imagen hermosa del amor y la intencionalidad que se supone tú debiste experimentar, la preparación que supone tú debiste recibir como una mujer joven. *Ven por nosotras, Jesús. Ven a donde éramos ignorantes. Ven a nuestros corazones.* Haremos una oración de sanidad al final de este capítulo, pero primero permíteme cubrir la cuarta función principal que una madre juega.

la madre inicia

Criamos a nuestros hijos para que nos dejen. Tal vez es la verdad más dura y más bella de la maternidad.

Ayer deje a Sam y Blaine en el aeropuerto después de un receso demasiado corto para el día de Acción de Gracias. Aunque en otras oportunidades nos hemos despedido en la acera, sigue siendo doloroso. Ese es uno de los dolores de ser madre, que criemos a nuestros hijos para que nos dejen, pues, y dejarnos es lo exactamente tienen que hacer. Por difícil que sea, se supone que las madres bendigan y, aun, celebren que sus hijas e hijos se vayan de casa y pasen a la siguiente etapa de sus vidas.

Implica la separación de nuestros hijos, cortar las tiras del delantal y el invisible cordón umbilical, y dejarlos ir—confiando en que tienen la capacidad de vivir su vida sin nuestra constante participación. Se trata de proveer, particularmente en los años de la adolescencia y la adultez temprana, el sentido de que la madre entiende que su hija tiene el *derecho* de llegar a ser la expresión plena de su propio y único ser. La madre bendice y fomenta esto. Nosotras también tuvimos ese momento cuando nos dejaron ir y, cuando llegue el momento para nuestros hijos, también debemos dejarlos ir. Probablemente es lo más difícil que una madre tenga que hacer.

Algunos llaman a esto iniciación, una completa iniciación a la femineidad. Cuando esto no ocurre, se origina un sentimiento de culpa en la hija adulta al sentirse responsable de la felicidad y el bienestar de su madre. A menudo, la madre, incapaz de dejarla ir, fomenta esto. La culpa es una herramienta que muchas madres utilizan como para manipular a su hija adulta. Para que una madre sea efectiva en proveer iniciación, ella, de alguna manera, debió haberla recibido primero.

¿Qué hizo tu madre con ésta, la más difícil de las tareas?

La película de Disney titulada *Enredados (Tangled)* presenta la imagen de una madre que no está bendiciendo la vida de su hija o no deja que ella se separe. La mala mujer (quien en realidad no es su madre, sino que pretende serlo) utiliza el miedo para manipular a su hija con el fin de mantener lo que quiere: el control sobre la vida de su hija. Ella es la figura de una madre que se niega a dejar ir a su hija. Aunque la película es ficción, los temas representan la realidad de muchas mujeres.

Tengo una amiga muy querida, cuya madre demanda mucho de ella. La madre de Janie tiene un fuerte espíritu posesivo y maneja el arma de la culpa con habilidad. Actúa como si tuviera las llaves de la puerta principal de la casa de su hija, sin mencionar la vida de Janie y su corazón y que tiene el derecho a entrar a cualquiera y cuandoquiera de esas esferas.

Hablan por teléfono por lo menos una vez al día, pero usualmente lo hacen con más frecuencia.

Mi amiga quiere honrar a su madre como Dios quiere, pero ha creído erróneamente que eso significa que su madre *tiene* derecho sobre su vida. Su madre la ha mantenido secuestrada usando el miedo y la intimidación, y mi amiga le ha permitido que continúe controlándola de innumerables maneras. El temor a que su madre la reproche, lo cual no puede evitar, la ha llevado a tomar decisiones que han comprometido el bienestar de su propia hija y la relación con su esposo. Janie no ha seguido el mandato bíblico de irse de su casa y unirse a su esposo. Ella ha puesto su relación con su madre por encima de su relación con su marido (para el deleite de su madre). Mi preciada amiga ahora lo ve y lo lamenta, pero su madre no va a cambiar. Queda de parte de Janie establecer y hacer que se cumplan los límites alrededor de su vida. (Escribiré más sobre esto en un capítulo más adelante.)

Las madres no tienen derecho a meterse en la vida de sus hijos adultos. No tienen derecho a meterse en la vida emocional de sus hijos. Las madres deben esperar a que se les invite a entrar, pero primero, deben dejar ir.

Hay una escena cerca del final del libro y de la película *La Ayuda (The Help)* que me encanta. La madre de Skeeter—quien cometió todos los errores clásicos con su hija, reteniendo su aprobación, queriendo que fuera como ella y viviera el mismo tipo de vida que vivió ella—al final, la bendice por entero. Quizás, por primera vez, la mamá contempla a la mujer en la que su hija se ha convertido y habla vida a su corazón: "Nunca he estado más orgullosa de ti." Mira a su hija directamente a los ojos, y con amor y reconocimiento deja ir libre a Skeeter para que continúe su propio viaje. Es hermoso.

El buen cuidado maternal es un arte devoto.
— Lori McConnell, *Restoring Hope in a Woman's Heart*

sanidad

En su DVD *Sabiduría entre Madre-Hija* (*Mother-Daughter Wisdom*), Christiane Northrup describe que lo que recibimos de nuestras madres es similar a cuando se reparte una mano de cartas. Lo que recibimos es formativo y fundamental, pero esta "mano" no representa nuestro destino. Si no recibiste una buena mano de cartas, es decir, las cartas estaban rotas o con sangre, dobladas o asquerosas o aun faltaba alguna de ellas, es aquí donde la presencia sanadora de Jesucristo puede entrar y lavar tus cartas dejándolas limpias. Él te da las cartas que ha destinado para ti. Él restaura. El destino que Él ha determinado para nosotras es tenerlo a Él *formado* en nosotras. Él es nuestra herencia y debemos llevarle nuestros corazones, nuestras heridas y todo lo que estábamos destinadas a tener cuando éramos niñas en proceso de crecimiento. Le llevamos la mano de cartas que recibimos y le pedimos que nos sane. Su nombre es Fiel y Verdadero. Él es el mismo ayer, hoy y siempre. ¡Él quiere sanarnos! Jesús es el Único que tiene el derecho de hablar a nuestras vidas con autoridad y poder. Él tiene el poder para bendecir lo que somos y lo que llegaremos a ser. Necesitamos escuchar de Él.

Para recibir la sanidad que Dios tiene para nosotras por las heridas que nuestra madre produjo, tenemos que saber específicamente de qué y por qué necesitamos sanidad. Tenemos que recordar lo que sucedió en la historia de nuestras vidas e invitar allí a la presencia sanadora de Jesús. Para obtener la sanidad, en realidad, tenemos que regresar al pasado y recordar e incluso, revivir la emoción de la herida; eso lo logramos con la ayuda de Jesús.

> *El poder de la memoria para hacer presente el pasado en nosotros*
> *es extraordinario. La razón de esto es que Jesús, el Único Infinito,*
> *quien está fuera del tiempo y para quien todos los tiempos están*
> *presentes, entra en lo que para nosotras es un hecho del pasado.*
>
> — Leanne Payne, *Crisis in Masculinity*

Los eventos en sí mismos no cambian, pero a la luz y presencia del amor de Jesús, somos capaces de verlos y experimentarlos de manera diferente. En Jesús se remueve el aguijón de la muerte, se libera el dolor de la memoria y recibimos sanidad. Lo que Dios hará es reenmarcar nuestra historia y recuerdos mientras Él nos va sanando. A medida que Dios nos sustenta, protege, prepara e inicia, nos restaura a la verdad de quienes somos y a la realidad de la vida que estamos viviendo y que estamos destinadas a vivir. *Podemos sentirnos satisfechas. Somos* amadas, deseadas, vistas; motivo de alegría, estamos provistas, somos apreciadas, elegidas, conocidas y con un plan. Hemos sido separadas, se ha creído en nosotras, nos han invitado, valorado con un valor incalculable, y nos han bendecido.

Ahora es el momento de orar. Sería de gran ayuda si pudieras conseguir un lugar tranquilo y privado donde no te interrumpan durante un rato. Si no puedes ahora, entonces espera hasta que puedas. Vamos a invitar a Jesús para que nos revele dónde a Él le gustaría traernos más sanidad.

Pero primero hay algunas palabras que tal vez necesitemos oír de nuestra propia madre y que nunca podría ser capaz de decirlas. Eso podría estar más allá de su capacidad emocional o espiritual, o puede ser que ya haya muerto. De cualquier manera, quiero decirte, *en nombre de tu madre:*

Cariño, lo siento mucho. Siento mucho haberte fallado en todas las formas en que lo hice. Necesito tu perdón. Por favor, perdóname. Deja que Dios te ame en los lugares que yo no lo hice o no pude como debí haberlo hecho. Perdóname. Tú merecías más.

Ahora, oremos. Tómate tu tiempo para hacerlo.

Santísima Trinidad, invoco tu presencia sanadora ahora. Ven a conocerme aquí y ahora. Dios, yo santifico mis recuerdos y mi imaginación. Jesús, yo te pido que vengas y me reveles dónde necesito sanidad y te pido que me sanes.

Dios, ¿a dónde quieres llegar? ¿Dónde necesito que llegues? ¿En la etapa cuando estaba en el vientre? ¿Cuando era una bebé, una niña, una joven? ¿En todas las etapas de mi vida?

Ven, Jesús. Te pido que vengas por mí y que sanes los lugares profundos y esferas no conocidas de mi corazón. Te necesito. Ven con tu luz y tu amor. Ven con tu tierna, fuerte y misericordiosa presencia y lléname.

En el Nombre de Jesús, bendigo mi concepción. Dios, tú me tenías en tu plan antes de que crearas el mundo. Bendigo mi desarrollo en el vientre de mi madre. Dios, tú estabas allí. Ven ahora más allá de los límites del tiempo y minístrame, a ésta tu preciada, mientras formabas mis más íntimas entrañas, y pronuncia tu amor y deleite sobre mí.

Yo confieso ante ti, Señor, y proclamo la verdad de que tengo todo lo que necesito. Estoy plenamente satisfecha en ti, Jesús, y siempre lo estaré. Soy deseada, soy motivo de alegría y de valor incalculable. Tú me planificaste. Tú me querías y aún me quieres. Como una niña destetada dentro de mí, mi alma está satisfecha en ti, Dios.

Yo rompo todas y cada una de las maldiciones que se pronunciaron contra mí, incluyendo todos los juicios que pasaron por mi línea generacional. Yo soy adoptada en tu familia. La misma sangre de Jesús me ha comprado y yo le pertenezco para siempre como su hija. Yo reclamo esto aquí mismo, en el vientre materno.

Junto a ti, Jesús, bendigo mi nacimiento. Entra en ese tiempo y espacio, querido Jesús. Entra en cualquiera y en

todo trauma o temor que pude haber experimentado en ese
momento. En el nombre de Jesucristo yo rompo todo trabajo
de miedo o de muerte en el que pude haber entrado a través
de un nacimiento traumático.

Jesús, mi sanador, ven a mi necesidad de sustento; entra
en los lugares que necesitaron el sustento por parte de mi
madre. Muéstrame en dónde necesito sanidad aquí.

Mientras permanezcas en esta oración, Jesús te mostrará los recuerdos y los acontecimientos, y traerá de regreso los sentimientos que experimentaste. ¿Fuiste satisfecha cuando eras niña? ¿Fueron satisfechas tus necesidades básicas de alimento, seguridad y sanas caricias? ¿Recibiste la atención que necesitabas? ¿Se te otorgó el deleite que estabas destinada a tener? ¿Te celebraron simplemente porque existías? Permanece aquí e invita a Jesús. A medida que Él te revele cosas, invítalo a entrar, pídele que te sane. ¿Es necesario el perdón aquí? Perdona. ¿Son necesarias las lágrimas aquí? Déjalas que salgan, pero invita a Jesús mientras lloras. Pídele su sanidad. Pídele que te sustente donde lo necesitas. Persiste, y luego continúa con la oración.

Jesús, mi sanador, ven a mi necesidad de protección; entra
en los lugares que necesitaron la protección de mi madre.
Muéstrame en dónde necesito sanidad aquí.

Una madre protege. Se supone que ella sepa lo que está pasando en la vida de su hija, que se dé cuenta, que esté consciente, que intervenga. ¿Se dio cuenta tu madre de lo que pasaba en tu vida? ¿Intervino? Invita a Jesús aquí.

Jesús, mi sanador, entra a mi necesidad de preparación; entra
en los lugares que necesitaron la preparación que mi madre
no pudo darme. Muéstrame en dónde necesito sanidad aquí.

Una madre anima a su hija a la independencia y a la confianza en sí misma. Cuando niña, ¿Te aceptaron? ¿Te tomaron en cuenta? ¿Celebraron tu llegada? ¿Te animaron a perseguir tus intereses? ¿A intentarlo? ¿Recibiste atención y deleite? ¿Recuerdas haber recibido el estímulo para ser tú misma? ¿Te dieron la bienvenida al reino de la feminidad? ¿Fuiste iniciada en el mundo femenino con la aprobación y con un sentido de pertenencia? Invita a Jesús aquí. Invita a Jesús ahora:

> *Por último, Dios Padre, en este momento también me arrepiento de cualquier odio hacia las mujeres que ha echado raíces en mi corazón. El odio hacia ellas es el odio hacia mí misma y esto no proviene de ti. Elijo amar a las mujeres y abrazar mi propia feminidad. ¡Te doy gracias porque soy una mujer! ¡Bendigo mi feminidad! Te doy las gracias por mi vida, y elijo la vida. Jesús, ahora yo te doy mi vida por completo y te invito a hacer tu voluntad en mí. Te amo, Jesús. Gracias por venir por mí; continúa viniendo por mí. Jesucristo, oro todo esto en tu glorioso y hermoso Nombre. Amén.*

Muy bien. Eso estuvo bien. De veras lo fue. Ya sea que hayas sentido algo o no, fue bueno. Amadas, podemos sentirnos satisfechas. Dios nos ha puesto en un mundo donde lo tenemos a Él y nos tenemos las unas a las otras. Una mujer me dijo una vez que hay muchas formas en las que Dios nos hace recordar nuestras vidas como hijas y yo he descubierto que eso es verdad. Bueno, también es cierto que hay muchas formas en que Dios nos provee de madres, madres espirituales, amigas, consejeras, Cristo mismo. Deja que Dios continúe dándote cuidados maternales, sanándote. Quédate con esto. Continúa orando y buscando el resto de todo aquello que Dios tiene para ti.

Y ten presente que, te lo haya transmitido o no, tú fuiste un regalo, del diseño más grande, para el corazón de tu madre. Toda madre aprende más de sus hijos que lo que ella puede enseñarles.

una canción de arrullo

Recientemente John y yo estábamos visitando a unos amigos en Tucson. Escapábamos de las bajas temperaturas del invierno en Colorado, a fin de darnos un breve respiro al calor del sol y de una afectuosa bienvenida. Después de un día de descanso en el que exploramos las maravillas del desierto, nos reunimos en la noche para orar. Una frase de la oración de una amiga estimuló mi imaginación: "Padre, cántanos tu canción de arrullo."

Como muchas madres lo hacen, yo solía inventar canciones para mis hijos; suaves canciones de cuna para persuadir a mis hijos pequeños a que se durmieran. Nunca recordaba las palabras correctas, las inventaba sobre la marcha, insertando sus nombres con frecuencia. Me encantaba, y a ellos también.

Esa noche en Tucson mientras me acomodaba para dormir, le pregunté a Dios cómo sonaba su canción de arrullo para mí. Mi mente inmediatamente se dirigió a los tempranos momentos sagrados durante el día: sentada a solas bajo la sombra, escuchando el viento soplar a través de las hojas de los árboles de eucalipto que se elevan por encima de mí, como el sonido del agua, como el movimiento de la vida. Recordé el sonido de los halcones de cola roja llorando y llamándose los unos a los otros mientras volaban en círculos por encima de su nido cercano. El canto de las codornices, las tórtolas y aves que no reconocí, añadieron sus melodías—una sinfonía viviente. Luego, todo quedó en silencio de nuevo, salvo por el movimiento de las hojas mientras otra brisa soplaba cantado en su camino a través de los árboles que se mecían.

Un canto sagrado, una canción de arrullo cantada sobre mí. Cantándose para ti también.

6

de la aceptación a
la comprensión

*Puesto que el amor crece dentro de usted, así también crece
la belleza. Pues el amor es la belleza del alma.*

—San Agustín

"¿Te encantan tu caderas?"

La pregunta me sacudió. ¿Por qué, en el nombre de todo lo que es sagrado, me encantarían mis caderas? La mujer parada delante de mí en la conferencia que acababa de terminar estaba esperando mi respuesta. Ella repitió: "¿Te encantan tus caderas? ¡Porque Jesús no te va a sanar hasta que te encanten tus caderas!"

Rayos. Entre todas las cosas que no acepto de mí misma, no le había dado mucho pensamiento a mis caderas, pero pensando en ellas en ese momento, podría sin lugar a dudas decir que no, no me encantaban mis caderas.

La mujer me estaba diciendo la verdad. Ella decía, *Dios quiere que ames y disfrutes todo acerca de ti en este momento y que abraces la verdad de que eres una mujer hermosa independientemente de tus medidas.* Hasta que no puedas hacer eso, no vas a avanzar, o a descender, según pueda ser el caso.

Es una cosa difícil pararse desnuda frente a un espejo y decirte a ti misma cuán maravilloso es tu cuerpo. Es contrario a toda cosa quebrantada en el alma de una mujer y en este mundo quebrantado. Entonces empecé a hacerlo. No para que Dios f-i-n-a-l-m-e-n-t-e cambiara mi cuerpo, sino para que yo pudiera empezar a alinear la manera como me veo a mi misma con la manera que Él me ve.

Empecé una noche en la bañera dándole las gracias a Dios por mis piernas. Me dije a mi misma que tenía unas piernas fabulosas. "Piernas, no he sido muy cariñosa con ustedes, pero hemos pasado por muchas cosas juntas y me han llevado lejos. Gracias, piernas. Ustedes son increíbles."

Y continuando así. Esto llegó a ser una práctica. Tropecé un poco cuando llegué a mis brazos. Todavía lucho con ellos. Pero bueno, lo voy a hacer ahora mismo: "Gracias, Dios, por estos brazos increíbles. Trabajan y levantan cosas y abrazan a la gente y abren los frascos y manejan y recogen todo tipo de cosas. ¡Vaya! Brazos, siento haberlos dejado a un lado. De verdad son algo especial."

hermosa ahora

En un maravilloso día de verano el año pasado me hallaba conduciendo hacia Denver para reunirme con mi esposo en la boda del hijo de unos queridos amigos. Llevaba puesto un vestido bonito que me encantaba. Queriendo lucir más atractiva, debajo del vestido llevaba puesta una faja moderna, una prenda de tortura que aprieta por todos lados de tal manera que no puedes respirar, pero tu torso lucirá liso.

En la época de mi madre y mucho antes de su tiempo, la faja se usaba con cordones. Mi madre la usaba con regularidad. La mayoría de las mujeres de su generación lo hicieron, al igual que muchas mujeres de nuestra generación usan la nueva versión. Mi madre una vez me contó la historia de la hermana de su abuela cuando emigró de Alemania a los Estados Unidos. Ella venía desde Europa en un barco (por supuesto), y queriendo lucir lo mejor posible, llevaba puesto su corsé. Usó su corsé las dos semanas completas. Lo llevaba tan ceñido hasta el punto de impedirle ir al baño. Y al final de aquel viaje al Nuevo Mundo, estaba muerta, a causa de su corsé. Una historia verdadera, oh hermana, ¡qué precio tiene la belleza!

Honestamente, ¿cuántas mujeres han muerto en el intento de alcanzar un cierto nivel de belleza que justamente está fuera de su alcance? Es un número trágicamente alto.

Así que, me hallaba manejando rumbo a Denver y llevaba puesta esa odiosa prenda interior, hasta que llegó a ser tan doloroso que apenas podía respirar. Se estaba incrustando en mis costillas. Supongo que está hecha para usarla mientras se está de pie, no sentada durante una hora detrás del volante. Afortunadamente, fui capaz de levantar mi falda, meter una mano por debajo ella y arrancarla de mi cuerpo. Pero, en serio, tomó todas mis fuerzas. Empuñé la mano y la metí entre mi cuerpo y la faja. Conduciendo con una mano por lo menos podía respirar. Pero tenía que cambiar de mano a cada rato porque esa cosa estaba increíblemente fuerte y apretada.

Y a propósito, era una talla más grande de la que debía llevar puesta en ese momento. Así que, no es que estaba usando la talla incorrecta. Se supone que esas cosas estrangulen tu cuerpo si usas una o dos tallas más pequeñas. Ahora, seriamente, ¿por qué sentimos la necesidad de hacernos esto a nosotras mismas? ¿Qué hay de terrible sobre los rollitos en el cuerpo? ¡Por favor, díganme! Nos estamos matando a nosotras mismas, figurativa y literalmente, para encajar en la definición que el mundo ha hecho de lo que se supone debemos ser.

Mi madre solía decir: "¡La belleza ante el dolor!"—queriendo decir, ser bella es más importante que sentirse terrible: el uso de tacones altos y puntiagudos con nuestros dedos pinchados en la punta, el uso de la prenda de vestir spanx para darle forma al cuerpo, la depilación con cera, el corte de las puntas del cabello, el sacarse las cejas. P-a-g-a-n-d-o.

Una de las tareas que mi madre me asignó, como hija menor de la familia, fue sacarle los pelitos gruesos negros que le salían en la barbilla cuando ya no alcanzaba a verlos. Me hizo prometerle que cuidaría de ella y que no la dejaría en esa indignidad. Ella era enfermera que a menudo atendía mujeres mayores, y sufría por aquellas cuya apariencia personal era ignorada. Mi mamá estaba muy familiarizada con esos molestos pelitos negros. Ella tenía un espejo de aumento con el cual podía ver y destruir a cualquier intruso. ¡Arrancar! ¡Arrancar! ¡Arrancar!

Más o menos a la edad de treinta años, cometí el error de mirarme en un espejo de aumento con iluminación. ¿QUEEEÉ ES ESTO? ¡Ay, caramba! ¿Por qué nadie me dijo que yo tenía barba? ¿Dónde están las pinzas? Yo estaba horrorizada. ¿Me estás tomando el pelo? Lo que era meramente invisible para el ojo humano, o al verlo en un simple espejo normal—incluso hasta cerca—se aumentaba a las proporciones del hombre lobo en el espejo de mi madre.

Arrancar. Arrancar. Arrancar.

Cuando mi madre murió, heredé su espejo. Estaba encantada con él. Sólo algunas mujeres conocen la satisfacción de un episodio de depilación victorioso. Cuando el espejo finalmente se rompió, me compré uno nuevo. Uno más grande. Uno mejor iluminado. Animé a mi esposo a mirarse en él una vez y a usarlo para arrancarse los pelitos de la nariz que parecen multiplicarse a medida que uno envejece, y cuando miró, gritó. "¡Santo cielo! ¿Qué? ¡Soy un Wookie!" (Un Wookie es una criatura alta cubierta completamente de pelo, que se encuentra en las películas de la Guerra de las Galaxias. Chewacca, el amigo de confianza de Han Solo, es un Wookie.

Mi esposo, John, no es un Wookie, excepto cuando se mira en un espejo con mucho aumento).

Tal vez voy a estar lista cuando haya logrado un estatus libre de vellos. O mejor, tal vez voy a botar el espejo a la basura cuando mi alma abrace completamente la verdad de lo que Dios dice acerca mí. Dios me ha estado invitando a que bote lejos el espejo de aumento y que sea libre de mirar las múltiples imperfecciones en mi rostro y en mi alma y, en su lugar, que acepte el reflejo que Él me está mostrando. Honestamente, el único reflejo que realmente importa es el que vemos en Sus ojos amorosos y alegres. ¿Qué es lo que Él ve? ¿Qué es lo que Él dice? Él dice que *ahora* somos hermosas.

> ¡Cuán bella eres, amada mía!
> ¡Cuán bella eres!
> Tus ojos tras el velo son palomas. (Cant. 4:1)

Jesús está invitándonos a regocijarnos en la belleza que nos ha dado y a dejar de esforzarnos por lograr un terso nivel de perfección que sólo se ve maravilloso en una muñeca o en la portada de una revista, pero no es alcanzable en la esfera de la humanidad donde vivimos y respiramos. Dios no nos dice que la meta es la perfección. La perfección en cualquier área vital de nuestra vida no va a suceder. ¡Ahí está, lo dije! Ahora, podemos mejorar. Podemos crecer. Podemos llegar a ser más amorosas, más llenas de gracia, más misericordiosas. Ya no estamos atadas al pecado, esclavizadas al estruendo de la tentación. Todavía vamos a pecar, pero no *tenemos* que hacerlo. El secreto está en Jesús.

Nuestra esperanza no se basa en llegar a tener todo en orden. Nuestra esperanza se basa en Jesús, Jesús en nosotras. Es Cristo en nosotras la esperanza de la gloria. Pablo dijo: "A éstos Dios se propuso dar a conocer cuál es la gloriosa riqueza de este misterio entre las naciones, que es Cristo en ustedes, la esperanza de gloria." (Col. 1:27) No vamos a ser perfectas en este lado del cielo. Mas Jesús es perfecto, siempre. Nosotras estamos llegando a ser más santas y verdaderas. Jesús ya lo es. Su nombre no es "Él que está llegando a ser", sino que "YO SOY." La perfección no es la meta. Jesús es la meta.

Dios, ayúdame, un día, muy pronto, voy a romper ese espejo. En el Cantar de los Cantares, Jesús dice,

> Déjame oír tu voz;
> pues tu voz es placentera
> y hermoso tu semblante. (Cant. 2:14)

Hermoso. Ahora, ¿no es esa una buena palabra? Cuanto más creo en Dios, más hermosa en realidad llego a ser. Yo descanso en ello. Oh, no es para ser una mujer insaciable, codiciosa, mezquina y afanada. Dios dice que yo soy, que tú eres, encantadora, en este preciso momento. De verdad. ¡Asimila eso!

Cada mujer tiene una belleza única en sí misma. Yo he visto la belleza en prácticamente cada mujer que he conocido, independientemente del tipo de piel, la forma del cuerpo, el color del cabello, la blancura de los dientes o el peso en la balanza. Cada mujer es hermosa. Tú eres hermosa. Yo soy hermosa. Aunque lo he reconocido en otras mujeres por lo que puedo recordar, he empezado a verlo en mí misma. Sí, creo que soy hermosa algunos días, bueno, en algunos momentos. Que Dios nos ayude a todas a creerlo más profundamente y con mayor frecuencia porque en las áreas donde no lo creemos, continuamos sintiendo vergüenza. Y la vergüenza nunca será un agente de cambio.

tratando de encajar

Me convertí en cristiana cuando cursaba el último año en la universidad. Había tocado fondo. Era un desastre, impotente para cambiar y sin esperanza de poder hacerlo. Me odiaba a mí misma, odiaba las decisiones que había tomado, las cosas que había hecho y la persona que había llegado a ser. Era la misoginia dirigida por mí misma, directamente hacia mí misma—alentada por el maligno. En lo más profundo de mi quebrantamiento, Jesús susurró en mi corazón que yo lo necesitaba.

Me encanta mi testimonio. Me encanta lo milagroso que fue y el papel que desempeñó mi esposo en el mismo. Yo tenía un fin de semana libre en la universidad y me fui a casa. John vino a visitarme y me habló de su entrega a la fe en Cristo. Ahora bien, esto fue una gran noticia. Yo sabía que John había estado buscando la espiritualidad durante años, pero digamos que parecía buscar solamente en las formas no convencionales. Su fe en Jesús fue el mayor cambio que yo alguna vez había visto. Estaba espiritualmente hambrienta, me encantaba oír hablar a John acerca de Dios y de la Biblia. Mi espíritu se dio prisa y en unos meses también le entregué mi corazón y mi vida a Jesús.

Pero de regreso a la universidad John siguió siendo el único cristiano que yo conocía, y él vivía a dos horas y media de distancia.

Yo sabía que necesitaba gente de fe en mi vida y solamente conocía un lugar para encontrarla. En el área del patio de la universidad a la que asistía, los clubes preparaban mesas, le daban publicidad a sus eventos y reclutaban miembros. Muchas veces había visto una gran mesa con un letrero que solía irritar mi militante corazón feminista. Decía "Pescadores de Hombres." La Cruzada Estudiantil para Cristo tenía una mesa invitando a la gente a inscribirse para los estudios bíblicos. De verdad odiaba ese letrero. ¿Y las *mujeres* que?

Pero estaba desesperada. Sigilosamente me acerqué a la mesa, moviéndome de un lugar a otro, ganando valor para anotarme en un estudio bíblico. La mujer detrás de la mesa fue muy amable, muy cálida. Llevaba puestos unos pantalones de cuadros y una blusa, ambos de poliéster. Honestamente, a mí me parecía que ella acababa de salir de la serie en inglés Leave it to Beaver, y yo parecía la hippy que en realidad era: falda de chiffon, sandalias Birkenstocks, las piernas sin afeitar y una blusa india. (¿Por cierto, qué pasó con esa blusa? Era increíble).

La razón de esta historia es lo que yo creía acerca de mí misma al momento de reunirme con esta mujer por primera vez. Cuando la vi, pensé, ahora voy a tener que vestirme así. Creía que el ser cristiana significaba dejar de ser quien era yo. Más que simplemente dejar de ser quien era yo, pensé que tenía que abandonar lo que me gustaba: mis gustos, mis deseos, mi corazón. Después de todo, ¿no estaban todos ellos llenos de pecados?

Tomaba en serio a mi Jesús. Él había agarrado mi corazón y yo había agarrado el Suyo y, como una mujer que se está ahogando se aferra a un salvavidas, no lo iba a soltar. Si eso quería decir que tenía que cambiar completamente la forma de vestir, entonces, eso estaba bien. Si eso significaba que tenía que hacer morir o ignorar todo sobre mí, entonces eso haría.

Ahora, parte de nuestra santificación significa que cambiamos. Dejamos a un lado muchos aspectos de nosotras mismas, incluso las formas como nos vestíamos que no hacen feliz a Dios ni reflejan la verdad de que somos sus amadas. No nos vestimos impúdicamente porque somos preciosas, santas y profundamente amadas. No engañamos con nuestros impuestos o robamos en el supermercado o pasamos nuestras noches de los viernes bebiendo hasta perder el conocimiento. Pero sí crecemos cada vez más en lo que nos hace únicas en Cristo.

Sin embargo, había abandonado algo más, algo esencial para mí. Al abandonar tan fácilmente mis gustos y disgustos, llegué a desconfiar de mi intuición. Enterré lo que me había atraído y en su lugar tomé todas mis señales de los demás: cómo me vestía, qué iba a regalar en un cumpleaños, qué almohada comprar para la silla, de qué color pintar la habitación. Espiritual y emocionalmente me había puesto una faja spanx, y me apreté en lo que creí era la forma más aceptable.

No solamente me perdí en Cristo, sino que me rechacé a mí misma. Y eso es contrario a lo que Jesús hace.

comprendiendo

La gente es extraña. Bueno, yo no lo soy, pero todos los demás sí. La definición de la normalidad para la mayoría de nosotros es el "yo." Es de gran ayuda reconocer la verdad de que somos tan peculiares como todos los demás y que a ¡Dios le gusta la peculiaridad! ¡Él te ama! Él tiene un fabuloso sentido del humor y a Él le encanta el tuyo. (¡Él siempre entiende tus chistes incluso si nadie más los entiende!)

Él te creó—a propósito. Tú eres única—siempre. Llegar a ser nosotras mismas significa que estamos cooperando activamente con la intención de Dios para nuestras vidas; no peleemos con Él o con nosotras. Dios nos acepta en este mismo momento y Él también quiere que nosotras nos aceptemos a nosotras mismas. ¡Él nos mira con placer y con misericordia y también quiere que nos miremos a nosotras mismas con placer y con misericordia! Aceptarnos como somos incluye el aceptarnos y ser agradecidas por nuestros cuerpos imperfectos, aunque no se limita a esto. Podemos aceptar otras verdades sobre nosotras mismas. Nuestra personalidad es nuestra propia personalidad. Nuestra historia es nuestra propia historia. Nuestro gustos son nuestros. La manera que hemos elegido para autoprotegernos es nuestra propia manera. Tenemos un estilo de relacionarnos, una clase de pecado del cual fácilmente somos presa y una forma favorita de pasar una tarde libre. Ya somos nosotras mismas. Únicas. (Los cortadores de galletas sólo funcionan bien en las galletas).

Dios no sólo nos acepta, Él nos comprende. Para la mayoría de nosotras es difícil comprendernos a nosotras mismas, pero ten en cuenta: Jesús nos manda a amar a nuestro prójimo como a nosotras mismas. ¿Cómo podemos amar a nuestro prójimo como a nosotras mismas si no nos amamos a nosotras mismas? ¿Cómo podemos llegar a ser mujeres felices si no somos capaces de ver el humor en nuestra propia locura? Llegamos a ser más nosotras mismas, cuando nos arrepentimos de las áreas en nuestras vidas que no tienen nada que ver con la fe o el amor, pero Dios no vive en un perpetuo estado de decepción por quienes somos. Reprendernos a nosotras mismas por nuestros defectos y debilidades, sólo servirá para socavar nuestras fuerzas de llegar a ser.

El arrepentimiento de nuestros pecados es esencial.

Reprendernos a nosotras mismas por pecar ya no es una opción.

Comprendernos a nosotras mismas no tiene nada que ver con ser arrogante o conformarse con una versión inferior de lo que somos. Comprendernos a nosotras mismas es adoptar la bondad de la obra creadora de Dios en nosotras. Significa confiar en Dios, creer que todo lo que Él ha hecho es glorioso y bueno, y eso nos incluye a nosotras. Sólo tú puedes ser tú. El mundo, el reino de Dios y todos aquellos que te rodean necesitan que tú comprendas quién has sido creada para ser a medida que te conviertes plenamente en tu *verdadero* yo.

Entonces, ¿quién eres? Bien, una buena manera para descubrir la respuesta es simplemente preguntarte, ¿qué es lo que te gusta? ¿Qué harías con tu vida si fueras libre para hacer cualquier cosa?

soñando con Dios

Cuando yo era niña, soñaba con viajar por una extensa pradera acompañando al alguacil, trayendo justicia al Oeste y deteniendo a los malos. Todavía puedo imaginarme cómo iba vestida: una falda de cuero blanco y un chaleco blanco con flecos en los bordes. También tenía puestas unas botas blancas y un sombrero de vaquero blanco que combinaban: ¡Arre caballo!

Y como estoy siendo honesta, debo confesar que soy una de esas personas que practicaban frente al espejo el discurso de aceptación a su Oscar. Parada en el lavamanos, a los trece años de edad, practiqué luciendo humilde y sorprendida: "Sólo quiero dar las gracias a todas las personitas que me ayudaron a llegar hasta aquí." He dejado que esos deseos se vayan. Han crecido y cambiado, pero permanecen expresiones del mismo deseo básico. Ya no sueño con ser una estrella de cine o estar montando a caballo por esas extensas praderas, pero sí deseo generar un impacto. Yo anhelo la justicia.

Hace cerca de catorce años, en un grupo pequeño, John compartió algunas reflexiones sobre el deseo, ese lugar especial en nuestro corazón donde Dios habla, y luego nos invitó a escribir lo que quisiéramos. A escribir una lista larga. No para editarla. Nada era demasiado pequeño o grande para anotarlo. Mi lista resultó ser de dos páginas de largo y tenía cosas tan variadas como el jardín que quería cuidar, el caballo que quería montar, la sanidad que anhelaba para unos seres queridos y la boda de una amiga soltera en la que yo quería bailar.

Encontré esa lista hace unos años y para mi asombro, cada uno de los deseos se habían hecho realidad. ¡Ya habían ocurrido!

¡Tenía que hacer una nueva lista! Ya la hice. ¿No te gustaría estar en ella? Dios sueña en grande. Y nos invita a soñar en grande con Él. Dios ha plantado sueños y deseos en cada uno de nuestros corazones y son únicos para nosotros. Al abrir nuestro espíritu, nuestra mente, nuestro corazón, nuestra imaginación a lo que de verdad nos gustaría —incluso a la posibilidad de desear— permitimos que el Espíritu Santo despierte partes de nosotras mismas que están en un sueño tan profundo, donde los sueños no están sucediendo.

Dios es un soñador. Él tiene sueños sobre ti y para ti.

Cuando soñamos con Dios, no debemos apresurarnos a pensar: *¿Cómo puedo hacer que esto suceda?* Soñar con Dios no es acerca del *¿cómo?* Se trata del *¿qué?* Si cualquier cosa puede suceder, entonces, ¿qué me encantaría que sucediera en mi vida? ¿Qué me gustaría ver en la vida de aquellos que amo? Es mucho más fácil soñar para otras personas, tener deseos para nuestros hijos y nuestros amigos. Podemos mencionar con bastante facilidad cómo queremos que sean sus vidas, la sanidad y la libertad que nos encantaría que ellos conocieran. Es un poquito más difícil soñar para nuestras propias vidas.

Sin embargo, este libro se trata de tu corazón. Este momento se trata de tus sueños y tus deseos que contribuyen a la mujer única y maravillosa que eres. El punto no es tanto ser capaz de mencionar el deseo, sino permitir que Dios acceda los lugares en nuestro corazón donde los sueños y lo deseos están plantados. Dios nos habla ahí, nos habla acerca de Sí Mismo y, acerca de nosotras mismas.

Está bien desear y está bien desear más. Desear más no tiene nada que ver con estar insatisfecho o carecer de algo. Es estar a la expectativa de todo lo que Dios desea traer a tu propia vida. ¡Las posibilidades para ti son ilimitadas! Lo son. Sí lo son. Quizás, no para el mañana, sino para tu vida.

¿Qué es probar a Dios? ¿Qué es lo que Él no puede hacer? ¿Qué tan difícil es para Él lograr la plenitud de la expresión de quien eres a través de tus relaciones, tus logros y tu creatividad? Queremos ser mujeres que continúen creciendo toda la vida. No queremos detenernos. Sí, descansar. Pero un corazón vivo es un corazón que está despierto, curioso e insistiendo por más.

¿qué deseas?

Las personas que regularmente escriben sus sueños y deseos ganan nueve veces más al curso de sus vidas que las personas que no lo hacen. La mayoría de los estadounidenses (80%) dice que no tienen ningún sueño y podemos imaginar por qué. La vida puede arrebatarle el derecho a soñar. El Dios viviente quiere verter nuevamente esos sueños en ti. El dieciséis por ciento de los estadounidenses dice que sí tienen sueños, pero no los escriben. El cuatro por ciento tiene sueños y deseos y los escriben, pero menos del uno por ciento los revisa y los actualiza de forma continua.[1]

Las personas cuyos sueños en la vida se hacen realidad, son aquellas que se permiten a sí mismas soñar, son dueños de sus propios sueños, los escriben y los revisan periódicamente.

Es bueno soñar. No podemos dar más de lo que Dios da, ni podemos amar más de lo que Él ama y no podemos soñar más de lo que Él sueña. ¡Date permiso para soñar en grande, soñar profundo, soñar amplio! Porque lo que ocurre con los sueños, es que *los sueños se hacen realidad.*

Tengo sueños que son grandes y variados. En mi lista hay cosas como: quiero cultivar tomates en un matero y hacer un increíble pastel de *tres leches.* Quiero subirme a un caballo sin montarme en un bloque. Quiero escribir un libro para mujeres y, de verdad, quiero que sea útil para muchas. Hay gente que yo quiero que venga a Cristo, países a los que quiero viajar y ministrar y quiero usar una talla menor.

Tengo deseos y sueños para mí esposo, para mis hijos y para nuestra relación. De verdad, quiero aprender a tomar buenas fotos y capturar la belleza que contemplan mis ojos. Quiero ser fuerte. Quiero conocer íntimamente el corazón de Dios. Quiero que Su vida me llene y fluya a través de mí con fuerza y alegría. Quiero saber cómo puedo zambullirme profundamente en la inmensidad de su amor—¿cuánto de su corazón puedo conocer?

Hay algunos sueños que se hacen realidad aquí, en este lado del cielo. Por eso, estoy bastante segura de que algún día seré capaz de cultivar tomates. Y hay otros sueños que simplemente continuarán desarrollándose: como conocer verdaderamente el corazón de Dios.

Te animo a arriesgarte a soñar y a escribir tus sueños. Una vez comiences, descubrirás que hay cosas que deseas. Y si no puedes empezar, enfócalo de otra forma, simplemente comienza a enumerar las cosas que te gustan. ¿Qué es lo que te *gusta?* Desde el café hasta la fragancia de las lilas, desde estar envuelta en un edredón delante de una chimenea hasta el karaoke.

Llegar a estar consciente de lo que disfrutas y escribirlo, es, sencillamente, una disciplina.

Es bueno sentarse con Dios en silencio y pedirle que te revele: ¿qué es lo que quiero? Y preguntarle ¿qué es lo que *quieres* para mí? Yo sé que una de las cosas que Él quiere es que tu corazón esté más vivo, más despierto y más consciente de tu propio funcionamiento interno y tu placer sobre quién eres. Hoy, justo en este momento. *Quién eres* se manifiesta en lo *que quieres.*

El despertar y poseer los sueños que Dios ha puesto en nuestros corazones no es un asunto de obtener cosas o lograr algo. Se trata de comprender quién soy y quién Él me creó que fuera. Él es nuestro sueño hecho realidad y el único y verdadero amor de nuestra vida. Pero no podemos amarlo con todo nuestro corazón si éste está dormido. Amar a Jesús significa correr el riesgo de despertar, arriesgarse a querer y desear.

Escribir tus sueños y deseos es bueno, y es sólo entre tú y Dios. Tú puedes compartir tus sueños con alguien en tu vida que sabes que se encargará de tratar bien tu corazón, pero no estás obligada a hacerlo. Deja que tu medidor de deseos se salga de los gráficos. Que ni siquiera esté remotamente conectado a tu medidor de descontento.

Hay una razón por la cual tienes los deseos que tienes. Algunos deseos los compartes con muchos otros. Mucha gente quiere los mismos deseos básicos, las cosas buenas: una comunidad, una relación, un caminar más profundo con Dios. Pero muchos de tus sueños y deseos son solo tuyos. Dios te los ha dado para que puedas darte cuenta de ellos, abrazarlos, alimentarlos, perseguirlos y luego ofrecerlos. ¡Deja que Dios use tus sueños para guiarte a la expresión más plena de tu glorioso despliegue!

Tenemos que vivir creciendo de la plenitud de nuestros corazones con el fin de llegar a ser lo que estamos llamadas a ser y a ejercer el importante rol que nos corresponde desempeñar. Queremos mantenernos despiertas y alertas. Queremos llegar a ser mujeres que *viven sus vidas a propósito.*

Dios nos da nuestros sueños y nosotros se los devolvemos. El hecho de soñarlos y escribirlos, no significa que estamos exigiendo que se hagan realidad. Solo nos percatamos de la realidad de que son una parte de nosotras. Y ya que son una parte de nosotros, la abrazamos.

*Jesús, ven. Guíame. Espíritu Santo, lléname. Sueña conmigo
y en mí. Ayúdame a descubrir los deseos que has sembrado en
mi corazón y a escribirlos. Ayúdanos a soñar en grande.*

Pregúntate a ti misma:

¿Qué me encantaría hacer? ¿Qué me encantaría experimentar, crear u ofrecer?

¿En qué quiero ser realmente buena?

¿Qué es lo que quiero con Dios? ¿Qué es lo que Dios quiere conmigo?

¿Para qué quiero ser conocida?

Nada es imposible con Dios. Nada es demasiado bueno para ser verdad. Y, además, si no tienes un sueño, ¿cómo un sueño se hará realidad?

mis pantalones

Hace unos años llegué a casa después de una cita en la peluquería y honestamente mi cabello se veía fantástico. Yo no sé lo que hace mi peluquera, pero el día que ella arregla mi cabello, es increíble. Yo nunca lo puedo hacer igual. En ese día en particular, me miré al espejo y vi mi cabello fabuloso y me sentí bella. Me *sentí* bella. ¡Todas sabemos que eso podría ser raro que suceda!

Tenía que ir a una reunión en un par de horas, así que me puse un atuendo más apropiado para el trabajo: un par de jeans agradables. Me encantan estos jeans. Yo no sé que es lo que tienen, pero funcionan. Me puse una blusa roja y unos aretes grandes color turquesa. No es mi ropa usual para asistir a reuniones, pero me encantó.

Tan pronto estuve lista, una amiga llegó inesperadamente y al verme, se detuvo en seco y exclamó: "¡Estás viviendo en tu belleza!"

Estaba viviendo mi belleza. Me había puesto esos jeans antes, esa blusa antes y, probablemente los había usado con los mismos aretes, pero algo en mi espíritu me había relajado y estaba abrazando quien era yo: una mujer que le creyó a Dios cuando dijo: "Tú eres encantadora."

Mi amiga se fue y John llegó a casa, y tuvo la misma reacción que mi amiga había tenido, y digamos que la vestimenta se me cayó y volvió a ponerse antes de la reunión. (Está bien. ¡Estamos casados! ¡Es algo bueno!)

No me estaba forzando a meterme dentro de los pantalones con la ayuda de alguna prenda de elástico, ni estaba deslizando mi alma dentro de cualquier otra forma prescrita. Más bien, estaba viviendo mi belleza, simplemente siendo yo y abrazando a quién era. Pudo haber sido la primera vez, pero por favor, Jesús, que no sea la última. Algunas que estén leyendo esto podrían decir: "Esos jeans deben ser increíbles y verse bien en ti; pero yo no me veo bien en cualquier par de jeans."

¿Podría decirles que esos jeans eran talla 24? Esos fabulosos e impresionantes pantalones eran talla 24. Hoy puedo estar totalmente vestida, ponérmelos sobre la ropa y se caerán al suelo. Ya no uso talla 24, pero oro para vivir mi belleza en cada área, así como lo hice ese día monumental.

Hace poco estuve en un almuerzo de la iglesia para el ministerio de las mujeres, y una de las mesas estaba llena de mujeres mayores. Dos tenían noventa años, y ese mismo día, una de ellas estaba celebrando su cumpleaños noventa y tres. Sus cabellos los llevaban peinados, estaban bien vestidas, con el maquillaje aplicado y divirtiéndose tanto que yo sólo quería estar en su mesa. Decir que nuestra belleza como mujer resalta en algún momento de la década de nuestros veinte años es ridículamente absurdo. Sí, hay una belleza vibrante en la juventud, pero *estas* mujeres —estas mujeres mucho mayores— eran sorprendentes.

Ellas tenían arrugas y canas. Ningún relleno de Botox o relleno de labios o la liposucción, podrían borrar sus años. Pero ellas tenían otra cosa mucho más hermosa que la juventud. Tenían corazones que, con el paso de las décadas, habían sido cultivados por la fe. Tenían una luz que brillaba en sus ojos y que no se podía extinguir por toda la pena, el dolor y las pérdidas que sin duda habían sufrido. Ellas amaban a Dios y sus corazones estaban vivos, y no hay nada más maravilloso que eso.

Dios dice que nuestra gloria postrera será mayor que la primera. Para nuestro gran pesar, en nuestra sociedad ya no valoramos la sabiduría y la experiencia que vienen como consecuencia de vivir bien a través de muchos años. Las canas y las arrugas se ganan.

He aprendido que ser hermosa, sentirse amada y disfrutar quien únicamente somos no tiene absolutamente nada que ver con nuestro peso, nuestra edad o la figura de nuestro cuerpo. Piénsalo y compruébalo. Acepta la posibilidad de que eso sea verdad y permite que penetre en tu espíritu por un momento antes de descartar la idea rápidamente.

La belleza no tiene nada que ver con el cabello, la ropa, el estado civil, la cuenta bancaria o el peso en la balanza. Ser bella es una cualidad del espíritu reconocida principalmente en una mujer cuya alma está en paz, porque ella cree en su Dios cuando Él la llama adorable. Ella ya no se esfuerza por alcanzar los estándares inalcanzables del mundo de la belleza y aceptación, sino que está recibiendo la herencia que le pertenece como una portadora de la imagen del Dios viviente. Ella abraza quien Dios quiso que fuera.

Tú eres una persona asombrosa. Y mientras más crezcas en conocer a Dios, más lo amarás, y su vida y su belleza habitaran más en ti y fluirán de tu único y fabuloso ser.

Camina adelante y échate un vistazo largo en el espejo. Exprésate a ti misma que eres maravillosa. Dios dice que lo eres, y bueno, Él lo sabe bien.

7

del temor al deseo

Tenemos que ser más valientes de lo que pensamos que podemos ser, porque Dios está constantemente llamándonos para que seamos más de lo que somos.
—Madeleine L'Engle

¡No Temas!
—Jesús

Una noche cuando estaba en la universidad, regresé sola a mi apartamento, estaba oscuro, abrí la puerta, entré y la cerré de golpe detrás de mí. Después de haber avanzado varios pasos, empecé a sentir que algo no estaba bien. Miré hacia atrás y allí, en las sombras, detrás de la puerta, envuelto en la oscuridad de la noche, estaba un hombre. No grité. No corrí. Ni siquiera me moví. Mis piernas simplemente se convirtieron en gelatina y me desplomé en el piso. Genial saber lo que haría en una situación de vida o muerte. Siempre he estado un poco decepcionada con mi petrificada reacción. Sin embargo, el miedo le hace eso a una persona. (El hombre resultó ser el novio de mi compañera de cuarto que me estaba jugando una broma. Y sí, claro, se sintió muy mal por eso).

En ese momento, cuando el miedo se apoderó de mí, me sentí totalmente impotente. ¿Alguna vez has tenido esos sueños terribles en los que es necesario gritar para salvar a alguien, para salvarte a ti misma, gritar por tu vida, y no puedes pronunciar un sonido? ¿O necesitas escaparte, pero sientes que tus piernas están congeladas y no te puedes mover, no puedes correr? Todos hemos tenido esos horribles sueños.

El miedo paraliza. El miedo en su forma más suave o más dócil, es un aguafiestas. Estropea la pasión ardiente que Dios depositó en tu corazón cuando Él te formó. El miedo nos paraliza llevándonos a la inacción. Las ideas congeladas, las almas petrificadas, los cuerpos inmóviles no pueden soñar, no pueden tomar riesgos, no pueden amar y no pueden vivir. El miedo nos encadena.

la belleza versus el miedo

Probablemente conoces el famoso pasaje dirigido a las mujeres por el ya anciano apóstol Pedro. Es un pasaje utilizado normalmente para discutir la verdadera belleza interior:

> Que la belleza de ustedes no sea la externa, que consiste en adornos tales como peinados ostentosos, joyas de oro y vestidos lujosos. Que su belleza sea más bien la incorruptible, la que procede de lo íntimo del corazón y consiste en un espíritu suave y apacible. Ésta sí que tiene mucho valor delante de Dios. Así se adornaban en tiempos antiguos las santas mujeres que esperaban en Dios, cada una sumisa a su esposo. Tal es el caso de Sara, que obedecía a Abraham y lo llamaba su señor. Ustedes son

hijas de ella si hacen el bien y viven sin ningún temor.
(1 Pe. 3:3–6)

Tengan en cuenta que el núcleo del pasaje no es la belleza en sí misma, sino la forma de llegar a la verdadera belleza, que es ésta: no darle paso al miedo. Las mujeres somos particularmente vulnerables a los temores de todo tipo porque nos preocupamos, porque amamos, porque en el diseño de la gracia de Dios somos así de vulnerables y gloriosas. Nuestra vulnerabilidad es parte de lo que nos hace mujeres; nos permite amar como nosotras lo hacemos, proteger la relaciones como nosotras lo hacemos, consolar y ser misericordiosas, ser creativas para el mundo. Y claro, eso también nos hace vulnerables al miedo.

El miedo se define como *una respuesta vital a un peligro físico y emocional.* Si fuéramos incapaces de sentirlo, no podríamos protegernos a nosotras mismas de las amenazas legítimas. Así que el miedo puede tener su espacio en nosotras. Dios nos invita a vivir en la realidad. Dios no quiere que vivamos una vida de fantasía o que neguemos la realidad como Cleopatra, la reina de la Negación. Dios quiere que vivamos una vida en la que continuamente crezcamos en sabiduría. "El comienzo de la sabiduría es el temor del SEÑOR" (Prov. 9:10 NVI). Hay un temor bueno, un temor santo, un temor que provoca en ti el deseo de honrar y rendir homenaje al Único que lo merece. El temor que nos mete en la mayoría de los problemas no es el temor a Dios, sino el miedo a la gente.

"Temer a los hombres resulta una trampa" (Prov. 29:25 NVI). Ese es el miedo que nos mantiene en silencio cuando lo mejor es hablar. Es el miedo a los comités de mujeres o el ir en contra de la corriente; es callar lo que el Espíritu Santo nos impulsa a decir por el miedo a lo que podría pasar si hablamos. El temor del hombre es el temor con el que todas estamos bien familiarizadas. Es el temor de parecer o sonar como estúpidas y luego ser despedidas, expulsadas, rechazadas. Ese es el miedo que cada estudiante de escuela primaria, intermedia y secundaria tiene. El temor mantiene a los jóvenes tratando de estar a la moda, poniéndose los pantalones más abajo de las caderas y a las jóvenes impulsándolas a tomar decisiones que más tarde lamentarán. El temor del hombre está detrás de decir sí a cada cosa que roba su vida, a las presiones de grupo y a todo lo que lleva a una muerte personal, sea grande o pequeña.

el miedo es un enemigo

El miedo en sus formas más perversas y poderosas invalida nuestras almas y deforma la estructura misma de nuestro verdadero corazón. Le da nueva forma a nuestra realidad interior, hasta el punto de no parecernos al sueño que somos nosotras, de no parecernos a quienes en *realidad* somos. Y nuestras vidas no se parecen a las vidas que estamos destinadas a vivir. El miedo nos priva de nosotras mismas.

En última instancia, el miedo es el dominio de Satanás y sus secuaces, y es *masivamente comercializable*. Las películas de terror han pasado de los días semi inocentes del primer *Frankenstein* al género de culto o de terror absoluto—sangriento, ensangrentado y que juega con el miedo. Y a la gente les encanta las oleadas de sentimientos que ellas evocan.

> El DVD de terror es la mejor opción para muchas personas a la hora de elegir una película. Quizás, la razón más obvia por la cual las películas de terror son tan populares es porque a la gente le gusta verlas en Halloween. En ese momento en que todo el mundo está hablando de fantasmas, brujas y sucesos inexplicables, a la gente le gusta poner un DVD de terror y entrar en ese ambiente.[1]

Sí, te puedes meter en el espíritu de Halloween viendo una película de terror, pero algunas veces ese espíritu entra en ti—literalmente. Al enemigo le encanta usar el temor y no querrás abrir tu vida a los espíritus de temor, por amor de Dios. ¿Que ya no tenemos suficiente para preocuparnos? Sentir miedo no es algo bueno. Sin embargo, todos tenemos lugares donde el miedo aún se apodera de nosotras.

El miedo también se define como "una emoción angustiante suscitada por un peligro inminente, por el mal o por el dolor; ya sea que la amenaza sea real o imaginaria; es la sensación o la condición de estar asustad."[2]

Otros la definen así:

> Cuando existe la fe, el miedo corre.
> Ante el miedo, olvídate de todo y reacciona.

O la versión popular:

> El miedo es una evidencia falsa que parece ser REAL.

Sin embargo, a menudo la evidencia que aparenta ser real *es* real: puede haber un hombre parado detrás de la puerta, pueden estar ocurriendo accidentes de tránsito, pueden estar sucediendo cosas horribles y trágicas. Y es posible que nunca las vean venir hasta que están encima. Tú lo sabes. Y rápidamente comienzas a unir una información con la otra—si tal tragedia le pudo ocurrir a esa la familia, ¿quién sabe lo que le podría ocurrirle a la nuestra? Si *esa* cosa mala puede suceder, entonces *aquello*, que es peor, también podría suceder.

Nosotras las mujeres tenemos pies ligeros cuando se trata de correr por los senderos del miedo y la especulación. Digamos que ahora mismo tienes un dolor de cabeza recurrente. Cuán rápidamente saltas a las siguientes conclusiones: *¿será un tumor cerebral; me estaré muriendo?*— Tu mejor amiga no te llama; han pasado varios días sin una llamada, llegas a la conclusión que, —*ella está enojada conmigo; la ofendí, ella probablemente ahora está hablando con otra persona; he sido reemplazada.* La mayoría de mis amigas confiesan que lo hacen. ¡Yo también lo hago!

¿Cómo, en el nombre del cielo, podemos evitar que el miedo domine nuestras vidas?

vamos a ser honestas

Estoy muy consciente de a quién le estoy hablando. Conozco muchas de las historias de las mujeres que leerán estas páginas, y me quito el sombrero. Ustedes, que han sufrido tanto, son la prueba viviente de la increíble e insuperable belleza, bondad, gracia y fortaleza de nuestro Dios. Aquí, no quiero ser insolente. Quiero ser tierna con tu corazón, sensible con la historia de tu vida. Yo sólo quiero ser firme, *muy firme* con el miedo.

Para superar el miedo, nosotras primero tenemos que ser honestas con la vida en este planeta.

Tememos que nuestro matrimonio no dure, puede ser que no. Tememos perder algo o alguien preciado para nosotras, y tal vez sí. Tenemos miedo de pasar una vergüenza si hablamos claro, o si nos caemos o salimos del baño arrastrando el papel higiénico. Una chica con quien trabajé hace unos años, salió del baño con la falda metida en sus panti medias. Ella pasó frente a su jefe que era un hombre y frente a varios compañeros de trabajo (masculinos) antes de darse cuenta. Oh, querida, eso fue peor que arrastrar el papel higiénico. Las cosas suceden, pequeñas y grandes. La verdad es que, en cualquiera momento, no sabemos con qué nos vamos a tropezar.

Honestamente, vivimos en un mundo que solo parece estar empeorando. Vemos las noticias o salimos a caminar y parece como si el mundo se estuviera yendo rápidamente al infierno. A veces es un lugar oscuro y peligroso. Estamos viviendo en un mundo quebrantado y nosotras somos las mujeres que amamos, pero también somos vulnerables. Cuando tú amas, eres vulnerable a la pérdida, a la exposición, al abandono, y tus peores temores haciéndose realidad. Cuando amas a alguien, corres el riesgo de perderlo, y corres el riesgo de soportar todo lo doloroso que preferirías evitar:

El abandono

La traición

La enfermedad

La muerte

La pena

El dolor

La depresión

La división

El rechazo

Y esa lista es corta. Tenemos miedo de fracasar *en* la vida, al fracaso *de* la vida y a fracasar en una relación. Como muchas mujeres, mi miedo más profundo es que algo terrible le suceda a mi esposo o a mis hijos. ¿Cuál es el tuyo?

Lo difícil, y muy cierto, sobre nuestros miedos más profundos es que lo que suceda esté completamente fuera de nuestro control. La vida, principalmente, está fuera de nuestro control, las personas están fuera de nuestro control, y, sin duda, sus decisiones tampoco las podemos controlar. Sólo hay una persona por quien podemos, en última instancia, elegir la vida sobre el miedo: nosotras mismas.

el miedo no es nuestro amigo

Sé que el miedo podría ser motivado, como el miedo a no tener amigos que se mantengan a nuestro alrededor porque te das cuenta de que podrías estar completamente centrada en ti misma. Esto podría enseñarte a no hablar todo el tiempo, a hacerle preguntas a los demás, a esperar y escuchar sus respuestas; esto es bueno. Temes sentirte atascada personalmente, por lo que decides sacar una cita con una consejera. O temes sentirte atascada profesionalmente, por lo que tomas una clase o buscas una mentora. El miedo puede ser una buena motivación, como una subida de adrenalina que te hace correr por tu seguridad.

Pero el miedo nunca es un agente de cambio duradero más de lo que es la vergüenza. No nos llevará a la otra vida. Si no se resuelve, simplemente tratará de hacer la paz con nosotros. "Es *normal* tener miedo de esto o de aquello. Eso está *bien*." Tal vez se transforme, pero, por lo general, se extenderá. Una vez que el miedo se apodera de cierta área de tu vida, hará todo lo posible para controlar las demás.

Tú sabes lo que hacemos las mujeres cuando sentimos miedo: buscamos tener el control.

Lo hacemos en una relación cuando nos autoprotegemos. Pero cuando decidimos protegernos a nosotras mismas del miedo, y nos retiramos, ya hemos perdido todo. Estamos solas. La autoprotección no es nuestra aliada. Como dijo Beth Moore en una conferencia a la que asistí en el 2008: "Nosotras podemos autoprotegernos tanto, que no aprovechamos nuestro llamado." Nosotras podemos autoprotegernos tanto, que no aprovechamos nuestro llegar a ser, justo fuera de la voluntad de Dios. Dios es un Dios de amor y también nos manda a amar. ¡No tengas miedo! ¡Ama!

Yo soy una madre. Mi vida y mi corazón están corriendo de aquí para allá completamente fuera de mi control. Tengo hijos apasionados y amantes de aventuras en las que asumen riesgos, prefieren saltar de un acantilado que coleccionar estampillas, prefieren las motocicletas que las minivans, y prefieren escalar riscos que estudiar las monedas. Estoy bastante consciente del mundo en que vivimos, de ambas realidades, las físicas y las espirituales. Conozco el miedo. Demasiadas veces he tratado de calmar mis temores buscando controlar a mi esposo, a mis hijos y mi mundo. Esto casi siempre ha empeorado las cosas.

Recibí una llamada de una amiga pidiéndome un consejo, o al menos una opinión en torno a la relación con su hijo de quince años. Él le había dicho recientemente: "Tienes que retroceder un poco." El esposo más tarde le dijo: "Tú, básicamente, lo tienes sometido." Ella lo estaba controlando, lo presionaba para que conversaran sobre las drogas, el alcohol, la seguridad y la santidad una y otra vez y otra vez. No lo animaba a la conversación, sino que le exigía a escucharla. Me imagino que ya habrás adivinado, sí, fue debido al miedo. Ella quería mantenerlo cerca y seguro. Pero lo que obtenía era todo lo contrario. Comprendió, por sus acciones fundamentadas en el miedo, que lo estaba alejando.

Los parámetros son buenos, las conversaciones son buenas, la instrucción es buena. Hacemos lo correcto al controlar a nuestros hijos y enseñarles acerca de la seguridad, las opciones y el mundo en el que viven y, a medida que ellos van madurando, les aumentamos más la libertad que les damos. Les damos más libertad y luego los soltamos. Cuando no podemos hacer eso, el problema es el miedo. Pero el problema más profundo lo tenemos con la *confianza*.

¿Podemos confiarle a Dios nuestras vidas, nuestros futuros y las vidas de aquellos a quienes amamos? ¿Podemos confiar en un Dios que no podemos controlar? ¿Podemos confiar en ese Dios cuyo punto de vista sobre la vida, la muerte, el sufrimiento y la alegría es tan diferente al nuestro? Sí, nosotras podemos, porque lo conocemos y sabemos que Él es bueno.

solamente amor

Tenemos temores por debajo de la superficie que, conscientemente, no sabemos que los tenemos. Dios quiere que seamos libres *de* ellos. ¿Cómo podemos ser libres de ellos? Bueno, Él trazó un camino para nosotras, es el camino de Su amor. Su amor perfecto por nosotras echa fuera todo el temor.

> Y por lo tanto, conocemos y confiamos en el amor que
> Dios nos tiene.
> Dios es amor. El que permanece en amor, permanece
> en Dios, y Dios en él… En el amor no hay temor, sino que
> el amor perfecto echa fuera el temor…. El que teme no ha
> sido perfeccionado en el amor. (1 Juan 4:16-18)

Tenemos que escoger la vida, escoger el riesgo, escoger el amor. El único lugar seguro para nuestros corazones es sumergirnos profundamente en el magnífico, eterno, increíble, abrumador amor que Dios tiene para nosotras. Su amor es la única red segura que te sostendrá. En realidad, ¿tienes una opción? ¿Qué tal funciona tu vida bajo el control del temor? Mejor preguntamos, ¿qué tal funciona la vida de aquellos que viven bajo el control de tu temor? Ven y sé libre en el amor de Dios.

Yo no estoy haciendo promesas religiosas y ociosas aquí. Sí, tenemos como cristianas un par de garantías en esta vida, pero tal vez no tantas como nos gustaría. Llegar a ser cristiana no es la garantía de una vida sin dolor. Esto no quiere decir que vamos a estar a salvo de una tragedia, de una pérdida o del dolor. Pero sí quiere decir que en ella y a través de ella, *nosotras vamos a estar bien.* En realidad, será mucho mejor que estar bien. A pesar de que no tenemos todo el control y la garantía que quisiéramos tener, nosotras como las amadas de Dios, podemos estar seguras de muchas cosas.

Podemos estar bien seguras de que vamos a morir. (Es posible que estés esperando que Jesús vuelva antes de que mueras, pero de una manera u otra, todas vamos a dejar este lugar). El promedio de vida de las mujeres en los Estados Unidos es de 78 años. Es un poquito menos para los hombres. Todas nosotras, en algún momento u otro, vamos a dejar este mundo tal como lo conocemos. Podemos estar seguras de eso. Pero no es necesario temer porque podemos estar seguras de lo que viene a continuación. La vida eterna es real, el cielo es real. Algunos de los que amamos tan profundamente ya han partido antes que nosotras, y recibimos consuelo sabiendo que que no los perdimos para siempre. Estamos separados ahora por un poco de tiempo, pero viene una dulce reunión. Se nos ha dado esa promesa.

Sabemos que somos más que vencedoras por medio de aquel que nos amó. Sabemos que nada, nada, *nada* nos podrá separar del amor de Dios que es en Cristo Jesús nuestro Señor. Y sabemos que en todas las cosas interviene Dios para bien de aquellas que lo aman, las que han sido llamadas de acuerdo a su propósito. En todas las cosas, incluso, en las cosas que todavía no han sucedido, se nos ha prometido eso.

Se nos ha prometido que nunca estaremos solas. Jesús promete que nunca nos dejará ni nos abandonará ni volteará Su rostro para el otro lado, sin importar lo que nuestras emociones o circunstancias nos estén diciendo. Y se nos ha prometido que tendremos todo lo que necesitemos. *Todo.*

Pablo dice en Filipenses 4:19, "Así que mi Dios les proveerá de todo lo que necesiten, conforme a las gloriosas riquezas que tiene en Cristo Jesús." Nuestras necesidades no se cumplirán de acuerdo con la miseria del mundo o la pobreza de nuestra propia fe en el momento, sino según las riquezas de Jesús. ¡No hay nadie más rico que él!

Ahora bien, debo admitir que lo que sinceramente creo que necesito, no siempre se alinea con lo que Dios sabe que necesito. Pero todas tenemos historias de Dios estando ahí con nosotras cuando más lo necesitábamos. Desde comestibles dejados en los escalones al frente de mi casa, hasta una donación anónima de veinte dólares que me permitió echarle gasolina al auto, hasta el pago de la matrícula para la universidad en la fecha en que se vencía. ¡Tengo historias asombrosas!

Nuestro Dios es el Dios de las entregas a última hora. Pero Su punto de vista es diferente al nuestro. Jeremías fue apartado en el vientre de su madre para ser un profeta y Dios le dijo que no tuviera miedo: "Pelearán contra ti, pero no te podrán vencer, porque yo estoy contigo para librarte, afirma el Señor" (Jer. 1:19).

Esa promesa se cumplió muchas veces en la narración bíblica. Pero Jeremías fue atacado por sus propios hermanos, golpeado y puesto en los cepos por un sacerdote y falso profeta; encarcelado por el rey, amenazado de muerte, echado en una cisterna por los funcionarios de Judá y enfrentado por un falso profeta.

Ummmm. ¿Cuándo exactamente Dios lo rescató? Después de haber sido golpeado. Después de haber sido encarcelado. Después de que fue amenazado, enfrentado y arrojado a una cisterna. Sí, el punto de vista de Dios es radicalmente diferente al nuestro. Jeremías pasó por una gran aflicción. También lo han hecho con todos los santos, antes y después de él, aunque no todos hasta ese extremo. Y a pesar de lo que se nos presente, Dios nos dice a todas nosotras, no tengas miedo. Él dice: "Mi gracia es suficiente para ustedes."

Una amiga recientemente me compartió su sabiduría: "El amor desplaza al temor, por lo tanto, para que llegues a ser verdaderamente tan valiente como para vivir el estilo de vida que Dios tiene para ti, tendrás que estar tan inmersa en la presencia del amor que no exista lugar para el miedo. El valor viene del amor, nunca del temor."

Queremos ser mujeres que avanzan. El reino de Dios está avanzando y las puertas del infierno no prevalecerán contra él. ¿No quisieras avanzar junto con el reino de Dios? ¿No desearías ayudarlo a avanzar? ¿Y no te gustaría avanzar hacia las profundidades del corazón de Dios? ¿Avanzar hacia una mayor sanidad, mayor liberación, mayor intimidad, mayor vida? El miedo nos hace retroceder. El amor nos hace avanzar.

no temas

Me encanta la historia de Jairo y Jesús en Marcos 5. Jesús había acabado de cruzar el lago y Jairo—un líder de la sinagoga—había salido a su encuentro.

En realidad, se arrojó a los pies de Jesús. Le pidió a Jesús–no, mas bien le suplicó–"Mi hijita se está muriendo. Por favor, ven y pon las manos sobre ella para que se sane y viva." Y Jesús, siendo plenamente Él mismo, dijo que sí. Tú recuerdas la historia.

Jesús iba caminando a la casa de Jairo, pero no iba solo: una multitud le apretujaba, empujaba y presionaba cuando, de pronto, se detuvo y formuló una pregunta aparentemente ridícula: "¿Quién me ha tocado?"

Una mujer se acercó. Ella también se arrojó a sus pies y le dijo "toda la verdad", de acuerdo a las Escrituras. Ella había estado sangrando durante doce años y continuaba empeorando. Ya había visto a todos los médicos, se había hecho cada tratamiento y había gastado hasta el último centavo. Pero sabía que si lograba pasar a través de la muchedumbre y tan sólo tocar el manto de Jesús, sería sanada.

Era ilegal para esta mujer andar con la gente, pues estaba sangrando y ceremonialmente, era impura. Era contra la Ley que ella, una mujer, tocara a Jesús, quien era un hombre. Pero en contra de todas las leyes y a pesar de todo viento y marea, se hizo camino y llegó hasta Jesús, y fue sanada.

Y Jesús pensó que ella era increíble. "Tu fe te ha salvado, vete en paz." Él la reconoció como una de las suyas. Él la llamó hija.

Hija, también Jesús te reconoce a ti. Su rostro está vuelto hacia ti con amable intención. Tú puedes venir a Él con tu historia completa, con todo lo que eres como mujer y con todo lo que no eres. Tú le puedes llevar tus victorias, tus fracasos y tus miedos. Él no retendrá nada bueno de ti. Él no va a voltear su rostro.

Después que la mujer fue sanada y siguió gozosa su camino, un criado vino a reunirse con Jairo y le dijo que su hija había muerto. "¿Para qué molestar más al maestro?" Jesús se volteó hacia Jairo y le dijo las mismas palabras que Él nos está diciendo a nosotras hoy: "No tengas miedo; sólo cree."

Ante lo imposible, Jesús le dice a Jairo (y a nosotras) que tenga esperanza. Jairo ya había escuchado las palabras que confirmaban que el peor de sus temores se había hecho realidad, pero Jesús dice, "No te dejes vencer por el miedo. No puedes ver el camino, pero conmigo no hay nada imposible. Yo soy bueno, puedes confiar en Mí."

En ese momento Jairo no dejó a Jesús. Siguió adelante con Él a su casa y le llevó al lado de la cama de su hija muerta. En algún lugar muy dentro de Jairo, una chispa de esperanza se había encendido que ni aun su miedo más profundo podía apagar. ¿Y sabes lo que pasó después? Jesús le dijo a la niña, "levántate." Ella así lo hizo. ¿Quién puede resistirse al llamado de Jesús?

el deseo se despierta

Hace un par de años atrás, en mi paseo matutino y en mi tiempo con Dios y después de muchos años de oración por esto, sentí caer los bloques de cemento de miedo que había llevado en mi corazón en torno a la vida de mis hijos. Simplemente *cayeron*. Era uno de esos casos en que el velo entre el cielo y la tierra estaba bien delgado. En esos momentos supe de la bondad de Dios, la certeza del cielo, el poder y la autoridad de pertenecer a Jesús y la verdad de que no tenía absolutamente nada que temer por mis hijos, mi marido o por mí; por Nada.

¡Fue una gran sensación!

Tan pronto como el peso se desvaneció, me sorprendió la dirección que mis pensamientos tomaron. Sentí una libertad de *querer* hacer cosas. El deseo de hacer paracaidismo volvió a surgir. Eso sería increíble. (¿A dónde se habrá ido ese deseo?) Surgió el deseo de correr en bicicleta, escalar montañas, invitar amigos a cenar, conocer a Jesús como loca, enseñar a las mujeres, hablar en los estadios y *vivir mi vida,* a plenitud y con abandono.

Les estoy dando conocer un secreto maravilloso.

¿Qué sucede cuando Dios viene y nos libera de los temores o miedos que nos han controlado por mucho tiempo? ¿Qué sucede cuando nosotras le entregamos el temor a Dios e invitamos a que su amor nos abrume? ¿Qué hay al otro lado del miedo? ¿Será fe? Sí, pero la forma que adopta es de deseo, lo que viene a la superficie es el *deseo;* o tal vez un resurgimiento del deseo.

Surgen deseos a la superficie que tú ni siquiera sabías que tenías; la libertad se eleva para abrazar tu vida y vivir en ella. Quiero decir, vivirla de verdad, vivir sin tapujos. Los deseos se levantan en tu corazón para ti misma y para los demás. Los deseos se despiertan independientemente de lo que quieras ofrecer, hacer, experimentar, *llegar a ser.* Ya no obligada por el miedo, ¿qué tan alto podemos volar? ¿A qué profundidad podemos bucear? ¿Cuánta alegría podemos experimentar? Sí, también habrá dolor—es parte del trato—pero la vida tiene la última palabra. *¡Vida!* La vida siempre tiene la última palabra, todo el tiempo, para siempre.

> Alaba, alma mía, al SEÑOR;
>> alabe todo mi ser su santo nombre.
> Alaba, alma mía, al SEÑOR,
>> y no olvides ninguno de sus beneficios.
> Él perdona todos tus pecados
>> y sana todas tus dolencias;
> Él rescata tu vida del sepulcro
>> y te cubre de amor y compasión;
> Él colma de bienes tu vida
>> y te rejuvenece como a las águilas.
>> (Sal. 103:1-5)

entrégale tus temores a Jesús

El miedo no es nuestro aliado, no es nuestro destino. Como Franklin Roosevelt dijo: "Lo único que tenemos que temer es al miedo mismo." Las cosas que tememos obstaculizan nuestro acercamiento a Jesús, recibiendo su amor y siendo perfeccionados por su amor. Permitamos que Dios nos revele qué temores tenemos que ni siquiera sabemos que tenemos, y luego levantemos la bandera blanca de rendición. Rendición, no al miedo sino a Dios, a su amor. Que su amor perfecto eche fuera el temor y luego en su lugar recibamos lo que Él desea para nosotras.

Tú probablemente sabes lo que temes confiarle a Dios. Cuando entregamos nuestro miedo, se lo estamos ofreciendo a Jesús. Estamos diciendo, "Este miedo es demasiado para soportarlo. Te lo doy a Ti porque creo que eres bueno y digno de mi confianza." Cuando nosotras activamente, por la fe, colocamos nuestros miedos a los pies de Jesús, a cambio recogemos su amor. Se trata de un intercambio desigual, un intercambio celestial.

El año pasado fue muy difícil para John y para mí. Nos enfrentamos a un gran ataque espiritual que en un momento fue tan grave, que pensé que John podría perder su vida. Yo tenía *miedo*. Una noche, John entró en la sala y dijo, "Tenemos que quitar esta arma de las manos del enemigo. Está usando el miedo en contra nuestra. Miedo acerca de mí." Hablamos acerca del pasaje en Apocalipsis 12 que dice que los santos vencerán al maligno "Ellos lo han vencido por medio de la sangre del Cordero y por el mensaje del cual dieron testimonio; no valoraron tanto su vida como para evitar la muerte" (v. 11). Sin miedo —especialmente acerca de la muerte.

John y yo nos arrodillamos. Le confesamos nuestros temores a Jesús. Le dimos el control total sobre nuestras vidas, incluyendo el momento de nuestra muerte. Hemos renunciado al miedo y hemos hecho las paces aceptando el hecho de que nuestras vidas están en las manos de Dios. Fue un punto en el que hubo un giro para nosotros; el miedo realmente perdió su agarre feroz.

Establecer lo que queremos proteger, o tener miedo de perder, o estar aterrorizados de que nunca lo tendremos no es lo mismo que perderlas. Es *rendirlas*. Es abrir nuestra mano donde encerramos estas cosas y permitirle a Dios el acceso a ellos y a nosotras. En realidad es decirle a Dios, sí, por ellos. Sí, a Su plan. Sí, a Su manera. Es creer que al igual que sus caminos son más altos que los cielos sobre la tierra, así mismo su camino es más alto para las cosas que tememos. Este Dios nuestro, es Dios de vida, de bondad. Él es el Dios de la Resurrección. Colocamos nuestro temor a sus pies, y recibimos a Jesús, quien es la único camino por quien podemos vivir más allá del miedo. Él es el Camino.

Toma un momento y, en el silencio, piensa cuál es su temor. Pídele a Dios que te lo revele.

Jesús, ¿podrías por favor revelarme de qué siento tanto miedo? ¿Con qué o con quién no te estoy confiando? Sólo ayúdame a poder imaginarlo, ver sus rostros. Señor, quiero confiar en Ti ¿Podrías, por favor, ayudarme a darte mi temor persistente? Ven a mí aquí, Jesús. Por favor, ayúdame. Te necesito. En Tu nombre. Amén.

Aquí no hay vergüenza. Los lugares de los que aún tememos son justamente los lugares en los que aún no hemos recibido plenamente el amor de Dios. Sólo por su gracia y por su amor podemos dejar ir el miedo. Deja ir y *recibe*. Recibe tus sueños. Recibe tu amor. Es un intercambio del miedo por el deseo. Es un intercambio de la muerte por la vida.

No hay temor en el amor. Y puedo decirte esto con certeza: Dios no quiere que vivas con miedo. Él desea que vivas.

No tengas miedo. Sólo cree.

8

el compañerismo
de las mujeres

Lo más parecido a ser sabio uno mismo es vivir
en un círculo de aquellos que son.
—C. S. Lewis, *Selected Literary Essays*

Estaba dando un paseo bajo el cielo completamente despejado de Colorado. Era pleno verano y el calor me abrazaba como un viejo amigo; El cielo estaba despejado, pero su color azul era opaco. Por encima de mí dos halcones estaban capturando las corrientes de aire ascendente y llamándose el uno al otro con alegría. Me detuve a observarlos, deseando a mi misma poder volar. Pensé, *algún día*. Los halcones de cola roja tenían el mundo para sí mismos: un cielo abierto, ninguna otra ave de presa, ni águilas ni cuervos para molestarlos, sólo el espacio infinito llamándolos a hacer lo que ellos hacen mejor.

Y luego volaron el uno contra el otro. *¡Chocaron!* ¿Qué? Ambos debieron haber estado sorprendidos. Los halcones cayeron varios pies de altura antes de recuperarse. Luego reanudaron su juego. O tal vez esa era su práctica.

Pensaba, *bueno, eso sucede.* Si te elevas, caes o practicas cerca de otros, obviamente de vez en cuando podrías chocar. Y es allí cuando tomamos una decisión, ya sea seguir volando, esta vez haciéndolo con un poco más de prudencia debido al golpe, o recoger nuestras alas y regresar a casa, retirándonos al lugar más cercano y seguro.

Sin embargo, como seguidoras de nuestro Señor, Él no nos ha llamado a vivir una vida donde la seguridad sea la meta más alta, ni tampoco la comodidad. Quizás tú ya sabías esto, pero caramba, otras como yo, todavía luchamos para aceptarlo.

La meta más alta es el amor; siempre. Pues bien, a pesar de ello, no podemos quedarnos quietas o paralizadas en esta vida con el fin único de amar y ser amadas. Tenemos que engranar con la gente que Dios ha traído a nuestras vidas. Ninguna mujer está destinada a vivir su vida como una obra solitaria. Necesitamos de otras mujeres para que nos ayuden en nuestro camino, que nos apoyen, nos animen, nos desafíen. Son aquellas que nos sacan de nuevo a la pista de baile o al cielo para hacer lo que se supone debemos hacer y llegar a ser lo que estamos destinadas a ser.

En este aspecto los hombres y las mujeres se ayudan y apoyan mutuamente. Sin embargo, las mujeres necesitamos de otras mujeres en nuestras vidas, porque recibimos de ellas cosas que no podemos recibir de los hombres, y nadie mejor que otra mujer sabe lo que es ser una mujer.

la amistad es un desconcierto

Debo admitir, de manera inmediata, que aunque creo profundamente que necesitamos a las mujeres en nuestras vidas, esas relaciones a menudo pueden causarnos escozor. Como ocurre en cualquier otra relación, nuestra amistad con otras mujeres a veces puede llegar a ser muy difícil. Sé que necesitamos mujeres en nuestras vidas, pero a veces, como tú, yo también me puedo sentir intimidada por su fuerza, belleza, o manera de *actuar*. Otras veces también preciso alejarme de ellas, de su abrumadora presencia o de su abrumadora necesidad. A su vez, yo misma también puedo ser muy abrumadora, pues después de todo, somos mujeres, criaturas maravillosas con una capacidad para afectar nuestro mundo más allá de la medida.

Una mujer puede ser fuerte pero tierna; poderosa pero suave; feroz con el potencial de ser amable; sabia pero a veces necia; romántica, cínica, misericordiosa, herida, hermosa, tonta, que sabe criar, misteriosa incluso consigo misma; valiente, extraña, vulnerable. Golpeada a través de los siglos y aún así continúa levantándose generación tras generación: Temida y temible. Haz un grupo de todas ellas, avanzando hacia la misma meta y se liberará poder: se forjarán naciones, se esparcirá la justicia y el reino de Dios *avanzará*.

Las mujeres somos maravillosas. Sin embargo, a veces acercarse a ellas es como acercarse a un cactus, abrazar un puerco espín o domar un zorrillo. Nos hincan y nos rocían aunque también nosotras hincamos y rociamos. Aun así, necesitamos a las demás mujeres en nuestras vidas. Aunque a veces puede ser tentador renunciar a un círculo de amistades femeninas educadas y superficiales, no es lo más sabio hacer. Lo que necesitamos es rodearnos de mujeres con las que podamos ser honestas acerca de las realidades de nuestras vidas, tanto internas como externas. Necesitamos amigas reales que a cambio nos ofrezcan la verdad. Necesitamos relacionarnos con las mujeres en todas sus formas, pero sobre todo, necesitamos tener algunas *amigas*.

Tengo una amiga muy querida que en su feroz lealtad hacia mí firma muchas de sus cartas y correos electrónicos con la frase "Tu amiga para siempre." Ella me escribe eso, completamente consciente de que yo ya no estoy segura de que tal cosa existe en este lado de la eternidad. Mi corazón se ha vuelto cauteloso y mi amiga presiona contra mi cautela, con un amor inquebrantable y proclamas de amistad fiel. Ante su amor, mi corazón cauteloso se está suavizando. Ante su consistente oferta de amistad, mi corazón está sanando. Ciertamente, nuestras amigas a veces pueden herirnos, sí, profundamente, pero las amigas también pueden bendecirnos intensamente.

Una buena amiga es aquella que nos ama cuando somos muy chistosas pero también cuando estamos sufriendo. Una verdadera amiga nos ama cuando somos amables, como cuando estamos pasando por el síndrome premenstrual. Puede ser que a ellas no les encante lo que estamos haciendo, o el 'dragón' que estamos manifestando, pero ellas igualmente *nos* aman. Nuestras amigas conocen el verdadero ser que somos, y aun cuando vivamos como impostoras a nuestro propio ser, una amiga es aquella que nos invita a ser nosotras mismas. Una amiga ve lo que estamos destinadas a ser y nos invita a ascender a la versión más alta de lo que somos.

La amistad es algo elevado y sublime, es una calle de dos vías. La amistad entre mujeres también es un desconcierto.

A través de los años he aprendido algunas cosas acerca de la amistad con las mujeres, y cuando he cometido errores, han sido monumentales. De todos modos, y en la medida que sea posible, me encantaría evitarles eso a ustedes, amigas lectoras. Así que lo que he asimilado a través de las experiencias vividas, aquí se los ofrezco.

mantén a tus amigas de forma liviana, pero no las sueltes

Toda amistad es riesgosa y conlleva un costo. El objetivo de la amistad es proveer un refugio a la soledad, un respiro a la autocrítica y a la crítica de un mundo nunca satisfecho. La amistad es una relación de disfrute mutuo, un lugar donde nuestros corazones no tienen que trabajar tan duro para ser escuchados, comprendidos y aceptados. Se supone que la amistad ofrezca una muestra de lo que vendrá cuando nuestras almas sean totalmente conocidas y estén completamente en reposo.

Pero es eso, sólo una muestra. He encontrado que la gente a la que amo y que me ama profundamente, no tiene la capacidad de satisfacer, de forma duradera, mi alma insaciable. Pero caramba, cuánto lo he deseado: "¡Llénenme!" "¡Satisfáganme!" John ha tratado de llenarme, mis amigas han tratado de llenarme, y sus aportaciones han sido maravillosas, pero nunca suficientes. Tengo 'un escape', en serio, se trata de 'una ruptura en la tubería' y consciente de mi propio quebranto, he tratado de ocultarla y buscar que otras personas la atiendan. No ha funcionado, me ha salido el tiro por la culata. Lo he aprendido de la manera más difícil—y casi todo lo que he aprendido, lo he aprendido con dificultad—la verdad hermosa y liberadora es que Jesús es el Único que puede satisfacerme. La realidad es que Él es el único indicado para hacerlo.

Llegar a conocer verdaderamente a Jesús como nuestro Amigo primordial para siempre, está liberando mi corazón para ofrecer y recibir el don maravilloso de la amistad. La amistad y el compañerismo son dones que nos han sido dados para disfrutarlos y ofrecerlos. Nos necesitamos mutuamente, y para continuar avanzando y recibiendo libremente lo que las demás están destinadas a compartir con nosotras, necesitamos a Jesús.

¿Quién de nosotras no ha sufrido la traición de las manos de una amiga de confianza? ¿Quién de entre nosotras no se ha apartado o alejado luego de haber sido herida por otra? Pero también, ¿quién de nosotras no ha sido responsable de herir a alguien? Todas hemos pasado por esto.

Todas hemos pasado por esto.

Necesitamos a Jesús. Necesitamos misericordia. Necesitamos sanidad.No estamos destinadas a vivir solas esta vida, y si lo intentamos, no vamos a llegar muy lejos, pues no podemos darnos el lujo de afirmar que nunca vamos a ser heridas de nuevo. En realidad, no podemos tener seguridad de nada, excepto, continuar confiando en Jesús, sin importar lo que ocurra.

Él está aquí, está esperando. Nunca te ha traicionado y nunca lo hará, pues es la fuente de nuestra verdadera identidad. Es a Él a quien debemos acudir primeramente para que nos llene con la verdad, la aceptación y el amor. Después podemos abrir nuestros corazones, a nuestras amigas, ya sea llenos de alegría o maltratados por la vida, sin exigir que ellas nos llenen. Podemos ofrecernos y abrirnos para recibir cosas buenas de ellas, pero siempre vigilantes y cerca de nuestro Dios a fin de poder discernir, cada experiencia y cada palabra a través de Él. Dios ha prometido que nunca te dejará ni te abandonará, pues es el mismo ayer, hoy y siempre. Él es el amor perfecto y te ama perfectamente. Además, no se va a ir a ninguna parte.

No obstante, nuestras amistades cambian, la gente cambia, y se supone que tú cambies también. Como amigas, podrían estar caminando en una misma dirección en la vida y en un momento dado tomar caminos separados y jamás volverse a cruzar. Las iglesias se dividen. Los estudios bíblicos terminan. Cambiamos a nuestros hijos de escuela. Los gimnasios cierran. La gente se muda. La gente cambia de empleos. Los lazos naturales y elementales que nos unen como amigas, se mueven bajo nuestros pies, por lo que se requiere de un esfuerzo enorme de *ambas* partes para que la amistad crezca y continue. Tal vez la amistad esté destinada a continuar o a no continuar. Hay ciertas amistades que estamos llamadas a luchar por ellas y hay otras que estamos llamadas a soltar.

Hace varios años atrás, tuve la oportunidad de asistir a una conferencia con Graham Cooke, quien habló acerca de cómo nuestras amistades cambian y lo *normal* que es eso. Él dijo que la mayoría de las amistades duran de tres a cinco años. ¿De verdad? Dijo que están destinadas *a tener* una duración de tres a cinco años. No toda amiga está destinada a caminar con nosotras a través del resto de nuestras vidas. Oh, ciertamente, las amamos aún. Y a pesar de que todo cambio se siente como una pérdida, es bueno bendecirlas en el camino, abrazarlas sin apretarlas, y dejarlas ir.

Lo irónico del caso es que había ido a la conferencia de Graham Cooke en compañía de una amiga cercana a quien amaba profundamente y a quien no estaba abrazando con una mano suelta, sino con un puño cerrado. Resulta que habíamos sido amigas durante muchos años y suponía que seríamos amigas para el resto de nuestras vidas. Hice caso omiso de las señales de cambio que se vislumbraban. Esta amiga se había estado alejando de mí desde hacía mucho tiempo, pero yo absolutamente me había negado esa posibilidad. *Yo* quería lo que quería. Pensaba que ella era fabulosa. Seguramente, ¡ella pensaba lo mismo de mí!

Lo que ocurrió realmente fue que en algún momento a lo largo del camino, mi anhelo por mantener esa relación de amistad, se convirtió en exigencia, y la exigencia es uno de los golpes mortales en una amistad–en cualquier relación. Necesitaba abrir el puño y en amor soltar a mi amiga. También necesitaba invitar a Jesús para que tomase el control de aquellos lugares de mi corazón que se habían negado a ver que era el momento de dejarla ir.

Te aseguro que insistir, exigir y rechazar no son verbos que llevan a la vida plena que Jesús tiene para nosotras.

Ninguna mujer u hombre en tu vida, se va a quedar todo el tiempo que dure la misma. No toda persona con quien deseas tener una amistad está destinada a ser nuestra amiga. (Lo siento. Ahora toma un respiro grande y profundo.) Puede ser terrible que dejemos ir a una amiga, o peor, que ésta nos deje ir. Mucha gente subestima la cercanía al corazón que las amigas son capaces de alcanzar. Recuerdo muy bien haber estado llorando en los brazos de una preciada amiga cuando mi joven familia se iba a mudar al otro lado del país. Me sentía como si mi corazón estuviese siendo desgarrado. Nos amábamos la una a la otra. Peor es cuando una amistad termina por causa de ofensas, malos entendidos, ira o traición. Cuán doloroso es cuando Dios nos llama a alejarnos de una amiga querida cuando el amor y la unidad, han abandonado la relación.

Estamos destinadas a crecer, a cambiar y a llegar a ser alguien durante toda la duración de nuestra vida, por lo que necesitamos estar rodeadas de gente que celebre la persona que estamos *llegando a ser*. Nuestras verdaderas amigas son aquellas quienes nos animan e incentivan a proseguir hacia 'la próxima versión más alta' de nosotras mismas, aquella quien Dios nos está llamando a ser. Las auténticas amigas nos deleitamos en los éxitos y bendiciones de la una con la otra, manteniéndonos vigilantes contra los celos y la envidia.

Los celos y la envidia son otros dos golpes mortales en una amistad. Dios no quiere que sintamos celosas de lo que una amiga recibe o logra, sino que nos regocigemos con ella. Queremos siempre lo mejor para nuestras amigas. Caminar con una amiga a través de sus pruebas requiere considerable ternura, gracia y sabiduría de nuestra parte; pero en realidad, es mucho más difícil caminar con una amiga a través de una temporada de éxito y bendición. Si en nuestra mente surgen ideas como "no nos dieron unas vacaciones como esas"; "me hubiese gustado que me dieran a mí la oportunidad de viajar"; "cómo me encanta su nuevo sofá, tanto que me gustaría tener un sofá nuevo." Tengamos cuidado.

Eso es un reto, pues amar a la gente a través del esfuerzo y el éxito requiere mucho de nosotras. Dios siempre estará entresacando y dando forma, purificando y aclarando lo que está en nuestros corazones. Para que podamos experimentar una relación armoniosa con otra persona, requiere, primeramente, tener una buena relación con nuestro Dios. Él es el único camino por el cual podemos navegar a través de los celos que se levantan en nuestra mente, o a través de las ofensas de los demás que pinchan nuestros corazones vulnerables.

A decir verdad, una buena parte de lo que llegamos a ser se obtiene gracias a la obra santificadora y moldeadora de las relaciones humanas, y no porque la amistad sea siempre un invernadero. Los árboles crecen fuertes debido a los vientos; una sequía obliga a sus raíces a ir más profundo. No hay nada en el mundo como las relaciones humanas para santificarnos. Cuando nuestra frágil humanidad se revela de alguna manera que no nos gusta ni gusta a los demás, se la llevamos a Dios. Le pedimos perdón y le pedimos que su vida nos llene y que su amor fluya a través de nosotras. Esto es el verdadero significado de la expresión "Cristo en mí, su amor a través de mí"; la cual debe llegar a ser nuestra oración regular.

Todo regresa a Jesús. Jesús. Jesús. Jesús.

cuidado con tus expectativas

A veces estoy absolutamente asombrada de lo mucho que Jesús nos ama. Algunos días–o mejor dicho, la mayor parte del tiempo–podemos ser bastante extrañas. Todas vivimos en la isla de los juguetes inadaptados y la mayoría de nosotras ni siquiera estamos conscientes de que una de nuestras ruedas es cuadrada, por lo que constantemente chocamos entre sí, nos pisamos los dedos de los pies y luego nos preguntamos, "¿qué debemos hacer?"

Las amistades pueden ser difíciles, y el enemigo se opone a ellas. Tenemos que luchar por ellas, por todo lo que es digno tener y por las cosas que apreciamos.

Yo pensé durante muchos años, que mi *mejor* y más apreciada amiga, a lo mejor sería una mujer que me entendería en todo momento y disfrutaría *todas* las mismas cosas que yo disfrutaba. Que iría a ver una película conmigo y que desearía ver el mismo programa que yo quería ver. Que sería una mujer apasionadamente enamorada de Jesús, lo desearía por encima de todo y que siempre dirigiría mi corazón hacia Él. Yo haría lo mismo por ella y ella pensaría que era increíble y sabia, justificando también mis cambios de humor. Ella estaría disponible para mí cada vez que la llamara para animarme y comprenderme siempre. Ella votaría por los mismos candidatos que yo. Entendería y celebraría mis chistes y comería en el mismo restaurante donde a mi me gustaría comer, aparte de nunca sentirse ofendida ante mis posibles fracasos. ¡Ay! Sí, ya lo sé, vergonzoso, ¿verdad?

Pero Oprah tiene a Gayle. Raquel tiene a Mónica. Wilma tiene a Betty. ¿Acaso no son todas la una para la otra? Ahora estoy lloriqueando.

En realidad, estoy siendo ridícula porque soy una mujer bendecida en la amistad. Tengo amigas increíbles que me corresponden, amigas que son las mejores, por lo cual me considero una mujer rica. Y estoy aprendiendo que cada una de estas mujeres, con diversos talentos, ofrece algo de valor único que las demás no ofrecen. Justamente las diferencias de cada una con la otra y con las mías, ¡enriquecen mi vida! Ni una sola de mis amigas podría satisfacer toda mi necesidad de amistad. Dios está llenando esa necesidad de amistad, y no solamente con una sola persona, sino a través de muchas amigas. Algunas mujeres somos bendecidas con una sola mejor amiga, pero la mayoría de nosotras no. Es más, la mayoría de nosotras tenemos unas pocas amigas que nos proporcionan algo de lo que necesitamos, y viceversa, pues también nosotras les aportamos algo de lo que ellas requieren. Nuestros corazones se encuentran 'reunidos' entre muchas amigas, por las porciones de amistad que cada una de ellas nos ofrece. No considero a nadie capaz de soportar la carga de ser el único amigo de alguien. Solamente Dios puede ser nuestro Solo y Único amigo.

Es Dios quien nos comprende todo el tiempo, y está disponible en todo momento. En cambio, la gente no puede ni lo está. Tienen sus vidas y sus itinerarios que atender y un sinnúmero de personas halándoles de un lado a otro, y eso los hace normales, no pueden estar a nuestra entera disposición. Jesús nos llama "amiga." Oh, qué dicha conocerle más profundamente como Amigo. Quiero conocerlo como mi Rey, como mi Dios y como mi Amigo que me disfruta por completo, que me acepta enteramente y me ama incondicionalmente, porque eso es quien es Él.

A los amigos a veces se les refiere como "Jesús con piel," personas que comparten nuestra humanidad y nos recuerdan las verdades superiores: hay un Dios, y Él nos ama. Necesitamos que esa verdad nos sea recordada continuamente, pues si dependiese de nuestra propia cuenta, rápidamente nos olvidaríamos de todo aquello vitalmente importante. El aislamiento es una forma de castigo, de tortura. La soledad es una pena, la separación es un dolor y la distancia, muy dolorosa. En contraste, el compañerismo y la amistad son necesidades humanas, tan necesarias para llegar a ser nosotras mismas, como el aire a los pulmones y el alimento a nuestros cuerpos.

cuidado con la verdad

Es importante que nuestros amigos crean que somos francos y sin reservas con ellos, e importante para la amistad que no lo seamos.

—Mignon McLaughlin, *The Complete Neurotic's Notebook*

Una palabra acerca de la honestidad: La Escritura nos exhorta a hablar y decir la verdad *con amor,* lo cual significa, que no podemos hablar la verdad con ira, resentimiento o con el ánimo de herir. Nosotras tenemos que ser cuidadosas en revisar nuestras motivaciones ocultas cuando hablamos la verdad. Debemos estar conscientes de las verdaderas "razones" que existen detrás del deseo de compartir algo. Debemos saber que estamos hablando la verdad con el deseo de amar y bendecir. Un querido amigo me dijo que cuando no hablamos la verdad con amor, *ya no es verdad.*

La Escritura *no* nos exhorta a hablar todo lo que es verdad. En nuestra cultura de honestidad, podríamos sentirnos obligadas a compartir todo con nuestro esposo o con nuestras amigas cercanas, incluyendo las cosas negativas. Queremos ser honestas, ¿verdad? No queremos tener secretos entre nosotras, ¿cierto? Tales premisas son falsas. Compartir cada pensamiento o emoción que pasa por nuestra cabeza, con quien amamos o somos amigas, haría estragos en la relación. Ninguna amistad, ningún matrimonio tiene la capacidad para sobrellevar todas las cargas que implican cada uno de nuestros matices. Sólo Jesús la tiene, pues Él nos conoce y no lo sorprenderíamos. No somos demasiado para Él. Compartir la verdad con nuestros amigos o con nuestro esposo, a fin de no mantener nada en secreto, puede abrumar a la persona y la relación. ¡Cielos! Por supuesto que no compartimos todo con nuestras amigas, pues somos diplomáticas. Debemos ser honestas, pero sólo hasta el punto de amar.

Veamos lo que me ocurrió una vez con una amiga, donde eché a perder la relación. En cierta ocasión le conté a una buena amiga sobre los sentimientos negativos que había tenido respecto a ella. Me había sentido muy celosa de ella y de la estrecha relación que tuvo con alguien con quien yo también había querido tener una relación cercana. Me sentí desplazada, pues para mí tres son multitud y todo eso. Cuando me di cuenta de lo irreal de esas emociones ante la verdad—de que yo amaba a esta mujer—se lo confesé, diciéndole lo falso que eran tales sentimientos y lo lamentaba.

Bueno, eso salió muy bien. Sí, claro la confesión es buena para el alma, pero la confesión a ¿quién? ¿Y bueno para el alma de quién? Por cierto, ¡no para la persona de quien tenía tales pensamientos hirientes! Por favor, quizás vayas negándolo con tu cabeza, diciendo: "No puedo creer que Stasi fuera tan estúpida para hacer eso." Yo tampoco lo podía creer, pero ya lo había hecho, ya había descargado mi alma y pedido perdón. No obstante, sabemos que las palabras una vez dichas no se pueden recoger; quizás las heridas pueden ser sanadas, el daño puede ser redirigido y el perdón puede ser otorgado, pero las palabras nunca podrán borrarse.

Cualquier relación que tengamos, sea una amistad o un matrimonio, no puede sostener el peso que conlleva una total honestidad. Es decir que las relaciones no están destinadas a ser los vertederos de todo pensamiento negativo, creencia o emoción. Quiero compartirte un par de ejemplos horribles, pero ciertos.

Iba a dar otra vuelta alrededor de nuestra manzana en el sur de California, empujando el coche donde iban mis dos hijos. Mi bebé tenía sólo semanas de nacido y su hermanito estaba a pocos meses de cumplir dos años. Nuestra caminata era la gran salida del día, a menos que tuviéramos el privilegio de ir al supermercado. La mayor parte del tiempo, John usaba nuestro único auto, por lo que la caminata era 'nuestra maravilla'.

Este día, mientras caminaba, una mujer me llamó desde el otro lado de la calle, desde el terreno de la escuela secundaria, saludando con la mano para llamar mi atención. Corrió hasta donde yo estaba, con un adolescente agarrado de la mano. Se presentó y me mostró al infeliz muchacho adolescente que había arrastrado con ella. Me dijo que él había venido a pedir disculpas por los insultos que había lanzado contra mí el día anterior cuando yo estaba caminando, empujando el cochecito de los niños. Ella se volvió hacia el joven avergonzado y le dijo que era malo que me llamara bola de grasa y una colección horrible de otros nombres. Él murmuró una disculpa, yo la acepté y luego –muy satisfecha por haber aprovechado el momento– la mujer se devolvió al otro lado de la calle con su estudiante.

La cosa es que yo no había oído al joven el día anterior, pues el ruido del tránsito había ahogado su voz y no estaba al tanto de sus insultos. Ahora no lo estaba, me sentía llena de vergüenza; nunca volví a caminar por ese camino otra vez. Como pueden ver, *yo no necesitaba saber eso.*

Está bien, un ejemplo más. Una mujer tenía una amiga cercana que estaba comenzando a crecer en su vocación. Ella la animaba, pero llegó a estar cada vez más consciente de la envidia que la roía en su interior, pues *ella* sentía que no estaba creciendo, y *su* propio llamado no se estaba desarrollando de manera tan gloriosa como el de su amiga. Para evitar que "nada las separara," esta mujer compartió con su amiga su envidia—confesando y liberando la carga sobre ella.

¿Por qué hizo eso? ¿Quién se sintió mejor después de la conversación? ¿Quién se sintió peor?

Amadas, nuestras amigas no necesitan saberlo todo. Cuando estemos luchando con emociones negativas, traigámoslas a Jesús y tal vez a un consejero, un pastor, entre otros. Además, cuando acabemos con los sentimientos negativos y sentimientos que nos separan, no los sacudamos de nuevo para verterlos en el corazón de aquel con quien finalmente hemos llegado a un acuerdo. Podemos hacernos mucho daño la una a la otra en nombre de la "honestidad."

Como mujeres creciendo en la plenitud de quienes hemos sido creadas para ser, hablemos solamente la verdad que Dios nos llama a hablar, en amor, y sólo cuando Él nos llame a compartirla.

perdona las ofensas

Es tan fácil y frecuente el malentendernos unos con otros, que es un milagro que cualquier relación sobreviva. El único camino es el amor. Pablo dice que el amor "no guarda rencor" (1 Cor. 13:5). En las relaciones amorosas, queremos botar la lista que está en nuestras cabezas de los males que nos han hecho e ignorarlos cuando ellos levantan sus acusaciones una vez más. Con demasiada frecuencia, mantenemos esas listas, meditando sobre ellas y alimentándolas como a un animal herido. Decimos que perdonamos—e incluso podemos creer que hemos perdonado—pero cuando la lista se presenta de nuevo, nos entretenemos con una especie de satisfacción enfermiza. "¿Ves lo que ellos hicieron? ¿Recuerdas lo que ella dijo?" Hemos mordido el anzuelo y caído en la trampa.

La palabra que se usa en las Escrituras para *ofensa* en realidad significa "cebo", el cebo que es colocado dentro de una trampa para atraer a un animal a su muerte. Necesitamos perdonar las ofensas rápidamente o se agravarán, envenenando la relación. Pues el veneno se filtra y también afecta nuestras almas; las ofensas que se aguantan llevan a la muerte.

La gente nos lastimará, y nosotras de igual manera, también lastimaremos y ofenderemos. Lo haremos intencionalmente o no intencionalmente; es decir, decididos en nuestros pensamientos a herir, o por impulso sin pensarlo. No obstante, Jesús tomó todos nuestros pecados en su cuerpo quebrantado cuando murió por nosotras, así como también tomó los de todos los demás. Todo lo que Él sufrió–la paliza, la flagelación, la burla y finalmente la crucifixión– era más que suficiente para pagar por todos, tanto por nuestras ofensas como por las de los demás.

Una vez, cuando yo me estaba recuperando de haber sido gravemente herida por una persona, algo malvado surgió en mí y tuve que admitirlo, era un sentimiento muy feo, pero yo quería que ella sufriera tanto como yo estaba sufriendo. Inmediatamente una imagen de Jesús, torturado y sangriento, vino a mi mente, y el Espíritu Santo me preguntó: "¿Es este sufrimiento suficiente?" Sí, Señor, lo es. A veces, en nuestra humanidad podemos sentir que para que se haga justicia, una persona tiene que pagar por su delito o por lo que nos hizo; pues bien, Jesús tomó esa factura y la pagó.

Con la ayuda de Dios, tenemos que elegir perdonar. Soltar la ofensa. Dejar ir las ofensas. Y salir de la trampa.

Querido Dios, yo perdono a todos aquellos que me han herido y los bendigo en el Nombre de Jesús. Pido más de Ti en ellos y por ellos. Y Dios, me perdono a mí misma por haber herido a otros. Por favor, lléname con tu Espíritu para que viva y ame a través de Él, a fin de que pueda llegar a ser una mujer coonforme a tu corazón que ame a los demás. En el Nombre de Jesús. Amén.

discierne y rompe los lazos impíos

"Blest Be the Tie that Binds" (Bendito Sea el Lazo que Une) de John Fawcett, 1782, es un viejo himno que celebra la belleza de la unidad y la comunión cristiana:

Bendito sea el lazo que une
Nuestros corazones en amor cristiano;
La comunión de mentes afines
Es como el anterior.

Ante el trono de nuestro Padre
Vertemos nuestras oraciones fervientes;
Nuestros temores, nuestras esperanzas, nuestros objetivos son uno
Nuestras comodidades y nuestras preocupaciones.

Compartimos nuestros problemas mutuos,
Nuestras cargas mutuas soportamos;
Y a menudo para cada uno fluye
El desgarro simpatizador.[1]

Volviendo al Movimiento de Jesús de la década de los 60 y los 70, cantamos una versión actualizada de "We Are One in the Bond of Love" (Somos Uno en el Vínculo del Amor). Existen lazos sagrados y hermosos, formados en el cuerpo de Cristo que vienen a través del Espíritu de Dios. Son lazos de amor, lazos creados por el Espíritu Santo. ¡Vivir con ellos es una de las alegrías de ser cristiano! "Esfuércense por mantener la unidad del Espíritu mediante el vínculo de la paz" (Efes. 4:3).

Lamentablemente, hay lazos impíos también. Las Escrituras nos advierten en contra de ellos, cuando declara en 2 Corintios 6:14: "No formen yunta con los incrédulos. ¿Qué tienen en común la justicia y la maldad? ¿O qué comunión puede tener la luz con la oscuridad?"

Así que en este contexto bíblico, un creyente y un incrédulo no deben casarse (aunque la Escritura dice que si estás casada, esto *no* es motivo para el divorcio). Otro ejemplo de una unión impía es el tener relaciones sexuales con personas con quienes no estamos casadas. Es por ello que Pablo también expresa en 1 Corintios 6:15-16, lo siguiente:

"¿No saben que sus cuerpos son miembros de Cristo mismo? ¿Tomaré acaso los miembros de Cristo para unirlos con una prostituta? ¡Jamás! ¿No saben que el que se une a una prostituta se hace un solo cuerpo con ella? Pues la Escritura dice: "Los dos llegarán a ser un solo cuerpo."

Existe cierto debate y malentendidos acerca de si la Escritura enseña o no sobre "los lazos del alma." Vamos a tratar de aclarar eso. No importa como quieras describirlo, la Biblia claramente nos enseña que hay lazos sagrados e impíos entre las personas. Por ejemplo, Adán y Eva tuvieron un vínculo sagrado; ellos llegaron a ser uno. (Es evidente que esto va mucho más allá de la "carne", como cualquier pareja casada puede afirmarnos, especialmente aquellos casados durante muchos años, puesto que el enlace se da tanto a nivel espiritual como a nivel físico). Jonatán y David tenían un vínculo muy especial: "Una vez que David y Saúl terminaron de hablar... Jonatán, por su parte, entabló con David una amistad entrañable y llegó a quererlo como a sí mismo" (1 Sam.18:1). La Biblia, en su versión Reina Valera, traduce el texto así: "el alma de Jonatán quedó ligada con la de David." Por lo tanto, es posible formar lazos entre personas.

Cuando Pablo advierte acerca de no "unirse" con los incrédulos, está describiendo un vínculo impío. Cuando advierte a los creyentes a no tener relaciones sexuales fuera del matrimonio, está enseñando en contra del vínculo que establecemos con esa persona—claramente cierto tipo de vínculo, el vínculo impío. Sin embargo, los vínculos impíos también ocurren fuera de las relaciones sexuales. Has visto relaciones donde una mujer (u hombre) posee demasiado dominio sobre el otro u otra. La historia de la amiga y su madre que mencionamos en el capítulo 5 ejemplifica claramente un vínculo impío; su madre tiene el control sobre ella y mi querida amiga se siente impotente para romper ese vínculo.

Cuando una madre ejerce control sobre sus hijos adultos, existe un dominio ilegítimo. Es decir, una atadura impía del alma. De igual forma cuando una amiga nos controla, sea a través de sus estados de ánimo, sus amenazas –expresadas o no– una atadura impía del alma está presente. Dada a nuestra vulnerabilidad como mujeres y dada nuestra profunda capacidad para relacionarnos, debemos estar conscientes del poder de las ataduras impías.

Cuando alguna persona está preocupada o enojada con nosotras, o nos está juzgando, cuando esas emociones causan que ella se obsesione con nosotras, manteniendo conversaciones referente a nosotras, sin que estemos presentes, todo ello crea un vínculo impío. Claramente no es el vínculo del amor dado por el Espíritu Santo que Pablo dice que es bueno; antes bien, es un vínculo poco saludable. Esas formas de ataduras no saludables crean todo tipo de estragos, formando una especie de pasarela espiritual sobre la cual viaja la guerra de otra persona hacia nosotras. Las emociones negativas, las fortalezas demoníacas o los espíritus acusadores que han estado acosándola, van a venir hacia nosotras y nos van a abordar. A propósito 'el lazo del alma' es una calle de dos vías; de manera que, con aquello que estás luchando, pasa a ellos también.

Mi madre y yo teníamos un lazo de alma masivo, era más que una pasarela, teníamos el puente de Brooklyn. Después que hablaba por teléfono con mi madre, solía sentirse abrumada, disminuida y hasta enojada; lentamente, me di cuenta (o mi esposo me lo señalaba) que lo que yo estaba sintiendo (y que no había estado sintiendo antes de la llamada telefónica) era exactamente lo que mi madre sentía. Ella frecuentemente se sentía abrumada, disminuida, y enojada... y muy feliz de que yo estuviera compartiendo eso con ella. ¡Pero esos no eran en absoluto mis sentimientos! Yo necesitaba romper el lazo del alma con mi mamá.

Hace muchos años, John y yo estuvimos interviniendo con pasión en la vida de un amigo. Su mundo se estaba derrumbando. Así que, ambos pasábamos muchas horas aconsejándolo y orando por él y su familia. Después de un par de semanas, lo que sólo puedo describir como una oscuridad, pesadez y el peso de la desesperación, cayeron sobre nuestro hogar. Era nuevo, fuerte y terrible. Fue entonces cuando empezamos a aprender acerca de las ataduras del alma. Habíamos estado luchando por nuestro amigo, enfrentándonos con el reino espiritual en su nombre, pero con nuestras propias fuerzas. Habíamos formado un lazo del alma, y toda la guerra y la pesadez bajo la cual él estaba luchando, entró con fuerza en nuestro hogar.

Con algunas personas se siente como si estuvieran succionando la vida de ti. Eso es porque verdaderamente *están* succionando la vida de ti. Hay una atadura impía ahí y tienes que romperla.

Gálatas 6:14 declara que a través de la cruz de Cristo, "el mundo ha sido crucificado para mí y yo para el mundo." La cruz cambia cada relación, incluso los lazos familiares. "El que quiere a su padre o a su madre más que a mí no es digno de mí; el que quiere a su hijo o a su hija más que a mí no es digno de mí; y el que no toma su cruz y me sigue no es digno de mí." (Mat. 10:37-38 NVI). Todas las ataduras están sujetas a la norma de Cristo, por eso podemos decir, de una manera muy piadosa y saludable: "Estoy crucificada para el mundo y el mundo está crucificado para mí." Así que, estoy crucificada para mi madre, para mi hermana, para mi amiga y mi enemiga, y ellas están crucificadas para nosotras."

El único vínculo que se nos insta a mantener es el del amor a través del Espíritu Santo. Todos los demás —bueno, es hora de romperlos. ¡Nos asombraremos de lo libres que llegaremos a ser y de lo bien que nos sentiremos!

Es muy importante tener en cuenta que romper un 'lazo del alma' con una persona no quiere decir que le *rechazaremos*. En realidad, es la cosa más *amorosa* que podamos hacer. No deseamos que ellos se obsesionen con nosotras, ni nosotras con ellos; no queremos que ellos nos controlen y tampoco queremos controlarlos a ellos. Igualmente, no deseamos hablar sobre ellos ni ellos sobre nosotras cuando ninguno de los involucrados esté presente. Finalmente nosotras no queremos su guerra ni ellos la nuestra.[2]

Esta sencilla oración ayudará:

> *Por la cruz de Jesucristo, yo ahora cortaré todos los lazos del alma con* [menciónalas] *en el nombre de Jesucristo. Estoy crucificada a ella, y ella está crucificada a mí. Traigo la cruz de Cristo entre nosotras, y traigo el amor de Cristo entre nosotras. Yo le envío los espíritus de* [menciónalas] *de vuelta al cuerpo de ella y le prohibo que la guerra de ella sea transferida a mí o a mi dominio. Yo ordeno que mi espíritu regrese de nuevo al Espíritu de Jesucristo en mi cuerpo. Yo libero y entrego a* [menciónalas] *a ti, Jesús. Te la encomiendo, bendícela, ¡Dios! En el Nombre de Jesús. Amén.*

atesora el don

> *La única manera de tener un amigo es ser uno.*
> —Ralph Waldo Emerson

El deseo más profundo en el corazón de cada ser humano es ser amado. Ser amada a pesar y por encima de nuestros defectos y fallas es un anticipo del cielo, pues cuando lleguemos allá nosotras "nos conoceremos inclusive como somos conocidas." (1 Cor. 13:12, paráfrase de la autora). Vamos a ser totalmente transformadas a la imagen de Cristo, contemplándolo como realmente es, y finalmente seremos quienes realmente somos. Ahora mismo, Dios nos conoce por dentro y por fuera. En el cielo le conoceremos y también conoceremos a otros, así como seremos perfectamente conocidas por ellos. Pero, no solamente conocidas sino disfrutadas, abrazadas, entendidas, celebradas y amadas. ¡Qué hermoso pensamiento!

¡Qué regalo tan extraordinario es que seamos conocidas y disfrutadas aquí en este lado del universo! La amistad está destinada a ofrecernos eso.

He orado por amigas, las he buscado y seguido. En ocasiones he estado desesperada por ellas. No obstante, las mejores han venido a mí como una sorpresa, respuestas inesperadas a las oraciones que ya había olvidado. Las amigas son regalos para nosotras directamente desde el corazón de Dios al nuestro y no hay nadie mejor que Él para dar los regalos perfectos.

Ellas, estos tesoros, llegan a nosotras de muchas maneras. A una la conocí mientras nuestros niños jugaban en un parque y la ayudé a cavar en la arena para encontrar el juguete perdido de su hijo. Otra se sentó a mi lado en la iglesia una mañana, ambas cargando a nuestros bebés varones, reacias a dejarlos en la guardería. Una vino a mí a través de una presentación en una fiesta, seguida de una tímida invitación para reunirnos a tomar un café. Y la última, llegó como respuesta a la solicitud de ayuda.

Jill se había mudado al otro lado del país y envió un correo electrónico pidiendo ayuda a todos lo que ella conocía y que se habían quedado viviendo en la ciudad que acababa de abandonar. Una querida amiga de ella, una madre espiritual, estaba siendo desalojada de su apartamento –enferma, incapacitada, pobre, indefensa– seguramente ella se congelaría hasta morir esa misma noche si nadie se manifestaba en su ayuda.

Yo sabía que la urgencia no era fingida, pero también que no era cierta del todo. Sin embargo, en este caso, tenía la capacidad de respuesta. Y al ir en ayuda de una extraña en necesidad, recibí una inesperada joya por parte de Dios.

Eso es lo que son las amigas, joyas para ser atesoradas. Las amigas nos prestamos las unas a las otras, ropas, recetas, valentía, ideas, nuestra fe y nuestra esperanza. ¡Oh, qué hermoso es ser amada, admirada y animada a seguir cantando nuestras canciones, ofreciendo nuestro verdadero corazón! ¡Qué bendecida soy yo al vivir rodeada de mujeres de diversas edades, orígenes e intereses que comparten el mismo latido del corazón a favor de Jesús!

Qué feliz estaba el otro día al escuchar el mensaje de voz de un ser querido que no hablaba sino que simplemente me cantaba: "simplemente te llamé para decirte que te quiero...." Al sonido de su voz, alegre y caprichosa, el ánimo aligeró mi corazón pesado. ¡Hurra por los mensajes de voz y de texto! ¡Hurra por los teléfonos!

Mi amiga Rosetta se desvive por escuchar acerca de las actividades diarias de mi vida. Yo la había llamado desde un semáforo para chequear con ella. Yo estaba ocupada por dentro y por fuera, manejando desde un lugar a otro haciendo un sinnúmero de diligencias. Estaba cansada y no muy contenta al respecto. Llamé a Rose en medio de mi lista de tareas para saludarla y también para quejarme un poco. Ella no me dejó que lo hiciera, ni siquiera un poco; en cambio, ella dijo palabras con convicción y amor: "¡Qué maravilloso es que puedas salir! ¡Qué bueno que tienes una vida plena! ¡Oh, ser capaz de caminar!" La vida de Rosetta no está llena con trajines de ningún tipo. Ella no puede caminar y mucho menos correr. Está en una silla de ruedas. Rose no sale mucho. pero tiene tanta vida que exuda de su espíritu que a veces, para mi vergüenza, se me olvida.

Sus palabras, las palabras de una amiga quien me conoce y me ama, reformuló mi momento y me abrió los ojos. Las amigas hacen eso la una por la otra.

Rosetta pasó muchos de sus días mirando por la ventana de su pequeño apartamento, observando la actividad de otros físicamente más capaces. Su pequeño punto de vista del mundo era una ventana de gracia y ella me invitaba a ver mi vida a través de ella. En su compañía, mis prioridades se ordenaban correctamente. Ella me enseña que el amor ve con un corazón agradecido. Los momentos sencillos que tan a menudo doy por sentado, son las perlas mismas que se unen y hacen una vida hermosa, pero sólo cuando se encadenan junto con el agradecimiento, vinculado con gracia y compartido con una mano abierta.

El viernes pasado en la noche Rosetta y yo disfrutamos de una conversación sin prisa. Ambas sentadas en nuestras respectivas sillas, hablamos de las cosas que sólo pensamos: la esperanza, el sufrimiento, los caminos misteriosos de nuestro Dios. Ella lloró al decir adiós. Yo no sabía que iba a ser su último adiós. Con la llegada de la mañana del domingo, Rosetta ya estaba corriendo. Está libre, sana y feliz y viendo cara a cara a Aquel que había ganado su corazón. Yo la echo de menos. Voy a seguir extrañándola, pero sólo por un rato. Y mientras lo hago, oro para continuar viendo mi vida a través de una ventana de gracia y con amistades que amo, invitar a otros a compartir la vista.

9

la belleza forjada en el sufrimiento

*Ocasionalmente es una buena cosa extraer todos los
elementos de debajo de nosotros. Eso nos da una idea de
lo que es roca bajo nuestros pies y lo que es arena.*

—Madeleine L'Engle, *Glimpses of Grace*

Mi querido amigo está demasiado enfermo para continuar con su tratamiento de quimioterapia. Debe tomar la quinta de las seis sesiones que le corresponden, pero su cuerpo aún no se ha recuperado lo suficiente de la cuarta sesión para ser capaz de soportar los rigores de la próxima. Así que, él espera, a sabiendas de lo que viene. Confía en que su fuerza regrese para que pueda ser agredido de nuevo. Los que han pasado por el proceso de la quimioterapia conocen el dolor, la fatiga y decaimiento que se apodera del cuerpo desde su interior. Eso está cerca de lo insoportable para aquellos que pasan por ella y probablemente peor para aquellos que los aman. Le pregunté a mi amigo, si le ayudaba saber lo que iba a suceder o si tal conocimiento lo ponía peor, y me respondió sin vacilar, que conocer lo que vendría, le haría sentirse muy, pero muy mal.

¿Quién sería capaz de seguir adelante en su vida si supiera todo lo que va a ocurrir? Yo no.

A dondequiera que miramos, hay gente sufriendo, aun cuando nos miramos frente al espejo. Ciertamente nos despertamos cada mañana ante un nuevo día lleno de posibilidades, pero no tenemos idea de qué encontraremos en nuestro camino. ¿Alegría? ¿Dolor?

Emily Dickenson dijo: "En cada vida debe caer un poco de lluvia." Falló en mencionar los granizos torrenciales, los huracanes y las inundaciones. Lo que llega a la vida de la mayoría de las personas es una interminable serie de tormentas severas. Un "poco de lluvia" amenaza con barrer nuestra capacidad de respirar. Sin embargo, Dios dice que Él usa todas las cosas para nuestro bien. ¿Será verdad? ¿Qué cosa buena puede salir del sufrimiento?

el río

Hace dos años, el Río Yampa inundó sus bancos en el este de Colorado. ¡Una capa de nieve que rompió el récord en el 2011, elevó el nivel del lago Powell sobre 31 pies, y el del lago Shasta sobre 17 pies! En Steamboat Springs, Colorado, el Yampa inundó parques y estacionamientos. El agua también invadió los jardines y hogares de las personas, aunque intentaron contenerlo con sacos de arena. Aun así, el agua sucia y agitada inundó todo rápidamente.

Tal situación se calmaría, pero no hasta que la capa de nieve terminara de derretirse.

Me encanta lo emocionante y lo poderoso de la naturaleza. Me encanta su belleza, su libertad y que no exista nada que la obligue a detenerse. No obstante, mi casa no está ubicada a lo largo del Río Yampa. No tuve que colocar sacos de arena en mi pequeño dominio. Sólo elevé oraciones a favor de la protección de aquellos que tuvieron que hacerlo.

El río volverá a su cauce. La capa de nieve de ese invierno que hizo que los ríos inundaran todos los estados del oeste, resultó en una abundancia de flores silvestres más allá de lo esperado. Eran *preciosas*. Flores de color púrpura y hojas amarillas como flechas alfombraron las laderas. Una variedad de flores—rojo, púrpura, azul, blanco, amarillo—pintaron el mundo con una belleza impresionante.

El precio de estas flores se pagaron con 'sacos de arena'.

Sí, en cada vida, debe caer un poco de lluvia. La primavera sólo viene después del invierno, y los tulipanes florecen sólo si han resistido una congelación. La belleza sí sale de las cenizas, pero ¿a qué precio?

El Gran Cañón ha sido tallado por el agua con el paso de los años, convirtiéndolo en una de las exhibiciones más hermosas de la naturaleza en el mundo. Mi rostro también se está dibujando y mi alma está siendo tallada. Hay fuerzas esculpiendo—mi vida, mis puntos de vista y mis creencias—perfeccionando, moldeando y cambiándome. En ocasiones el proceso es doloroso y en otras, pasa desapercibido, pero ¿el efecto? Oh, por su gracia, para ver el efecto tan hermoso; para ser capaces de ver nuestras vidas, nuestros cuerpos, nuestros rostros, nuestras almas esculpidas por el tiempo, nuestras elecciones y la mano persistente, fuerte y amorosa de nuestro Dios como exhibiciones hermosas.

La lluvia sirve a un propósito, incluso las inundaciones, incluso el sufrimiento.

encontrando la paz en situaciones difíciles

¿Qué entiendes de tu vida? ¿Por qué ha resultado tan diferente de cómo la imaginaste? ¿Qué haces de su aleatoriedad? El teléfono suena y no tienes idea de lo que viene. ¡Podrían ser buenas noticias! ¡Podría ser un vieja amiga volviendo a contactarnos! o ¡Tal vez te ganaste un auto! O, podría ser algo muy diferente.

Fui con mi amiga a hacerme una mamografía. Ella sugirió que fuéramos juntas pues luego podríamos celebrarlo yendo a almorzar, y así lo hicimos. Una semana más tarde, cuando la volví a ver, le pregunté: "¿Recibiste tu carta de buenas noticias sobre tu salud?" Ella no recibió esa carta, sino una llamada telefónica. Tuvo que hacerse otra mamografía y una biopsia. Y comenzó la batalla por su vida. Yo salí normal mientras que ella salió con cáncer de mama en fase IV. De pronto me sentí como si hubieran metido nuestros dos nombres en un sombrero y el nombre de ella hubiera sido el escogido.

En el evangelio según San Juan 16:33, Jesús dice: "…En este mundo afrontarán aflicciones…" ¿Él no es el maestro de la modestia? El cristianismo no es una promesa para disfrutar de una vida sin dolor ni para que se nos dé un atajo. Es una promesa de que el dolor, la tristeza y el pecado—nuestro y el de otros—no nos ahogarán, no nos destruirán, no nos definirán ni tendrán la última palabra. Jesús ganó la victoria. Y en Él, nosotros también la hemos ganado.

No tengo nada que ver con un Dios que se preocupa sólo de vez en cuando.
Necesito un Dios quien siempre esté con nosotras, en todas partes, en las
profundidades más profundas, como también en las alturas más altas.
Cuando las cosas van mal, cuando las cosas buenas no suceden, cuando
nuestras oraciones parecen haberse perdido, es cuando Dios está más presente.
No necesitamos las alas protectoras cuando las cosas van bien. Estamos
más cerca de Dios en la oscuridad, cuando estamos tropezando a ciegas.

Madeleine L'Engle, *Two-Part Intervention*

Nadie recibe una vida libre del dolor. Conozco la vida de algunas mujeres que parecen bastante perfectas desde lejos, pero es sólo desde lejos. Cuando te acercas, conoces la verdad. Una vida sin sufrimiento es una vida de fantasía y ninguna de nosotras vive en una fantasía, sino que nuestra vida se compone de mucho más que los sucesos de un cuento de hadas; ciertamente hay brujas malvadas en los cuentos de hadas, también dragones. En los cuentos de hadas hay grandes lobos malos que devoran a las abuelas queridas, y las niñas vagan por los bosques solas y asustadas.

Los tiempos difíciles nos llegan a todas, y nuestra dirección actual está lejos del Edén. Vivimos en un mundo caído con personas abatidas, y nosotras todavía no somos todo lo que estamos destinadas a ser. La vida es difícil en muchas ocasiones, pero a veces es dolorosa más allá de lo que podemos medir.

Pedro escribe: "Queridos hermanos, no se extrañen del fuego de la prueba que están soportando, como si fuera algo insólito" (1 Pe. 4:12). Sin embargo, nos extrañamos, ¿cierto? Nos preguntamos, ¿qué hicimos mal? O, ¿estaremos equivocadas acerca de Dios? Lo que creemos acerca de Dios se confronta rápidamente por el dolor. ¿Cómo es Él en *realidad*? ¿Es cruel, duro o está enojado conmigo? ¿Será que a Él no le importa lo que nos ocurre, o es que no lo ve? ¿Acaso caímos en determinada grieta del universo? Estas preguntas vienen a nuestras mentes, porque lo primero que buscan las pruebas dolorosas, es separarnos de Dios. Sin embargo, estar separadas de Dios es lo peor que nos puede suceder, mucho peor que la más insoportable de las pruebas.

Cuando el sufrimiento llega, no debemos hacer conclusiones precipitadas, pero es una buena idea preguntarle a Dios: "¿Qué es esto? y ¿Qué está pasando aquí?" Durante esta temporada una gripe terrible ha azotado a nuestra ciudad. Nos golpeó duro, pero golpeó más duro a una amiga mía. Hablando con ella un día, ella confesó: "Me gustaría poder aprender lo que Dios está tratando de enseñarme para poder superar esta gripe." ¿Qué estaría asumiendo ella acerca de Dios? Ella estaba asumiendo que toda enfermedad viene de Él. Tal creencia, simplemente no es verdad, pues vivimos en un mundo caído y la gripe circula a nuestro alrededor. La enfermedad no es un castigo de Dios. Él no estaba esperando que ella aprendiera alguna verdad más profunda sobre sí misma o que se arrepienta de algún pecado oculto, para sanarla. Él no estaba reteniendo la gripe sobre ella (o sobre nosotras) para que finalmente pusiera su vida en orden para luego bendecirla. No. Él no es un Dios cruel, sino uno amoroso, lleno de gracia y de misericordia. Es su bondad la que nos lleva al arrepentimiento, no su crueldad. Dios usará pruebas dolorosas, incluso la gripe, para perfeccionarnos, pero Él no causa todas las pruebas.

Algunas de mis lectoras necesitarán un poco de ayuda con esto porque se les ha enseñado una teología de que Dios causa todas las cosas. Por lo tanto, han tenido que tragar saliva gruesa y aceptar la idea de que Dios causó que ellas fueran víctimas de abuso sexual, de que Dios causó que su madre tuviera una muerte prematura, de que Dios causó que su hijo o su hija abandonara la fe. Oh, amigas, esa es una visión horrible de Dios y una profunda *herejía*. Presta atención:

> "Que nadie, al ser tentado, diga: "Es Dios quien me tienta." Porque Dios no puede ser tentado por el mal, ni tampoco tienta él a nadie. Todo lo contrario, cada uno es tentado cuando sus propios malos deseos lo arrastran y seducen. Luego, cuando el deseo ha concebido, engendra el pecado; y el pecado, una vez que ha sido consumado, da a luz la muerte. (Sant. 1:13-15 NVI).

Santiago deja claro en este pasaje que Dios no tienta a nadie a pecar, ni tampoco va a provocar que ellos pequen; pero somos tentados todos los días; pecamos diariamente. Entonces, todos los días pudieran ocurrir cosas que Dios *no* las está causando. Dios no hace pecar a nadie, pero cometemos faltas todos los días y esos pecados *tienen consecuencias terribles.*

Ese no es Dios haciendo esas cosas. ¿Comprendemos acaso la diferencia tan importante que hace esto?

En Su poder soberano, Dios creó un mundo en el que las decisiones de los ángeles y de los seres humanos importan. No somos marionetas en una cuerda. Cuando alguien peca, no es que Dios lo está haciendo pecar. Ese abuso sexual no fue ordenado por Dios; ni fue el causante de que tu hermano fuera violado ni tampoco es el causante de que esos terroristas bombardearan la estación del tren.

Es crucial que seamos cuidadosas con nuestra *interpretación* acerca de los eventos. Debemos pedir la ayuda de Dios para que podamos entender. Pero, por amor al cielo, no le eches la culpa del pecado del mundo a Dios. Desde que Adán y Eva pecaron, este mundo ha sido quebrantado gravemente. No sólo el pecado entró en el mundo, sino también el mismo mundo natural se quebrantó. Entraron las enfermedades. Tal vez estás experimentando una gripe terrible porque alguien estornudó sobre el carrito de compras o nuestro hijo la trajo a casa desde la escuela, pero Dios no puso esos gérmenes en el carrito para que nos contagiáramos.

No obstante, Dios sí puede y usa el sufrimiento de este mundo para moldearnos. Tal vez tienes gripe, porque has estado viviendo tu vida muy aceleradamente y te niegas a descansar y a cuidar de tu cuerpo. Tal vez. Necesitamos pedirle a Jesús claridad para interpretar sus designios, pues nuestra propia *interpretación* de los acontecimientos le dará forma a todo lo que sigue. Moldeará nuestras emociones, perspectiva y decisiones. Luego entonces, ¿qué pasará si estamos equivocadas?

primero, lo primero

John y yo aprendimos hace mucho tiempo que en los casos de sufrimiento, puedes obtener una comprensión de lo ocurrido, o puedes tener a Jesús. Si insistes en entender del hecho, por lo general perderás a ambos. Cuando el sufrimiento entre en tu vida, detente un momento y respira profundo. Lo primero que debes hacer es invitar a Jesús a entrar en él. Ora, *Jesús, atrapa mi corazón*. Cuando lleguen las pruebas dolorosas, pregúntale a Dios qué está pasando y pídele que lo interprete por ti. Ya sea que te dé entendimiento o no, invita a Jesús a entrar. Mantén invitando a Jesús dentro de tu dolor. Invita a Jesús a aquellos lugares de tu corazón que están cargados por el sufrimiento, ya sean esos recuerdos dolorosos, la incredulidad o el desprecio hacia nosotros mismos. Ora: *Por favor, Jesús, encuéntrate conmigo aquí. Te necesito.*

Permitamos que el sufrimiento sea la puerta por donde caminas hacia una relación más íntima con Jesús. El sufrimiento puede hacer eso si lo permitimos. Y aunque nunca sería la puerta que escogeríamos, es una puerta que nunca lamentaremos haber pasado por ella.

¿Recuerdas aquel adhesivo para el auto que decía "Jesús es la Respuesta"? Solía burlarme de ese adhesivo. Solía pensar, *¿Cuál es la pregunta?* "¿Por cuánto tiempo horneas una papa?" "Jesús." "¿Dónde debería comprar el seguro de mi auto?" "Jesús." Ahora que soy mayor, más segura estoy de que aquel mensaje en el adhesivo estaba en lo cierto: Jesús es la respuesta. Él es la respuesta a cada pregunta significativa de mi corazón y a la necesidad de mi alma. Y, cielos, cómo emergen mis necesidades y preguntas cuando estoy angustiadas.

"De todas sus angustias. Él mismo los salvó" (Is. 63:9). Podemos saber que en nuestra angustia, Dios también se angustia. Jesús entiende la congoja, la traición, el abandono, la soledad, la tristeza y el dolor. Está familiarizado con el sufrimiento. Él se preocupa, y se preocupa por ti.

Dios promete: "No te dejaré, ni te desampararé" (Heb. 13:5). El griego original es difícil de traducir por el fuerte énfasis que tiene el *no*—tiene una triple negatividad. Dios quiere que sepas que Él nunca, nunca, nunca te abandonará. Jamás. Nunca. Él promete nunca dejarte ni desampararte no importando lo que hayas hecho o lo que estés sufriendo. Nos aferramos a eso.

Déjenme decirles nuevamente esto: Permitamos que el sufrimiento sea la puerta por donde caminas hacia una relación más íntima con Jesús. Y dejémosle a Él, hacer su papel santificador.

Aunque Dios no causa todas las pruebas en nuestras vidas, Él sí las utiliza. Las utiliza para nuestro bien. Él usará el dolor para develar nuestras falsas creencias referentes a nosotras mismas y respecto a su corazón. Él puede usar ese dolor para 'pinchar' un lugar en nosotras que ha sido herido antes, para mostrar nuestro quebrantamiento, a fin de que Dios pueda sanarlo. Él usará el sufrimiento para revelar la fidelidad de Jesús, su bondad y su amor infinito para con nosotras.

Según notamos, aquí está ocurriendo algo más de lo que se ve a simple vista. Hay una batalla violenta que se libra en el corazón humano. ¿Amaremos a Dios y escogeremos confiar en la bondad de su corazón ante el inmenso quebrantamiento del mundo? ¿Estaremos firmes en nuestra creencia de que Dios es digno de nuestra adoración y alabanza, en medio de la considerable transgresión en nuestro mundo?

> El Espíritu del Señor omnipotente está sobre mí,
>> por cuanto me ha ungido
>> para anunciar buenas nuevas a los pobres.
> Me ha enviado a sanar los corazones heridos,
>> a proclamar liberación a los cautivos
>> y libertad a los prisioneros,
> a pregonar el año del favor del Señor
>> y el día de la venganza de nuestro Dios,
> a consolar a todos los que están de duelo,
>> y a confortar a los dolientes de Sión.
> Me ha enviado a darles una corona
>> en vez de cenizas,
> aceite de alegría

en vez de luto,

traje de fiesta

en vez de espíritu de desaliento.

Serán llamados robles de justicia,

plantío del SEÑOR, para mostrar su gloria. (Is. 61:1-3)

Puede ser que no haya un pasaje más hermoso en toda la Escritura. Si has leído alguno de mis libros o de John, sabrás que ese es nuestro pasaje favorito. Porque *eso* es lo que Jesús declaró que vino a hacer. Él anunció que había venido a sanar a los quebrantados de corazón, a liberar al cautivo, por lo cual podemos afirmar que ha venido a restaurarnos en Él y para Él. Vino a consolar a los que lloran, para concederles una corona de belleza en lugar de cenizas y un manto de alegría en lugar de un espíritu de angustia. Nos declara que el dolor puede durar la noche, pero la alegría vendrá en la mañana. Viene con la estrella de la mañana que es Jesús. El Señor Jesús es la respuesta, siempre.

¿Cómo encuentras la paz en medio de las circunstancias difíciles y dolorosas? Permitamos que el Príncipe de Paz nos encuentre. Él está justo donde estamos, en el centro de nuestra vida. En medio de nuestra alegría, nuestros ajetreos, nuestro dolor y nuestro sufrimiento, debemos dirigir la mirada hacia Jesús, e invitarlo a entrar; pidámosle que nos demuestre una vez más que Él es quien dice ser. Él ha declarado que es nuestra fortaleza y escudo, nuestra roca y escondite, nuestro refugio. Es también nuestro Libertador y gran Consolador, compañero fiel y nuestro Amigo quien siempre está presente. Jesús dice que Él es el Dios Poderoso, el Príncipe de Paz. Podemos confiar y reposar en Él.

Jesús es el único que puede satisfacer las necesidades más profundas de tu corazón, y quiere que sepas cuán profundamente te ama, tanto que ha movido cielo y tierra para hacerlo. Él es el único que nunca te decepcionará, nunca jamás te dejará; te consuela en la intimidad y te ama perfectamente en cada momento de tu vida. Invítalo a entrar.

la belleza vendrá

Mi madre podía ser una mujer muy impulsiva; no podíamos caminar sobre la alfombra de la sala porque íbamos a dejar las huellas de los zapatos en ella. Mi madre podía ser cortante conmigo, controladora y exigente; ella falló en muchos aspectos. Ciertamente no en todos los sentidos, pero tenía sus asperezas; no obstante, mi madre también amó a Jesús.

Cuando el cáncer comenzó a devastar su vida a la edad de 71 años, una transformación asombrosa comenzó a tener lugar. Mi madre se suavizó, llegando a ser más delicada de lo que era antes, o por lo menos, a menudo era más delicada. Ella soltó su necesidad de controlar, pues ya eso simplemente no importaba. Perdió su filo para exigir o criticar. Decía "te amo" más de lo que nunca antes lo había hecho. La belleza que siempre había estado ahí comenzó a mostrarse en formas sorprendentes. Nuestros últimos cuatro meses juntas fueron los mejores meses de amor y relación que alguna vez compartimos.

Mi madre sufrió intensamente los últimos meses de su vida, aun cuando también había sufrido mucho en los largos años anteriores. Pero en estos últimos meses se apoyó en Dios y llegó a conocer su amor de una manera que llenó su corazón de paz, descanso y alegría. Incapaz de poder tragar nada, mi mamá recibió alimentación a través de una sonda. Era imposible para ella tomarse un pequeño sorbo de agua. Ella esperaba que cuando cruzara de esta vida a la Vida, Jesús la estaría esperando con un vaso grande de agua fría.

Mi madre mantuvo un diario toda su vida. No sus memorias, un diario, con pequeñas anotaciones de cómo pasaba sus días; unos pocos meses después que ella murió, estaba leyendo el diario de su último año de vida cuando cayó una nota escrita con su preciosa letra que decía:

> Deseo darles las gracias a los hermosos sacerdotes y feligre-
> ses de las iglesias San Edwards y San Felipe de Jesús por sus

oraciones durante mi enfermedad. Yo tuve un diagnóstico
inesperado y ha sido el momento más increíble, gratificante y glorioso que Dios jamás me ha dado. Le doy las
gracias a Dios el Padre, al Hijo y al Espíritu Santo desde lo
profundo de mi alma. Mary Jane Morris.

Mi madre en realidad dio gracias en su sufrimiento –*no* por el
sufrimiento en sí– sino por lo que le hizo en su vida. La abrió a la
relación y le hizo ver el valor del amor más allá de las alfombras limpias
y de una cocina ordenada. Le permitió ofrecer amor y recibir amor. Y a
pesar de que su batalla contra el cáncer terminó costándole su vida, lo que
ganó a través del dolor, ella lo llamó "el más espectacular, gratificante y
glorioso momento que Dios me ha dado."

¡Y ahora ella está bebiendo Agua Viva!

Lance, el hermano de un querido amigo nuestro, se acaba de ir al
cielo. Sólo tenía treinta años y había pasado los últimos dieciocho meses
de su vida en una valiente batalla contra el cáncer de cerebro. Días antes
de su muerte, su afligida madre escribió esto: "El padre Richard Rohr me
ha ayudado a entender que si no dejamos que el dolor nos transforme,
seguramente vamos a transmitirlo... Reflexionemos sobre ello... Puede ser
que todo nuestro dolor y pérdida se convierta en compasión." Dios utiliza
el dolor y la tristeza en nuestras vidas para transformarnos. Dejémosle hacer
su trabajo poderoso y y de santificación.

Estoy rodeada de personas que están entregando sus vidas a Jesús de
manera más profunda. Puede ser que no entiendan por qué las cosas han
sucedido como han sucedido, pero están confiando en Dios, quien, sin
importar lo que somos, sigue siendo bueno para con nosotras. Nuestro
amigo Scott ha crecido profundamente en su conocimiento y confianza
en Dios. Nos envió una pequeña nota en el vigésimo octavo aniversario de
su caída de una escalera que lo dejó paralizado de la cintura hacia abajo.

Scott y su esposa conocen a Dios de una manera que pocas de nosotras lo conocemos. Él simplemente escribió: "Ningún lamento." La nota nos hizo llorar a John y a mí.

Dios no le dio el cáncer a mi mamá y tampoco hizo que Scott se cayera de la escalera. Él no las causó, pero sí las usará. Las usará para revelarnos quién es Él realmente frente a la tragedia y la angustia. Usará las pruebas para mostrarnos quiénes somos en verdad. Jesús quiere que sepas quién eres tú. Quiere que nos veamos a nosotras mismas como nuestro Padre nos ve. Y el espejo más importante para vernos, es mirar nuestro reflejo en sus ojos.

Quiero llegar a ser una mujer que esté desesperada por Dios, tanto en mi alegría como en mi dolor. Eso no ha sucedido todavía conmigo; nada lleva a mi corazón a correr plenamente detrás de Dios, como cuando estoy en una temporada de dolor. Dolor por la forma en que le he fallado a mis hijos o a mi esposo, o dolor respecto a una revelación de cómo mi egoísmo ha herido a mis amigas. Podría también ser dolor por el sufrimiento que está experimentando la persona a quien amo, pero nada me hace buscar a Dios como el dolor.

gracias

Yo no pretendo decir que el sufrimiento siempre tendrá un buen efecto sobre cualquiera de nosotras. He conocido mujeres que se han tornado duras, enojadas y celosas por su sufrimiento. Han envidiando a quienes no parecieran estar sufriendo tanto como ellas; incluso han llegado más lejos como para desearles sufrimiento para que "sepan como se siente." Eso es una tragedia, pues conlleva un sentimiento muy negativo. Nunca jamás debemos desearles sufrimiento a otras personas.

¿Cómo podemos darle espacio al sufrimiento para que realice su trabajo sagrado en nosotras, sin permitirle que nos convierta en mujeres envidiosas, duras, y malhumoradas?

En primer lugar, creo que tenemos que ser honestas acerca de lo que sí *hemos* hecho con nuestro sufrimiento. ¿Qué le hemos permitido hacer a nuestros corazones? ¿Hemos llegado a ser más temerosas? ¿Controladoras? ¿Hemos dejado entrar resentimiento hacia Dios o hacia otros? Si es así, necesitamos presentar rápidamente tales sentimientos ante Jesús, porque eso es un cáncer para el alma y causa estragos en lo que Dios pretende hacer. Renunciamos a nuestra ira o envidia, a nuestro control o amargura. Ponemos tales emociones bajo la sangre de Jesús y le pedimos que las erradique para siempre de nuestros corazones y almas.

También necesitamos su amor sanador, por lo que le pedimos que cumpla en nosotros, lo mismo que Él prometió en Isaías 61:

> *Jesús, sana mi corazón herido, libérame de toda oscuridad. Consuélame en mi aflicción. Límpiame de todo mal que ha entrado en mí o ha echado raíces en los lugares de mi tristeza. Consuélame. Dame una corona en vez de cenizas; hazme hermosa aquí, Señor, en esto. Dame el aceite de alegría en lugar de luto; levanta mi dolor y tristeza y dame el aceite de alegría, dame un vestido de fiesta en lugar del espíritu de desaliento. Rescátame.*

Yo creo que podemos apresurar el proceso de sanidad, empezando por utilizar esa última frase de 'vestido de fiesta en lugar de desaliento'. Nada —nada— deshace los efectos nocivos del sufrimiento como nuestra decisión de comenzar a amar y adorar a Jesús en medio del mismo.

Hablaba con una amiga —quien tenía ambas muñecas enyesadas debido al síndrome del túnel carpiano, su fibromialgia estaba aumentado, lo que hacía que cualquier movimiento le resultaba doloroso; también su hija acababa de ser enviada nuevamente de la escuela a la casa por amenazar a un compañero de clase. Mi amiga ama a Dios y cree su Palabra, por lo que estima que aunque no lo entiende, debe darle gracias a Dios por todo ello. ¿De veraz? ¿Debemos dar gracias por la enfermedad y la devastación emocional?

No.

Las Escrituras no nos dicen que debemos darle gracias a Dios *por* toda cosa perversa, mala, dura, dolorosa, insoportable o llena de dolor que ocurre en nuestras vidas o en las vidas de los demás. Eso no es lo que las Escrituras quieren decir. Eso sería llamar bueno a lo malo. Y también se nos especifica en la Biblia, que nunca jamás debemos hacer eso. No, hermanas mías, lo que las Escrituras expresan es esto: "Estén siempre alegres, oren sin cesar, den gracias a Dios en toda situación, porque esta es su voluntad para ustedes en Cristo Jesús." (1 Tes. 5:16-18). Den gracias en *toda* situación, no *por* cada situación.

Al amar a Jesús en nuestro dolor, permitimos que Él *entre* ahí.

Ser agradecidas abre ventanas en el reino espiritual para que la presencia de Dios llene nuestras vidas, nuestros pensamientos, nuestra comprensión y nuestra perspectiva. Abre las puertas a las bendiciones que Dios quiere derramar en nuestras vidas. Llegaremos a un punto donde nuestro agradecimiento irá en aumento en la historia de nuestras vidas, historia que incluye los momentos alegres y las temporadas insoportables, los momentos dorados que apreciamos por siempre y los momentos terribles que pareciera que no podemos olvidar. Estamos caminando hacia el lugar donde seremos capaces de exaltar a Dios por encima de todo. Sí, por encima de todo.

En *El Llamado de Jesús, (Jesus Calling)* Sarah Young escribe,

> El agradecimiento no es una especie de fórmula mágica; es el lenguaje del Amor, que te permite comunicarte íntimamente Conmigo. Una mente agradecida no implica una negación de la realidad con su plétora de problemas. Sino

el *regocijarte en Mí, tu Salvador*, en medio de pruebas y tribulaciones. *Yo Soy tu refugio y fortaleza, una ayuda siempre presente y bien probada en los problemas.*[1]

Cuando Jesús resucitó de entre los muertos y se le apareció a sus discípulos, Tomás no estaba presente. Así que Jesús regresó de nuevo cuando Tomás ya estaba entre ellos. ¿Se acuerdan cómo Él demostró que era real, que había resucitado y que seguía siendo aquel mismo Jesús que siempre habían conocido y amado? Él le dijo a Tomás: "Pon tus manos en mis cicatrices." Jesús todavía tenía sus cicatrices y las sigue teniendo hoy. Ellas son su gloria y son lo que más adoramos de Él. El Jesús glorificado todavía tiene sus cicatrices y cuando nosotras lleguemos a la gloria, también tendremos algunas. Pero ellas serán hermosas, como las de Él.

La historia de mi vida y las luchas con las que he vivido –hacen ese 'vivir con'– me han ayudado a formarme como la mujer que soy hoy y aquella que estoy llegando a ser. Mis cicatrices, mis luchas, mis fracasos, mis alegrías, mis agonías privadas y solitarias han estado forjando mi alma en algo hermoso, eterno, bueno. Las tuyas también te han estado forjando.

Ahora, podemos resistirnos a ese proceso o podemos ceder a él. Mi querida madre tenía sus bordes ásperos, tú tienes los tuyos y yo tengo los míos. Podemos optar por dejar que el sufrimiento nos ablande o nos endurezca. Podemos elegir si vamos a permitir que el sufrimiento nos haga más compasivas o dejar que nuestros corazones tengan celos de otros. Podemos elegir si vamos a amar a Jesús en el sufrimiento o resentirnos con Él por ese sufrimiento. Es un conjunto de opciones que puede o no, hacernos más hermosas.

El dolor que experimentamos, la pena y la agonía, tienen un propósito. Dios está trabajando todas las cosas juntas para nuestro bien. Él está dibujando una obra maestra en un diseño impresionante. La belleza que está siendo forjada en nosotras a través de la obra transformadora del sufrimiento, es una que nos dejará sin aliento, sorprendidas y por siempre agradecidas. Y la joya de la corona será, que a causa del dolor que sufrimos, hemos llegado a conocer a Jesús de una forma que provoca atesorar las pruebas como uno de los más grandes regalos de Dios para nosotras. Asombroso.

10

tropezando en la libertad

Cristo nos libertó para que vivamos en libertad. Por lo tanto, manténganse
firmes y no se sometan nuevamente al yugo de esclavitud.
—Pablo, Galatas 5:1

John y yo fuimos al zoológico el sábado. Me encantó ver directamente y en persona, leones, leopardos de las nieves, jirafas, elefantes, gorilas, pirañas, y las ranas de los árboles que brillan en la oscuridad. Había una sección increíble de aves orientales decoradas más intrincadamente que las geishas; nunca había visto antes algo igual. Había flamencos, cóndores californios y dos águilas calvas encerradas en un hábitat con nidos en lo alto. Había una tortuga que vive en el fondo de los lagos y era la cosa más fea que jamás había visto; fue algo loco y a la vez, maravilloso.

Más tarde, ese mismo día, nos fuimos a dar una caminata en las montañas. Era un glorioso día soleado donde soplaba una fuerte brisa. Bajando de regreso, nos detuvimos ante el grito de un halcón y levantando la mirada, observamos a tres de ellos elevándose, volando en picada bien rápido y

luego hacia arriba, arriba, arriba, persiguiéndose unos a otros y luego sus-
pendidos, quietos –volaban con la gimnasia aérea de los ángeles.

Eran impresionantes, eran *libres*.

Me sentí mal por las aves silvestres que justamente habíamos visto
en cautiverio. Comprendo la función de los zoológicos, y no estoy en
contra de los mismos; pero vivir en jaulas no es para lo que fueron
creadas para ser. ¡Ellas ahora no están viviendo su mejor vida! En el
zoológico había sido estupendo observar tan de cerca a las águilas calvas
(llamadas también águilas americanas). ¡Que enormes son! Pero antes,
había visto águilas calvas comiendo pescado a orillas del Río Snake, y
también las había observado mirando sobre su dominio desde las alturas
protegidas de un pino majestuoso o luchando por sus nidos contra las
águilas doradas.

Por ello afirmo que la libertad es mejor que el cautiverio.

Entonces, por amor al cielo, ¿por qué alguien escogería el cautiverio?
¿Por qué vivimos tanto tiempo en la esclavitud en que nos encontramos?
Hay un pasaje en Isaías que siempre proyectamos y enfatizamos a las
mujeres durante los retiros que hacemos:

> ¡Sacúdete el polvo, Jerusalén!
> ¡Levántate, vuelve al trono!
> ¡Libérate de las cadenas de tu cuello,
>   cautiva hija de Sión!
>   (Is. 52:2 NVI)

¿Liberarte a ti misma?, pero acaso ¿no es Jesús quien nos hace libres?
Sí, efectivamente Él lo hace, y tiene tantas maneras de hacerlo que te
quedarás sin aliento. Tenemos un papel que jugar aquí. Dios nos llama
a levantarnos, sacudirnos el polvo y sentarnos en el trono. Tenemos una
papel que jugar en nuestra libertad.

¿Por qué alguien escoge el cautiverio? Bueno, los cautivos reciben alimento regularmente. Se sientes seguros en sus jaulas, sus celdas, sus prisiones. En la película titulada *Sueño de Libertad (The Shawshank Redemption)* se muestra a un antiguo prisionero y ahora cabecilla Roja que ha estado encarcelado por décadas. Él confiesa, "Estos muros son raros." Primero los odias, luego te acostumbras a ellos. Pasa suficiente tiempo y llega el día en que te das cuenta que los necesitas."[1]

Las prisiones pueden ser seguras y cómodas. Pueden significar una vida conocida o una manera familiar de vivir, donde la resignación es segura, y el soñar es peligroso. Dejar que alguien más controle tu vida es más fácil que levantarse y negarles ese control; la relación nunca será la misma. Vivir bajo la vergüenza puede sentirse como una situación mucho más fácil que luchar por nuestra propia dignidad. Lo conocido es siempre más cómodo y menos riesgoso que lo desconocido. Después de un tiempo, esos animales en el zoológico olvidarán que fueron creados para volar en los cielos abiertos o las sabanas salvajes. Es aterrador llegar a vivir así, en cautiverio; no fuimos creadas para vivir bajo ese modelo.

A propósito, puede haber muchos cuidadores de zoológicos en nuestras vidas. Podemos encadenarnos a través de años de malos hábitos, malos patrones mentales, eligiendo idolatrías que llegan a ser nuestras adicciones. Otras personas podrían encadenarnos a través de sus expectativas y sus demandas. Mucha gente tiene una imagen en su mente de quiénes deberíamos ser y cómo deberíamos estar viviendo. Las culturas pueden encadenarnos y las religiones pueden atarnos. Y por supuesto, detrás de todo eso, tenemos un gran enemigo que no se detiene ante nada, con tal de mantenernos en prisión. Así que, tendremos que escoger la libertad y luchar por nuestra libertad como nos instan las Escrituras.

Amada, permíteme preguntarte: ¿de qué te *encantaría* ser libre? ¿De la pena? ¿Del lamento? ¿Del resentimiento, de la adicción, de la vergüenza, del miedo, de la preocupación, de las dudas?

¿Qué te *encantaría* hacer libremente? ¿Vivir tu vida? ¿Alcanzar tus sueños? ¿Amar con abandono? ¿Adorar a Dios? *¿Experimentar* a Jesús, siguiéndolo, conociéndolo y *creyendo* en Él?

Todo esto es parte de nuestro "llegar a ser." Cuando nosotras llegamos a ser la mujer que Dios siempre nos tuvo destinadas a ser, seremos capaces de dar, un paso a la vez, hacia más y mayor libertad. A medida que avanzamos más y más en la libertad, alcanzamos la medida de esa mujer que estábamos destinadas a ser. Ciertamente, conocemos que eso puede suceder y que tal destino puede ser nuestro.

Entonces ¿por qué a la cautiva Hija de Sión se le tuvo que decir que se liberara de las ataduras o cadenas alrededor de su cuello? Elegimos el cautiverio sobre la libertad porque tenemos miedo del precio a pagar.

Cuando Sabatina James, una mujer paquistaní de dieciocho años, rechazó el matrimonio arreglado que sus padres habían hecho para ella, su vida llegó a ser un infierno viviente. Después que ella se negó a vivir dentro de los confines de los parámetros socioculturales de su familia, su madre comenzó a llamarla con nombres crueles y a golpearla cuando estaban solas o en las grandes reuniones familiares.

Cuando la violencia se intensificó y sus padres amenazaron con asesinarla, ella escapó. (La Organización de Naciones Unidas, ONU, estima que cada año en todo el mundo cinco mil niñas son asesinadas por sus padres, por actuar de maneras que ellos sienten que avergüenzan a la familia, o por desobedecer ciertos parámetros.) Sabatina, quien ahora está viviendo en Alemania, dice: "Yo rara vez salgo sola, y a menudo me pregunto si hay alguien al acecho a la vuelta de la esquina; siempre me ha gustado mi libertad, pero he pagado un precio muy alto."[2]

Sí, la libertad puede ser costosa y nosotras estamos conscientes de ello. Sin embargo, hermanas, el cautiverio siempre es más costoso, ya que se paga un precio muy alto para permanecer en cadenas. En cambio, hemos sido creadas para la libertad; la libertad es *buena*.

fuimos destinadas a ser libres

> Porque está escrito que Abraham tuvo dos hijos; uno de
> la esclava, el otro de la libre. Pero el de la esclava nació
> según la carne; mas el de la libre, por la promesa. (Gál.
> 4:22-23 RV)

Bueno, les confieso que nunca me gustó mucho la historia de Agar y
Sara –la encontrarán en el libro del Génesis, Antiguo Testamento, metida
entre la Torre de Babel y la destrucción de Sodoma y Gomorra– pues
siempre me he sentido mal por Agar. Quiero decir, ella era la esclava de
Sara y no tenía la opción de escoger si obedecía o no a los designios de su
ama. Fue Sara –estéril y muy amargada al respecto– quien 'cocinó' el plan
para lograr que su esposo Abraham estuviera con Agar, con la esperanza
de que tal vez ella pudiera tener un hijo para él. Realmente es una historia
desagradable.

Pero en el Nuevo Testamento se nos insta a releer esa historia en sentido
figurado, como una especie de parábola, una imagen espiritual:

> Este relato puede interpretarse en sentido figurado: estas
> mujeres representan dos pactos. Uno, que es Agar, procede
> del monte Sinaí y tiene hijos que nacen para ser esclavos.
> Agar representa el monte Sinaí en Arabia, y corresponde a
> la actual ciudad de Jerusalén, porque junto con sus hijos
> vive en esclavitud. Pero la Jerusalén celestial es libre, y ésa
> es nuestra madre. (Gál. 4:24-26 NVI)

Agar es la cautiva que representa la esclavitud, mientras que su hijo,
Ismael, representa el *fruto* que viene de estar en cautiverio. Por estar rela-
cionados con Agar e Ismael y mantenerlos cerca, Sara y Abraham estaban

impidiendo que Isaac fuera capaz de recibir su completa herencia dada por Dios como hijo. Cuando Isaac fue destetado, su padre Abraham hizo una gran fiesta para celebrarlo (Gén. 21). Agar estaba allí presente y también Ismael, pero ellos estaban celosos. Ismael se burló de Isaac, tal y como el fruto de la esclavitud en nuestra vida se burla de nosotras, ya sea la balanza donde nos pesamos, la cuenta bancaria o estar acostada despierta en la noche reviviendo nuestros fracasos.

El libro de Génesis dice que Agar *despreciaba* a Sara. La palabra usada en Génesis significa maldito. Ella y su hijo también odiaban y se burlaban de Isaac. Lo maldecían pues ellos querían la herencia de Abraham para sí mismos y no deseaban que la herencia fuera para aquel a quien Dios ya la tenía destinada.

> Ustedes, hermanos, al igual que Isaac, son hijos por la promesa. Y así como en aquel tiempo el hijo nacido por decisión humana persiguió al hijo nacido por el Espíritu, así también sucede ahora. Pero, ¿qué dice la Escritura? "¡Echa de aquí a la esclava y a su hijo! El hijo de la esclava jamás tendrá parte en la herencia con el hijo de la libre." Así que, hermanos, no somos hijos de la esclava sino de la libre. (Gál. 4:28-31 NVI)

Sara los trató con dureza y le dijo a Abraham: "¡Echa de aquí a esa esclava y a su hijo! El hijo de esa esclava jamás tendrá parte en la herencia con mi hijo Isaac. (Gén. 21:10) Éste se sintió muy mal; así que se fue a su tienda y le preguntó a Dios qué hacer, y el Señor le dijo que le hiciera caso a Sara (Parafrase v. 12). Así lo hizo y se fueron. (Por cierto, Dios cuidó de Agar e Ismael. Los trató amablemente). Esta historia trata de nuestra necesidad como creyentes de echar fuera toda clase de esclavitud de nuestras vidas. Y después que lo hayamos hecho, no permitir cargarnos otra vez con el yugo de esclavitud. Se trata también de echar fuera el fruto de esa esclavitud.

> Cristo nos libertó para que vivamos en libertad. Por lo tanto, manténganse firmes y no se sometan nuevamente al yugo de esclavitud. (Gál. 5:1 NVI)

Dios nos ha dado a cada una de nosotras una herencia en Cristo. Jesús vino para darnos vida y vida en abundancia. Cuando nos involucramos en relaciones con personas o instituciones, o en ciertos patrones de comportamiento, o en adicciones que no representan lo mejor que quiere Dios para nosotras, todo ello se interpone en nuestro camino y nos impide recibir lo que Dios tiene para nosotras.

Tenemos que lidiar fuertemente con esas áreas de esclavitud en nuestra vida, sin excusarlas, sino más bien expulsándolas. Haz que se vayan. Decimos no a la esclavitud, no a los espíritus burlones, no a los espíritus acusadores. Decimos no —con valor y firmeza— a cualquier acusación que se nos haga diciendo que somos (llena el blanco—¿de qué estás siendo acusada?) carentes de amor, descalificante, atascada, cruel, no perdonadora, sin fe, sin belleza. Y le decimos sí a Dios y sí a lo que Él ha dicho sobre nuestras vidas; sí a sus promesas.

Al igual que Isaac, nosotras también tenemos una herencia dada por Dios, y tenemos un destino, pues somos sus hijas. Somos su novia, coherederas con Cristo. Nuestra herencia en Él, es la libertad y la vida, la alegría y todo don bueno. Nuestra herencia es la victoria de un corazón no debilitado o temeroso, sino que reposa en Él; significa santidad, felicidad y paz. Tu herencia incluye tener paz en el alma, sin importar lo que esté ocurriendo en tu vida. Mientras caminamos hacia nuestra libertad, caminamos hacia lo que estamos llegando a ser.

Todo ello comienza con una elección interna.

eligiendo ser libre internamente

Hace muchos años, John y yo éramos miembros de una iglesia maravillosa en el Sur de California. También allí asistía un hombre joven, quien tenía un espíritu maravilloso y un testimonio aún más asombroso. "Daniel" era de Uganda; había vivido allí bajo el régimen brutal de Idi Amin. Había estado en prisión, había sido golpeado y torturado—en su cuerpo tenía cicatrices que lo demostraban. Había sido encarcelado por ser cristiano.

Muchos de sus días los pasó siendo golpeado. Durante uno de sus juicios, lo colgaron por los pies y lo golpearon durante varios días. El trabajo del guardia de turno consistía en azotar a Daniel. Después de varios días, luego de la ritual tortura, cuando su guardia se preparaba para salir, Daniel le dijo: "Que tenga unas buenas noches."

En serio, él dijo eso, Daniel lo bendijo. Por la gracia de Jesucristo viviendo en su corazón, fue capaz de perdonar a sus opresores y en ese perdón, levantarse por encima de la esclavitud que ellos querían imponer sobre su vida—la esclavitud de su corazón, mente y espíritu.

"Que tenga unas buenas noches." Caramba. Quién de estos dos hombres era verdaderamente libre?

El guardia se sintió confrontado e incrédulamente le preguntó: "¿Cómo puedes decirme eso a mí? ¿Cómo puedes decir eso?" Daniel le dijo cómo. Le habló acerca de Jesús, sobre el precio que Él había pagado para ganar su corazón y sobre la libertad que él experimentaba en Cristo. Le habló acerca de ser perdonado, aceptado y amado perfectamente. Unos días después, ese guardia ayudó a Daniel a escaparse, pero primero lo llevó a su casa para darle de comer y para que compartiera las buenas nuevas de Jesús con su familia.

¡¿¡¿¡¿Qué tenga unas buenas noches?!?!?!

Podemos ser tan libres como deseemos; todo comienza aquí—con una elección interna para dejar que Cristo invada nuestros corazones a fin de que no podamos ser sometidas a cualquier tipo de esclavitud interna. Nosotras elegimos amar, perdonar; no elegimos el miedo sino que elegimos la vida.

La mayoría de nosotras, probablemente, aún estemos trabajando bajo la impresión de que en nuestras circunstancias, la libertad viene primero y después podemos experimentar el amor, el gozo, la paz, la paciencia, y todos los maravillosos frutos del Espíritu; pero no es así, Dios suele comenzar primero con la transformación de nuestras actitudes y después Él puede cambiar nuestras circunstancias.

¿Sabías que has sido liberada de la esclavitud del pecado? ¿Sabías que ahora tienes un buen corazón? Es cierto. Sucedió cuando Jesucristo vino por ti:

> Sabiendo esto, que nuestro viejo hombre fue crucificado juntamente con él, para que el cuerpo del pecado sea destruido, a fin de que no sirvamos más al pecado.
>
> Así también vosotros consideraos muertos al pecado, pero vivos para Dios en Cristo Jesús, Señor nuestro. (Rom. 6:6, 11 RV)

> Un nuevo poder está en función. El Espíritu de vida en Cristo, como un viento fuerte, magníficamente ha limpiado el aire, liberándolo de toda una vida condenada a la tiranía brutal a manos del pecado y de la muerte. (Rom. 8:2, adaptación de The Message)

> Os daré corazón nuevo, y pondré espíritu nuevo dentro de vosotros; y quitaré de vuestra carne el corazón de piedra, y os daré un corazón de carne. Y pondré dentro de vosotros mi Espíritu, y haré que andéis en mis estatutos, y guardéis mis preceptos, y los pongáis por obra. (Ez. 36:26-27 RV)

(Él)… purificó sus corazones por la fe. (Hech.15:9 NVI)

Se nos ha dado la libertad más grande de todas: la libertad de corazón, la libertad del pecado, una libertad que nos permite vivir y amar como Jesús lo hizo. Déjenme mostrarles cómo funciona esto en un área con la cual muchas, muchas mujeres luchan.

no juzques para que no seas juzgada

En el capítulo 3 hablamos acerca de lo crueles que a veces pueden ser las mujeres. Las niñas pueden ser maliciosas, crueles. Somos cortantes con nuestras palabras y hasta con una mirada. Creo que todo se remonta a nuestra vulnerabilidad, esa gloriosa vulnerabilidad que Dios nos dio cuando nos hizo femeninas. También fluye de nuestro don para relacionarnos. Dios nos hizo dueñas de la relación, pero cuando el miedo y la inseguridad se apoderaran de nuestra vulnerabilidad, nos autoprotegemos, a manera de defensa.

Buscamos maneras de sentirnos mejor con nosotras mismas y una de las formas más preferidas de hacerlo es haciendo sentir mal a otros. Si nos sentimos inseguras con nosotras mismas o de nuestras elecciones en la vida, entonces nos percibimos como amenazadas por aquellas personas que toman decisiones diferentes a las nuestras. Es ahí cuando nosotras juzgamos.

"Ella está amamantando la demanda. Está amamantando de acuerdo a un horario. Ella no está amamantando. Sus hijos van a ir a la escuela pública. Sus hijos están recibiendo educación en el hogar. Ella va a regresar a trabajar. Ella no está trabajando. Su familia está tan ocupada que nunca tienen tiempo para sentarse a cenar juntos. Ellos sólo comen alimentos orgánicos. Ellos sólo comen alimentos procesados. Si ella hiciera ejercicios con más frecuencia, no tendría esas diez libras extras. Ella habla demasiado y se ríe muy fuerte. Ella nunca habla. "¡Esas personas lo están haciendo *mal!* "

Los juicios son peligrosos, pues son como las maldiciones. Liberan el odio del enemigo sobre aquellos que hemos juzgado. Cuando los cristianos oran con espíritu de juicio, eso no es oración, sino maldición. Las maldiciones 'cristianas' ocurren cuando oramos queriendo venganza, cuando oramos con un espíritu de odio, juicio, ira o desquite. Oraciones como: "castígalo, Dios," "enséñale una lección," "repréndelo Dios", tienen la misma energía que la brujería. En realidad, es brujería y le hace daño a la gente. Ese tipo de oraciones les daña espiritual y físicamente, pero a su vez también nos daña a nosotras. Sabemos que los juicios también son contraproducentes, pues abren la puerta para que esa maldición se vuelva sobre nosotras.

En el libro de Mateo 7:1-2 (RV) Jesús dice: "No juzguéis, para que no seáis juzgados. Porque con el juicio con que juzgáis, seréis juzgados, y con la medida con que medís, os será medido."

Cuando juzgamos a los demás con una sensación de justa indignación— cuando lo disfrutamos, y nos sentimos justificadas—abrimos la puerta para que juicios y maldiciones vengan a nuestras vidas. Cuando digo "juzgar", no me refiero a la sabiduría del discernimiento entre el bien y el mal, sino que estoy hablando acerca de maldecir a otros.

Algunos queridos amigos son los únicos cristianos en su familia extendida. Es un sistema familiar cercano (algunos dirían demasiado cercano), y la regla es que todos los miembros siempre estén presentes para cualquier día de fiesta. (Este es un buen ejemplo de una familia que actúa como un guardián del zoológico, creando cautiverio para sus miembros). A medida que nuestros amigos han ido creciendo en Cristo, han escogido no asistir a cada obligación familiar, lo cual les ha traído mucho juicio sobre ellos. Experimentan ese juicio como una opresión espiritual real; por supuesto, lo es. Es pecado y es el permiso para que el enemigo oprima.

¿Pero cómo es posible?

El problema es este: nuestros amigos también están juzgando a sus familias. En sus corazones y con sus palabras, continuamente juzgan a su familia por juzgarlos a ellos. (Esto se pone muy enredado). Y no pueden liberarse de la esclavitud relacional o especialmente de la maldición espiritual de esos juicios, hasta que ellos primero se arrepientan de estar juzgando.

Y me pregunto, ¿cuántas relaciones entre mujeres están entrampadas en la misma dinámica?

Podemos estar libres de juicios o por lo menos más libres—libres de juzgar a los demás y libres del efecto del juicio de ellos hacia nosotros,

Dios dice que bendigamos a aquellos que nos maldicen. En su amor natural, libre y sorprendente, Él nos enseña a orar bendiciendo a la gente— ora bendiciendo a las personas que te han herido, que te han juzgado, que te han difamado, que te han rechazado, o simplemente que te han mal entendido. O también podrías orar bendiciendo a la gente que le haya hecho esto a alguien que amas mucho. Oremos bendiciéndolos. La verdad es que eso es lo que deseamos hacer. ¡Ora más para que la gente conozca a Jesús porque cuando ellos son bendecidos y están alegres y se acercan a Jesús, ya no te odiarán ni tampoco a los que amas! También, tu recibirás bendición en lugar de maldición.

El principio espiritual aquí es que cosechas lo que siembras. Bendice, bendice, bendice. "¡Dios, rocía a la gente con tu favor, con tu amor y con tu Presencia!"

Queremos ser libres del juicio, y en Jesús podemos ser libres. Podemos ser libres de:

La esclavitud
El pecado
El temor del hombre
La vergüenza

El lamento

La rabia

La decepción

La adicción

El miedo

Lo que sea.

Ya no somos cautivas del pecado. No somos esclavas del Enemigo, del mundo o de nuestra propia carne. Hemos sido liberadas. ¡No solamente somos libres de, somos libres para! Somos libres para ser transformadas a la misma imagen de Cristo. Somos libres para amar frente al odio. Libres para llegar a ser la máxima expresión de nuestro único ser. Somos libres para ofrecer a los demás la belleza que Dios plantó en nosotras la primera vez que nos soñó. Nosotras somos libres para:

Ser felices

Ser gloriosas

Tener éxito

Amar

Vivir

Perdonar

No estar atada por ninguna cadena

Todo esto debido a lo que Jesús ha hecho por nosotras. Él nos rescató, pagó el precio, nos salvó y nos libertó para ser lo que en realidad somos y hacer lo que estamos destinadas a hacer. Conoces aquel dicho: "Baila como si nadie te estuviera mirando. Ama como si nunca hayas sido lastimada. Canta como si nadie te pudiera oír. Vive como si el cielo estuviera en la tierra." Nunca me ha gustado. He pensado, ¿cómo puede alguien ser libre para amar como si nunca hubiese sido herido? ¿Cómo podemos hacer eso cuando hemos sido heridas y de gravedad? ¿Cómo podemos ser libres para bailar como si nadie nos estuviese mirando? La gente probablemente nos estará viendo, al menos que estemos a solas en nuestra casa con las cortinas cerradas. ¿Cómo vivimos en libertad?

Vivimos en libertad cuando llegamos a creer, conocer, recibir y abrazar el amor infinito de Dios para nosotras; cuando seamos capturadas por su bondad, su fidelidad, su honor, su sacrificio, su corazón que anhela por nosotras. Entonces si podremos bailar ante una audiencia de uno solo: Nuestro Dios, debido a que ahora si nos sentimos completamente amadas, estamos a salvo y seguras en su amor, cada momento de nuestras vidas.

Esto nos trae otra libertad sorprendente: Nosotras somos libres para fallar. Lo diré nuevamente: Sí, nosotras somos libres para fallar. Gracias a Jesús, podemos ser libres de las jaulas de otras personas, de sus expectativas respecto a nosotras, de sus exigencias, sus yugos y sus juicios; incluso de los nuestros.

No se trata de que tengamos que hacer todo perfecto. Somos amadas, perdonadas, abrazadas; vivimos bajo la gracia, no bajo el juicio. Esto nos libera del perfeccionismo, que es una prisión terrible. Nos hace libres aun de fallar.

Mis emociones vacilan. Mi fortaleza física y mi vida espiritual tienen altibajos. Un día, soy fuerte en Cristo, creyendo todo lo que Dios dice, y otro día no soy tan fuerte. Eso está bien. Nunca seré libre de necesitar a Dios. Sólo Él es perfecto, valiente y completo. Y en él, nosotras también lo somos, pero *sólo en* Él.

> Porque el Señor es el Espíritu; y donde está el Espíritu del Señor, allí hay libertad. Por tanto, nosotros todos, mirando a cara descubierta como en un espejo la gloria del Señor, somos transformados de gloria en gloria en la misma imagen, como por el Espíritu del Señor. (2 Cor. 3:17-18 RV)

de la esclavitud espiritual hacia la libertad

La otra noche estaba tendida en el piso escuchando música de adoración, pero yo no estaba en esa posición adorando, sino que cuestionaba las diversas situaciones que me habían ocurrido durante el día. No había sido muy bueno. Me sentía agotada por el viaje y por demasiadas conversaciones y pensé que la respuesta a mi estado físico y emocional se encontraba en una pizza con un exquisito helado de chocolate. Decidí pasar el día entero dentro de los viejos patrones de vida que nunca me habían sido de utilidad. Tendida en el piso, escuchando la música, le pregunté a Dios: "¿Realmente me amas ahora? ¿Aquí? ¿Cómo es posible que me ames en este bajo lugar?"

Pero yo sabía que Él si me amaba. Jesús murió en la cruz por todos mis pecados, incluso los que he cometido una y otra y otra vez. Ese día una batalla se estaba librando por mi libertad. Y fue violenta donde casi siempre es violenta: en lo que yo escogería creer.

No sería justo para mí hablar de nuestra libertad en Cristo sin por lo menos abordar un poco la guerra espiritual. En el libro titulado *Despertando los Muertos (Waking the Dead)* mi esposo John escribió: "No vas a entender tu vida, no podrás ver con claridad lo que te ha sucedido o cómo vas a vivir de aquí en adelante, al menos que lo veas como una *batalla*. Una batalla contra tu corazón."[3] Jesús ganó nuestra libertad en un enfrentamiento espiritual con Satanás, pero nuestro enemigo aún se niega a someterse sin una pelea. Él sabe que no puede acabar con Jesús, el Único Victorioso. Pero puede herir su corazón, al herir el nuestro. Jesús ganó nuestra libertad, pero tenemos que recibirla, reclamarla y mantenernos en ella. Esa es nuestra buena batalla de la fe: Creer que Dios es quien dice ser y creyendo que somos quienes Él dice que somos ante la presencia de las pruebas que nos rodean y que gritan lo contrario.

Para que podamos vivir en libertad y llegar a ser las mujeres que vamos a llegar a ser, tenemos que recibir el amor de Dios aún en nuestros lugares más bajos.

La guerra espiritual está diseñada para separarnos del amor de Dios, su objetivo es evitar que vivas en la libertad que Cristo ha comprado para ti. Satanás nos susurra que no somos nada ni nadie, cuando hemos fallado, o pecado o cuando nos estamos sintiendo horribles, pero él es un mentiroso. Y nuestra lucha por nuestra libertad consiste en exponerlo por quien es él, aún cuando las mentiras parezcan completamente verdaderas. La batalla se libró y fue ganada en el pensamiento de nuestra vida, en nuestras mentes y en nuestros *corazones*.

Por lo tanto, ¿qué estás pensando ahora en este momento? Descartes famosamente escribió: "Pienso, por lo tanto, soy." Añadiré un blanco en cada frase. Pienso que soy_____, por lo tanto soy_____. Creo que soy amable, por lo tanto soy amable. Creo que soy elegida, por lo tanto soy elegida. Creo que estoy llegando a ser más amorosa, por lo tanto, estoy llegando a ser más amorosa. Creo que estoy esclavizada a pecar siempre, por lo tanto, estoy esclavizada a pecar siempre. Lo que pensamos sobre nosotras mismas, sobre los demás o sobre una circunstancia, nos informa cómo lo percibimos, lo cual nos indica la forma en que lo experimentamos. Nuestros pensamientos se manifiestan en nuestras vidas.

> Destruimos argumentos y toda altivez que se levanta contra el conocimiento de Dios, y llevamos cautivo todo pensamiento para que se someta a Cristo. (2 Cor. 10:5 NVI)

¿Qué piensas acerca de Dios? ¿Qué piensas acerca de ti misma? ¿Quién eres? ¿De qué crees que se trata la vida? ¿Qué crees que es la verdad? Porque lo que piensas informa tu realidad y tiene un efecto directo sobre la forma como vives tu vida. Sobre lo que nos enfocamos, hacia allí nos dirigimos. Lo que vemos nos hace pensar y nos moldea en esa dirección. Lo que creemos que es verdad se manifiesta en cada momento en nuestra vida. ¿Qué estás pensando?

> He aquí, tú amas la verdad en lo íntimo, Y en lo secreto me has hecho comprender sabiduría. (Sal. 51:6 RV)

> ...tu palabra es verdad. (Jn. 17:17 RV)

> Pero cuando venga el Espíritu de la verdad, él los guiará a toda la verdad.... (Jn. 16:13 RV)

Para reconocer una mentira, tenemos que saber la verdad. Los expertos en la falsificación de dinero no gastan su tiempo estudiando el dinero falso, sino que estudian el dinero legal. De la misma manera, para participar en la batalla espiritual que está devastando a nuestro alrededor, no cambiamos nuestro enfoque a las mentiras o al diablo. Nos enfocamos en Jesús. Caminamos en la verdad de quién es Dios y lo que Él dice que somos; entonces y sólo entonces seremos capaces de reconocer rápidamente una mentira. Y aunque tengamos áreas de ataduras en nuestras vidas donde la verdad no va a ser suficiente para hacernos completamente libres, nunca libertad sin ella.

¿Recuerdas cuando Jesús estuvo en el desierto y el diablo vino a tentarlo? Jesús no razonó con el enemigo, ni participó con él en un diálogo, sino que simplemente le refutó con la verdad. "y conoceréis la verdad, y la verdad os hará libres." (Juan 8:32 RV).

Entonces, en el Nivel Uno de la Guerra Espiritual: tienes un enemigo; eres odiada; el mal existe; Satanás existe; los espíritus inmundos existen. Pedro escribe:

"Practiquen el dominio propio y manténganse alerta. Su enemigo el diablo ronda como león rugiente, buscando a quién devorar." (1 Pe. 5:8 NVI).

Devorar, no tentar; devorar como triturar, mutilar, matar, destruir. Santiago nos ordena, "Someteos, pues, a Dios; resistid al diablo, y huirá de vosotros." (Sant. 4:7 RV).

Si no nos sometemos a Dios, el diablo no va a huir. Si no resistimos al diablo, él no huirá. No hay razón para temer o luchar, pero es necesario que nos sometamos a Dios y resistamos al diablo. Hacemos cumplir la libertad que Jesús ha ganado para nosotras, creyendo y estando de acuerdo con la verdad. Esta es una parte muy, muy grande de: "Sacúdete del polvo; levántate y siéntate, Jerusalén; suelta las ataduras de tu cuello, cautiva hija de Sion." (Is. 52:2 RV) Mujer, es hora de levantarte.[4]

Las leyes espirituales hay que hacerlas cumplir al igual que las leyes de tránsito. Cuando estás lidiando con ángeles caídos, piensa en los piratas somalíes, en los ofensores sexuales, en la mafia, en los infractores de la ley que odian a la autoridad, rebelándose contra ella, y que respiran muerte y destrucción. ¡Cuidado! los demonios no dejarán de acosarte, si no los obligas a que dejen de acosarte.

Nosotras ya no podemos darnos el lujo de dejar que nuestros pensamientos vuelen salvajemente. Por el contrario, en lo que se refiere a las *cosas* que nosotras pensamos, tenemos que adoptar la práctica de comprobar con regularidad si estamos alineando nuestros corazones a nuestros pensamientos. ¿Qué estamos creyendo? ¿Qué acuerdos estamos haciendo? ¿Por qué?

Cuando llegamos a darnos cuenta que nuestros pensamientos no están alineados con la Palabra de Dios, nos arrepentimos y los elevamos a fin de que se alineen a la mente de Cristo. Si llegamos a darnos cuenta que estamos haciendo acuerdos con el enemigo, con pensamientos tales como, "la vida es dura y luego te mueres", o "nunca voy a cambiar", rompamos esos acuerdos, en voz alta, como sigue:

tropezando en la libertad

Yo renuncio a esa mentira. Yo rompo todo acuerdo que he estado haciendo con mi enemigo. Yo renuncio al acuerdo de [estoy abrumada, yo nunca me liberaré, yo odio a fulano – y –y a zutano; yo soy estúpida, fea, gorda deprimida —nómbralo, y rompe con eso]. *Yo renuncio a esto en el nombre de Jesucristo mi Señor.*

Independientemente de cómo te sientas.

¿qué es la verdad?

Porque mayor es el que está en vosotros, que el que está en el mundo. (1 Juan 4:4 RV)

El cual nos ha librado de la potestad de las tinieblas, y trasladado al reino de su amado hijo, en quien tenemos redención por su sangre, el perdón de pecados. (Col. 1:13–14 RV)

Y despojando a los principados y a las potestades, los exhibió públicamente, triunfando sobre ellos en la cruz. (Col. 2:15 RV)

...Toda potestad me es dada en el cielo y en la tierra. (Mat. 28:18 RV)

Pero Dios, que es rico en misericordia, por su gran amor con que nos amó, aun estando nosotros muertos en pecados, nos dio vida juntamente con Cristo (por gracia, sois salvos), y juntamente con él nos resucitó, y asimismo

nos hizo sentar en los lugares celestiales con Cristo Jesús.
(Efes. 2:4–6 RV)

He aquí os doy potestad de hollar serpientes y escorpio-
nes, y sobre toda fuerza del enemigo, y nada os dañará.
Pero no os regocijéis de que los espíritus se os sujetan, sino
regocijaos de que vuestros nombres están escritos en los
cielos. (Lucas 10:19–20 RV)

Como hijas de Sión —hijas del verdadero Rey— nos levantamos y nos
sentamos en el trono cuando tomamos nuestra posición en Cristo y
ordenamos salir al enemigo, pues este ya ha sido desarmado por la cruz de
Jesucristo. Cuando nos involucramos en la guerra espiritual *estamos haciendo*
cumplir lo que ya se ha logrado. ¡Esta es la forma como nos liberamos de las
cadenas o ataduras que teníamos alrededor del cuello!

Una herramienta básica para reconocer si estamos bajo el ataque
espiritual o tratando con espíritus inmundos es juzgar el fruto. "Por sus
frutos los conoceréis." (Mt. 7:16). ¿Está el malentendido viniendo en contra
de tus amistades? Oremos contra eso, de esta forma: *Yo traigo la cruz y la*
sangre de Jesucristo contra todo malentendido y lo mando a unirse a tu trono
por tu autoridad y en tu Nombre.

¿Estamos sintiendo temor? ¿Desánimo? ¿Autodesprecio? El fruto
de todo esto es bastante obvio: es algo inmundo, oscuro y procede del
infierno. Resistamos en el nombre de Jesús. Yo no estoy siendo simplista.
Yo entiendo que a menudo hay otros temas que están involucrados: nuestro
quebrantamiento, nuestro pecado, nuestra historia. A veces hay una razón
por la cual luchamos con ciertas cosas. Por eso Santiago dice primero que
nos sometamos a Dios y luego que resistamos al diablo.

Por ejemplo, digamos que un espíritu de resentimiento nos mantiene
golpeándonos duro. Mandarlo a salir no va a hacer que se vaya si estamos

entreteniendo al resentimiento en nuestro corazón y atrayéndolo en la imaginación. Si le hemos abierto la puerta estando de acuerdo con él en nuestra mente, lo primero que debemos hacer es arrepentirnos del resentimiento hacia los demás, hacia nosotras mismas y con Dios. Debemos arrepentirnos, buscando la sanidad de Jesús en las heridas que permiten que ese resentimiento entre. Elijamos amar a Cristo aquí mismo, en este mismo lugar; esa es la forma como nos sometemos a Dios. *Después* tendremos la autoridad para ordenarle salir porque ya le hemos retirado la alfombra de bienvenida.

Los espíritus familiares son a menudo difíciles de reconocer porque son cosas históricas con las que hemos luchado. Para mí sería la depresión, para muchas otras mujeres, es la muerte. Por cierto, soñar acerca de nuestro funeral no es una idea buena, y yo sé que no soy la única mujer que lo ha hecho. Imaginar lo que la gente dirá, cómo se van a sentir, mala idea. Si estamos anhelando, a través de la muerte, el alivio del dolor de la vida o de nuestros fracasos, estamos llegando a un acuerdo con la muerte.

Jesús quiere la vida para nosotras, siempre, porque Él es la Vida. En esos momentos, debemos invitar a Jesús a nuestra necesidad y dolor. Necesitamos romper todos los acuerdos que hemos hecho con Satanás: El desaliento, la derrota, la desesperación, la soledad, la ira y el autodesprecio.

Rompamos todos los acuerdos con él, incluso aquellos que estimamos muy reales y ¡Especialmente si se sienten reales! Arrepintámonos de entretenerlo y de haberle dado espacio. Después, enviémoslo a Jesús.

A mí me gusta orar enviando espíritus inmundos al trono de Cristo para que Él decida qué hacer con ellos. Yo no quiero simplemente echarlos fuera de mi habitación o de mi casa, para que a continuación puedan ir a quienquiera que ellos deseen. Muchas veces, si vienen en tu contra, también vienen en contra de las personas que te rodean. Envíaselos a Jesús y, prohíbeles su regreso.

Vamos a decir que entramos en una habitación y de repente somos sacudidas por una ola de miedo. O tal vez vamos a la cama por la noche y PUM, empezamos a preocuparnos por el futuro, por los hijos, bueno a preocuparnos de lo que sea, aparece el temor. Hay una posibilidad muy grande de que eso no sea solo de nuestra mente. El enemigo puede muy bien estar presente en la forma de un espíritu de temor. Cuando esto me sucede a mí, así es como yo oro:

> *Yo traigo la cruz y la sangre de Jesucristo contra todo temor y en el Nombre de Jesucristo y por Su autoridad ordeno a todo espíritu de temor que me abandone ahora; lo envío atado al trono de Jesucristo. Vete. Ahora. En el Nombre de Jesús."*

Es bueno nombrar el espíritu específico que nos está sometiendo. Eso no le da más poder, antes bien es como abrir la puerta de la bodega y dejar que la luz entre, eso elimina el poder. Llegamos a darnos cuenta que no estamos abrumadas, llenas de miedo o de vergüenza; no estamos intimidadas, no queremos morir. No, eso viene de un espíritu inmundo. Reprendámoslo en voz alta, en el nombre de Jesucristo.

Será mejor que cerremos este capítulo en oración:

> *Te alabo, Jesús. Gracias por todo lo que has hecho realidad para nosotras. Te amamos. Te adoramos. Eres el Rey de reyes y Señor de señores y tu nombre está sobre todo nombre que pueda ser dado en este siglo o en los venideros. Ahora venimos bajo tu autoridad y recibimos todas las obras que has hecho realidad para nosotras en la cruz: en tu muerte, tu resurrección y tu ascensión. Jesús, ahora tomamos nuestro lugar en tu autoridad y en tu nombre, venimos en contra de todo espíritu inmundo que nos ha estado acosando. Traemos la cruz y la sangre de Jesucristo en contra de todo espíritu inmundo de [¿Qué es lo que te ha estado atacando? ¿El*

odio, la rabia, la intimidación, la vergüenza, la acusación, el juicio, la ofensa, el malentendido, el temor, el pánico, el pavor, la desesperanza, la desesperación?]

Traemos tu sangre y la cruz contra los espíritus inmundos. En el nombre de Jesucristo y por su autoridad mandamos todo espíritu inmundo atado al trono de Jesucristo para ser juzgado. Rompemos todos los acuerdos que hemos hecho con el enemigo y renunciamos a ellos ahora. Hacemos nuestro acuerdo con la Verdad.

Padre, por favor envía Tus ángeles para hacer cumplir esta orden. Gracias, Dios. Alabado seas. Te adoramos, Jesús. Anhelamos ser libres, para conocerte y amarte más profunda y verdaderamente. Digno eres. Por favor, elimina todo lo que nos separa de conocerte como realmente eres y nos impide vivir en la libertad que has comprado para nosotras. En el Nombre Poderoso de Jesús.

Dios ha hecho todo, ha ganado todo y nos ha dado todo lo que necesitamos para vivir en libertad. Estamos destinadas a caminar en ella, más y más. No vamos a entrar con gracia en ella todo el tiempo, pero por la gracia de Dios y con su ayuda, podemos trastabillar en ella; un pensamiento a la vez, un día a la vez.

11

llegando a ser una mujer de fe

*Hace bien llorar un rato, mientras duran las lágrimas. Pero
tienes que parar tarde o temprano y entonces debes decidir lo
que vas a hacer. Cuando Jill dejó de llorar se dio cuenta de
que tenía una sed atroz. Había estado acostada boca abajo, y
ahora se levantaba. Los pájaros habían cesado de cantar y el
silencio era perfecto, excepto por un leve sonido persistente que
parecía venir de lejos. Escuchó con más atención y le pareció
que era el ruido de una corriente de agua… tenía tanta sed
que se armó de valor para ir hacia esa corriente de agua…*

*Llegó a un arroyo amplio y claro, brillante como el cristal,
que cruzaba el prado muy cerca del lugar donde ella estaba.
Y aunque al ver el agua se sintió diez veces más sedienta,
no se abalanzó a beber. Se quedó quieta, como si fuera
de piedra, con su boca abierta. Y tenía una buena razón:
justo a ese lado del arroyo se encontraba el León.*

—C. S. Lewis, *La Silla de Plata (The Silver Chair)*

Mi madre pensaba que yo bebía demasiada agua. Mi esposo se preocupa de que no puede ser bueno para mí beber tanta agua como lo hago. Puedo beber varios litros al día. No soy prediabética y no tengo problemas de salud importantes; simplemente estoy *sedienta*. Los estudios demuestran que cuando una persona finalmente llega a estar consciente de su sed física, ya está deshidratada. Todas nosotras estamos más sedientas de lo que nos damos cuenta.

Nosotras también estamos espiritualmente sedientas. Somos mujeres de diferentes edades y necesidades, pero al igual que Jill en *La Silla de Plata, (The Silver Chair)* de C. S. Lewis, hemos escuchado el sonido fascinante del agua que fluye y da vida, y hemos llegado hasta el río. Nosotras somos mujeres sedientas y eso es muy bueno. Podría no ser *cómodo,* pero es bueno. Si no estás consciente de tu hambre, no estarás muy motivada para ir al banquete. Si no estás consciente de tu sed, no buscarás algo para beber.

Allí, en la montaña de Aslan, Jill se quedó paralizada por un largo rato mirando el agua y el león:

> Cuánto tiempo duró esto, ella no podía estar segura; parecieron horas. Y la sed llegó a ser tan fuerte que pareció no importarle ser devorada por un león si tan sólo pudiera estar segura de obtener primero un trago de agua.[1]

Finalmente, el león habló.

"Si tienes sed, puedes beber."[2]

En nuestro mundo, estamos bombardeadas con opciones sobre la manera de saciar nuestra sed. Estamos enterradas en la publicidad, información, sugerencias, ideas, productos y programas, y ¿has oído la última? Catálogos y folletos están talando los bosques para ofrecer una respuesta a nuestro dolor, para aliviar nuestra sed.

He probado muchos de ellos. He comprado los zapatos, he leído el libro, he realizado el estudio y he participado en el programa. Todavía estoy sedienta. Los científicos advierten que la capacidad de conocer y responder a la sed lentamente se va mitigando a medida que envejecemos. En un mundo que muchas veces se presenta tan seco como un desierto, podemos llegar a ser insensibles a nuestra propia sed.

Pero como mujeres que estamos siendo transformadas a la imagen de Cristo, no queremos crecer entumecidas, sino aumentando nuestra sed. Yo he tratado de calmar mi corazón sediento pero todavía necesito algo de beber; necesito el Agua Viva. Tú también la necesitas. Es nuestra necesidad fundamental más preciosa. Jesús nos invita: "Si alguno tiene sed, que venga a mí y beba" (Juan 7:37).

aprendiendo de María

La fuente de la que mi madre bebió, fluyó para ella en la Iglesia Católica. Ella tenía una afinidad, en particular, por María, la madre de Jesús. Y de verdad, ¿qué niña no quiere interpretar el papel de María en una obra de la natividad? Obviamente, ella es la estrella de ese espectáculo. Bueno, Jesús es la Estrella, pero en la escuela primaria un muñeco hace su papel, así que , María es el papel codiciado. Mi madre tenía estatuas de María en su dormitorio. Me animaba a orarle a María y a pedirle que interviniese en mi nombre con su hijo. "Jesús va a escuchar a María, porque todo buen hijo escucha a su madre."

Siempre ha habido una buena dosis de tensión entre católicos y protestantes cuando se trata de María. Mi mamá y yo tuvimos muchas conversaciones donde yo la animaba a seguir adelante y que hablara directamente con Jesús porque Él nos invita a hacer eso. Pero no, ella sentía que

María entendería sus necesidades mejor, y más convincentemente se las transmitiría a su hijo. Me rebelé un poco. No le oraría a María y tampoco lo hago hoy. De igual forma, no reconocí la fuente de sabiduría que era María. No le eché una mirada más profunda a su vida hasta que fui una mujer adulta. Llegue a sentirme inspirada, impresionada y animada. Ahora, ella es una de mis mujeres favoritas, algún día la conoceré.

María era una mujer de una fe inquebrantable, una inmensa sabiduría y un valor profundo. Sin embargo, ella tampoco era muy diferente a nosotras. También tenía sed y arriesgó todo para beber. Mientras más conozco acerca de María, más me gustaría ser como ella.

Podemos imaginar que sus padres la malentendieron cuando era una adolescente, cuando apareció embarazada y reclamaba ser una virgen. Lo más probable es que ellos no creyeron que estaba diciendo la verdad. Y si no lo creyeron, ¿quién podría culparlos? "Hola mamá, hola papá, estoy embarazada. No, nunca he estado con un hombre. El niño que llevo en el vientre es el Hijo de Dios, enviado para salvar al mundo." Claro, María. no hay problema.

Es seguro decir que podemos relacionarnos con María en el hecho de que hubo momentos en los cuales tuvo problemas con sus padres, tuvo problemas con su prometido, estuvieron cerca del divorcio. Podemos suponer que fue malentendida y juzgada por su comunidad. ¿Alguien más que no fuera José creyó su historia? María llegó a ser una viuda, como llegan a serlo muchas mujeres, cuando aún tenía muchos años de vida por delante. Tuvo su cuota de problemas criando a sus hijos, así que ella puede relacionarse con nosotras.

Estamos familiarizados con su debut. María era una mujer joven entre los trece y los quince años de edad cuando el ángel Gabriel se le apareció y le dijo: "¡Te saludo, tú que has recibido el favor de Dios! El Señor está contigo." (Lucas 1:28) Lucas sólo dice: "Ante estas palabras, María se perturbó" (v. 29). ¿No lo estarías tú?

Por supuesto, la escena es difícil de imaginar. Los productores cristianos y los cineastas paganos por igual han intentado captar ese momento, pero Hollywood no ha sido capaz de hacerlo. ¿Cómo podrían hacerlo? El cielo irrumpió en la vida de María inesperadamente y sin la fanfarria de trompetas. El ángel fue enviado a ella, ¿Dónde? ¿Se le apareció Gabriel de repente en su cuarto? ¿Se acercó a ella en un arroyo? No sabemos. Sí sabemos que María sabía que él era un ángel y que ella estaba increíblemente tranquila.

El ángel le continuó dándole la noticia sorprendente:

> —No tengas miedo, María; Dios te ha concedido su favor —le dijo el ángel—. Quedarás encinta y darás a luz un hijo y le pondrás por nombre Jesús. Él será un gran hombre y lo llamarán Hijo del Altísimo. Dios el Señor le dará el trono de su padre David, y reinará sobre el pueblo de Jacob para siempre. Su reinado no tendrá fin. (Lucas 1:30–33 NVI)

No importa qué tan preocupada habría estado María. Su corazón había sido cultivado por la fe y respondió a la noticia con calma, dignidad y fe. Ni gritó ni se desplomó al piso, simplemente le hizo una pregunta al ángel: "¿Cómo podrá suceder esto... puesto que soy virgen?" (v. 34)

Ella preguntó con expectativa. "¿Cómo *hará* Dios todo esto conmigo, siendo una virgen y todo eso?" No fue una cuestión de duda, sino que se trató de una cuestión *arraigada en la fe*. María le creyó de inmediato a Gabriel. Ella no se rió como lo hizo Sara cuando escuchó la conversación entre su esposo y el Señor de que en su vejez ella daría a luz un hijo. Cuando María se enfrentó con lo milagroso, ella preguntó cómo lo *haría*.

Sin saberlo María, ese mismo ángel había visitado a su pariente Zacarías, llevándole noticias asombrosas, imposibles. Cuando Gabriel le dijo a Zacarías que él y Elizabeth tendrían un hijo en su vejez, un hijo increíble, Zacarías le preguntó: "¿Cómo puede ser esto?" No preguntó cómo lo hará sino cómo *puede*. La diferencia expuso su corazón. Él no le creyó al ángel y no le fue bien. María fue bendecida por el ángel por encima de todas las mujeres, pero Zacarías se quedó mudo.

María preguntó: "¿Cómo se hará?" Ella sabía que si Dios dice algo— cualquier cosa—le podemos creer. Dios es verdadero. Es digno de confianza, y es un hombre de Palabra.

María conoció a Dios antes de llevarlo en su vientre. Sabía que nada era imposible para Él antes de que el ángel le dijera esas palabras. Su respuesta fue: "Aquí tienes a la sierva del Señor…Que él haga conmigo como me has dicho." (v. 38)

En otras palabras, *yo le pertenezco a Él, soy suya. Por lo tanto, sí, Señor.* Su espíritu fue un espectacular sí a Dios. ¿Tenía idea de lo que esto iba a significar para ella? Quizás. ¿Tenía miedo? Quizás. Ella era un ser humano. Al igual que nosotras, no era perfecta. Conocía mejor que nadie sus debilidades, y Dios la eligió. Él la eligió para traer al Salvador del mundo a la tierra tal como Dios nos ha escogido a nosotras para llevar al Salvador del mundo a nuestra realidad. María dice: "Tú sabes lo que mejor!" Ella confió en Dios y creyó que Él es bueno. Ella creyó en Dios y sabía que Él era digno de su respuesta afirmativa.

María era una mujer muy joven de una fe muy profunda. Qué bueno es seguir sus pasos para responder como ella lo hizo y creer. En la obra titulada, *En Pos de Lo Supremo (My Utmost for His Highest)* Oswald Chambers escribe:

> Sabemos que Dios es real, pero no sabemos lo que Él hará después. Si solamente estamos seguros en nuestras propias creencias, nos tornamos inflexibles, no queriendo modificar nuestro punto de vista, pero cuando nos relacionamos

correctamente con Dios, la vida se llena de espontáneas y
alegres incertidumbres y de espectativas.[3]

Nuestra vida de fe es incierta, pero podemos estar a la expectativa de
lo bueno, porque nosotras le pertenecemos a Dios y podemos descansar
sabiendo que sus promesas son verdaderas y que Él es fiel. No es una cuestión
de si Dios va a aparecer, sino de cómo y cuándo. No es una cuestión de *si*
Él va a hacer algo por nosotras, sino de *cómo* lo hará. Ni siquiera es una
cuestión de si va a continuar persiguiéndonos y galanteándonos más
profundamente dentro de su corazón lleno afecto hacia nosotras, sino de
si nosotras lo reconoceremos. Podemos vivir con una alegre incertidumbre
y expectativa porque en Dios no existe el "si" condicional. Los únicos "si"
condicionales se relacionan con nosotras.

Si confiamos en Él.

Si le creemos a Él.

Si le preguntamos a Él.

Si continuamos preguntándole a Él.

A Dios le encanta que Su pueblo le pida con fe—insistiendo, pidiendo
continuamente sin importar el tiempo que tome, creyendo que se va a
cumplir. Acabo de hablar por teléfono con una amiga que ha estado orando
por treinta años para que sus hijos lleguen a conocer a Jesús. A veces ella
pierde la esperanza y necesita que otros carguen su esperanza por un tiempo.
Pero ella continúa orando y creyendo. Tiene razón en hacerlo porque, en
realidad, ¿qué es imposible o difícil para Dios? ¿Qué una virgen dé a luz?
¿Qué Dios mismo llegue a ser un hombre y viva entre nosotros? ¿Quizás
inundar completamente la tierra? ¿O venir por ti? ¿Venir por ti en tu sed
y en tu incertidumbre? El ángel Gabriel le dijo: "Porque para Dios no hay
nada imposible." (Lucas 1:37)

Lo milagroso no es algo extraño para Dios. *Lo milagroso es normal
para Él*. Interrumpir divinamente nuestras vidas no es un acontecimiento

extraordinario. Aparecer sobrenaturalmente, hablar al corazón y crear un anhelo por él mismo—ese es Su reino. Él nos habla. Él nos guía. Él nos sana. Él se manifiesta en nosotras con su presencia a medida que lo buscamos. Se mueve a través de nosotras con poder, revelando su gloria. Dios ha llegado. Dios vendrá. A Dios le encanta venir.

A Dios le gusta rescatar a su pueblo. Le gusta intervenir de formas dramáticas. Las historias que encontramos en las Escrituras están llenas de cómo Él, en su capacidad, dispone las cosas para rescatar o salvar y luego... ¡PAO! Él una vez más se muestra como un ser sorprendente e involucrado.

Le pido ahora que venga a nuestros corazones, que sacie nuestra sed, y no voy a preguntar cómo va a venir porque confío que lo hará.

lo que María meditaba

Una de las próximas veces que nos encontramos con María es la noche del nacimiento de Jesús. Los pastores han venido a buscar a su hijo. Le cuentan a ella y a José de la proclamación del ángel. ¡Qué alentador debió haber sido! Agradece a Dios por sus confirmaciones. Más adelante, las Escrituras dicen: "pero María guardaba todo esto en su corazón, y meditaba acerca de ello." (Lucas 2:19 RV)

Me encanta que María las guardara en su corazón. Ella estaba familiarizada con las profecías; María activamente las recordaba. Tarde en la noche, mientras amamantaba a su bebé, sacaba estos tesoros y pensaba en ellos. Era una mujer de sabiduría que sabía lo que podía almacenar en su corazón, qué atesorar, en qué meditar.

Por lo tanto, es bueno preguntarnos, ¿en qué meditamos cuando es tarde en la noche y no podemos dormir? ¿Qué está ocurriendo en tu interior cuando todo afuera está tranquilo? En la quietud de tu propia alma, si logras calmarla—sin ir por encima de la lista de las cosas por hacer el próximo día— ¿que tienes atesorado allí para sacar y meditar en él? Para muchas de nosotras, son nuestros fracasos, nuestras desilusiones del día, la semana, el mes, nuestras vidas. O, a menudo, no son nuestros propios fracasos, sino los fracasos de los demás que nos han decepcionado.

Esos no son tesoros. Sus nombres son: acusaciones, lamentos, resentimientos. Meditar sobre esto no traerá vida a nuestras almas sedientas. Yo sé que no soy la única mujer que, días después de una conversación, a altas horas de la noche, ha pensado en lo que debió haber dicho. O, ¿quien ha tenido una conversación brillante con alguien que no está allí? He aprendido algo: no es una buena idea tener conversaciones con personas que en realidad no están en la habitación. Como mencioné en el capítulo 8, cuando hacemos esto, nuestro espíritu se acerca a ellos y les construye un puente, y toda su guerra, ira o tristezas viajan a través de ese puente de regreso a nosotras. Esas son las ataduras impías del alma.

Cuando te encuentres haciéndolo otra vez, detente, suéltaselos a Dios, bendícelos en el Nombre de Jesús y déjalos ir. Encomiéndalos a Jesús y luego ordénale a tu espíritu a volver a la casa del Espíritu de Dios en tu cuerpo. Después cuéntale a Dios tus dolores. ¡Conversa con Él! Él sí está en la habitación contigo.

Los tesoros son verdaderos. Son aquellos en los que Pablo nos anima a meditar: "…todo lo verdadero, todo lo respetable, todo lo justo, todo lo puro, todo lo amable, todo lo digno de admiración, en fin, todo lo que sea excelente o merezca elogio" (Fil. 4:8). ¡Piensa en esas cosas! Los tesoros son las Escrituras. Los tesoros incluyen recordar lo que Dios ha dicho y ha hecho y lo que promete que hará. El tesoro más grande de todos es el mismo Jesús. ¿Qué tal acerca de estar acostada en la cama y pensando en Él?

Inténtalo esta noche. Deja que tu imaginación–consagrada a Jesús– vuele. ¡Qué guapo es Él! ¡Qué fuerte! ¡Qué valeroso! ¡Cuán valiente, audaz, noble, majestuoso y glorioso! ¡Qué gran cantante es Él! ¡Qué gran bailarín!

Los puedes seguir nombrando, ¡Él es el mejor en todo! ¡Y Él te ha elegido! Sí –a ti– has sido elegida por el Rey de reyes. Medita en eso.

María fue una mujer de gran sabiduría, sabía qué atesorar y sabía en qué meditar.

lo que María sufrió

Volvamos a cuando José y María llevaron a Jesús al templo para dedicarlo. Tal vez lo recuerdas: Simeón y Ana profetizaron poderosamente sobre Jesús. Cuando Simeón terminó, miró a María y le dijo "…una espada te atravesará el alma." (Lucas 2:35)

Alentador.

Hay varias interpretaciones posibles de lo que él quiso decir. ¿Le estaría diciendo cómo ella iría a morir? No sabemos. Pero sí sabemos que su alma fue traspasada, como sólo el corazón de una madre puede ser perforado por la tortura y muerte de su hijo primogénito. Jesús nos dijo que en esta vida, todas tendríamos sufrimiento. Él no estaba hablando únicamente de las grandes cosas que suceden, sino también de los innumerables, persistentes y pequeños dolores que nos presionan el uno al otro y moldean nuestras almas. Quizás, Simeón también tenía eso en mente.

A nosotras, las mujeres se nos dio una enorme capacidad y necesidad para las relaciones. Esa es nuestra gloria y una manera hermosa en que llevamos la imagen de Dios, quien disfruta de una perfecta e íntima relación. Pero nuestra gloria ha sido manchada. Debido al quebrantamiento humano y al pecado, no hay una relación en nuestra vida que la decepción no haya tocado en algún punto. Existe un trasfondo de tristeza en la vida de cada mujer.

Muchas veces, cuando siento ese dolor, esa soledad, creo que está revelando algo que está profundamente mal en mí. Creo que si estaba "haciendo lo correcto", o estaba bien, entonces no experimentaría ese dolor. Y, sí, al igual que tú, todavía no he llegado a ser todo lo que estoy destinada a ser. Estoy llegando a ser. Pero si cuando me duele, creo que la causa se basa únicamente en mis fallas, eso me abruma. Debo huir de ese dolor, ocultarlo, manejarlo, santificarlo, ignorarlo, entumecerlo. O mejor aún, ¡matarlo! porque cuando estoy consciente de él, duele. Y puedo sentirme mal por sentirme mal; ¿le suena eso familiar?

El trasfondo de tristeza que sentimos no es todo por nuestra culpa, tal vez sólo una parte. Quizás, Dios lo está usando para exponer un estilo de relación del cual Él quiere que nos arrepintamos. Quizás. Pero también es posible que ninguna de las tristezas que podamos sentir en algún momento dado, tiene sus raíces en nuestras fallas. Cuando nos damos cuenta de la tristeza o de la decepción, no tenemos que correr. El dolor es una de las realidades de la vida. Para ser mujeres maduras, tenemos que estar despiertas al dolor. Que sea una puerta a través de la cual entramos para encontrar mayor intimidad con Dios. Le pedimos a Dios que se reúna con nosotras –justo en el dolor–.

Cuando estamos más despiertas a nuestros corazones, estamos más cerca de la gloria destinada para nosotras. No estamos exigiendo, no estamos corriendo. Adquirimos una profundidad de nuestras almas y llegamos a ser libres para amar en verdad a los demás. Llegamos a ser mujeres de misericordia sabiendo que aquellos que nos rodean también sufren dolor.

Solía pensar que yo era la única persona quien por debajo de todo se sentía profundamente solitaria. Luego aprendí que es un dolor relacional compartido por todas las mujeres. También aprendí que es un dolor compartido por todos los seres humanos. Jesús está bien familiarizado con la soledad, él conoce el dolor de ser juzgado injustamente. Él sabe bien lo que es el dolor de ser dejado solo y no querer estar solo. ¿Recuerdas el jardín del Getsemaní? John Milton dijo: "La soledad es la primera cosa que a los ojos de Dios el llama, 'no bueno'."[4]

"La convicción de mi vida –escribe Thomas Wolfe– ahora se basa en la creencia de que la soledad, lejos de ser un fenómeno raro y curioso, peculiar para mí y para algunos otros hombres solitarios, es el hecho central e inevitable de la existencia humana."[5]

Dios puso este dolor en nosotras. Quiere que estemos conscientes de él y que lo dejemos alcanzar su propósito de llevar nuestros corazones a Jesús. Permitamos que el dolor llegue a ser una herramienta en las manos de nuestro Dios para llevarnos al mismo Hombre de los Dolores.

Cuando yo tenía seis años, durante el recreo, el dedo anular de mi mano derecha quedó atrapado con un portazo. Había un almacenamiento misterioso en el patio y yo estaba investigando a escondidas. Me arriesgué a abrir la puerta, pero luego me asusté y la solté. Se cerró de golpe y casi me cortó el dedo.

Lo único que revelaba la herida de mi dedo era una sola gota de sangre, pero dolía. Fui donde mi maestra y ella me llevó al baño para limpiarlo. Cuando ella puso mi dedo bajo el chorro del agua, la piel se levantó hacia atrás, dejando al descubierto el hueso, y ambas quedamos pasmadas. Llamaron a mi madre; no recuerdo cuando me recogió, pero sí recuerdo estar acostada en la camilla con ella parada a mi lado. Me estaba golpeando a mí misma con una pierna, las lágrimas corrían por mi rostro en agonía mientras el médico inyectó algo directamente en mi herida. El dolor fue insoportable. Mi madre también tenía lágrimas rodando por sus mejillas. Y decía: "Me está doliendo más a mí de lo que te está doliendo a ti."

Como niña no entendía cómo eso era posible pero cuarenta y cinco años más tarde, como madre, si lo entiendo. Una cosa es soportar el dolor tú misma y otra muy distinta tener a alguien a quien amas, soportando el dolor y sentirte totalmente impotente para cambiarlo. Tú sabes acerca de lo que estoy hablando, ya sea nuestro hijo o nuestros padres, esposo o una preciada amiga, puede dolernos más de lo que le duele a ellos.

Blaine y Sam estaban enfermos al mismo tiempo, como suele suceder con los niños. Luke todavía no había nacido. Sam tenía casi cuatro años y Blaine todavía no tenía dos, cuando los metimos en el auto para llevarlos al doctor. Mientras íbamos por la carretera Jardín de los Dioses, un extraño sonido me llegó desde el asiento trasero. Me volteé y vi que Blaine estaba sufriendo una convulsión, su primera. Eso me aterró. No sabía lo que era. Pensé que se estaba muriendo. Empecé a llamarlo por su nombre y a rogarle que se quedara conmigo. John se detuvo a un lado de la carretera sólo para yo gritarle, "¡Sigue! ¡Sigue!"

Cuando un padre desesperado entra corriendo a la sala de emergencia cargando un niño flácido, inconsciente, no tienes que firmar el ingreso. Apenas estábamos en la puerta cuando una enfermera se apresuró a nosotros y nos llevó a una sala de examen. El caos se produjo. Los doctores entraron rápidamente en el modo para salvar vidas. Las enfermeras se movían con precisión y rapidez. John y yo estábamos aterrorizados. Y entonces Blaine reaccionó.

Cuento esta historia consciente de que puedes haber sufrido mucho, mucho peor.

Los doctores querían chequear a Blaine por meningitis, pero yo no estaba segura; hablamos con varios doctores, oramos, escuchamos todo su consejo y estuvimos de acuerdo. Blaine estaba atado con correas boca abajo a una mesa y nos dijeron que saliéramos de la habitación. Nosotros obedecimos debidamente.

Me arrepiento de eso.

En una prueba para la meningitis, se inserta una aguja larga en la columna vertebral para extraer el líquido y es extremadamente doloroso. En su dolor y terror, Blaine gritaba: "¡Mami! ¡Mami!" Le dijeron, tu mamá no está aquí. Entonces Blaine comenzó a gritar, "¡Papi! ¡Papi!" Nosotros no fuimos donde él.

Saber eso me duele más de lo que le dolió a él.

¿Dónde estaba María cuando Jesús fue crucificado? ¿Tú sabes dónde se encontraba? Estaba justo allí con Él. Fue fiel a su hijo pero indefensa, incapaz de intervenir de cualquier forma. Por cierto, el corazón de María fue atravesado. Ella debió haber estado con un dolor insoportable mientras estaba al pie de la cruz de su hijo. Permaneció con la mirada fija en su hijo, el hijo que había llevado en su vientre, amamantado, criado y amado. El hijo que ella sabía que era el Único Santo de Israel. El Mesías. El Hijo de Dios. El hijo que ahora estaba muriendo en agonía. María estaba allí. ¿Habrá pensado que le estaba doliendo más a ella de lo que le estaba doliendo a Él? ¿Fue así?

Tres de los relatos de los evangelios dicen que mientras Jesús estaba siendo crucificado, había mujeres paradas a la distancia: "…las mujeres que lo habían seguido desde Galilea, se quedaron mirando desde lejos." (Lucas 23:49) Pero el Evangelio de Juan dice que su madre no se quedó lejos. "Junto a la cruz de Jesús estaban su madre, la hermana de su madre, María la esposa de Cleofas, y María Magdalena." (Juan 19:25)

Jesús no tuvo que mirar muy lejos en la distancia para ver a su madre. Sólo tenía que mirar hacia abajo. Una de las últimas frases de Jesús se refiere a María. Él le habla al amado apóstol Juan: "Ahí tienes a tu madre." (v. 27 RV) Él amó a María en su agonía. Él miró el futuro de María en su agonía, así como mira el nuestro.

Mis primeros diez años como madre incluyeron la cuota correspondiente con respecto a lesiones, puntos de sutura, huesos fracturados, visitas a la sala de emergencias en el medio de la noche, viajes en ambulancia, hospitalización y dos cirugías de corazón. Y mis hijos son mayormente saludables. Pero una espada ha atravesado mi corazón. Yo sé que una espada también ha atravesado el tuyo, una espada atravesó el corazón de María, pero ella fue capaz de seguir adelante. Nosotras debemos ser capaces también porque la mirada de Jesús también está sobre nosotras.

lo que María obedeció

Cuando Jesús comenzó su ministerio, fue en una fiesta de bodas. Tal vez, conoces la historia. Era el matrimonio de un vecino o de un amigo; de todos modos, era un gran evento. Su madre estaba allí.

Había un problema: se les acabó el vino. ¡María sabía quién podía arreglar eso! ¿No hay más vino? ¡No hay problema! Ella le dijo a Jesús: "Ya no tienen vino. –Mujer, ¿eso qué tiene que ver conmigo? –respondió Jesús–. Todavía no ha llegado mi hora." (Juan 2:3-4).

Esto me hace preguntarme acerca de su vida en el hogar. Esos treinta años velados por el silencio. Me imagino a María preparándose para hacer pan, con nadie más que Jesús es el hogar, se les había acabado el dinero y el aceite. *¡Jesús! ¡Ven acá! Nos hemos quedado sin aceite.* Eso pudo haber sucedido. Nosotras sí sabemos que todo lo que ella tenía que hacer era decirle, "se les acabó el vino. Él dijo, ¿entonces? Luego ella se dirigió a los criados y les dijo: "Hagan lo que Él les ordene." (v. 5)

Ahora, ese es un consejo muy bueno. ¿Podemos oírla? Ella nos está diciendo lo mismo. "Hagan lo que Él les ordene." Él es bueno, es poderoso, Él es amor, sabe lo que está haciendo así que, podemos confiar en Él.

Oímos hablar de María otra vez cuando ella y sus hijos van a hablar con Jesús.

> En eso llegaron la madre y los hermanos de Jesús. Se que-
> daron afuera y enviaron a alguien a llamarlo, pues había
> mucha gente sentada alrededor de él.
> —Mira, tu madre y tus hermanos están afuera y te buscan
> —le dijeron. (Marcos 3:31-32)

Su madre quería hablar con Él. Algunos evangelios dicen que su familia pensó que se había vuelto loco. Su madre y sus hermanos no entendían la intensidad con la cual Él ministraba. Tal vez estaban preocupados de que Él no se estaba cuidando a sí mismo. Marcos informa, "y como no tenían tiempo ni para comer, pues era tanta la gente que iba y venía" (6:31). Recuerda que María era un ser humano, no era perfecta y primero y ante todo era su *madre,* una madre judía preocupada porque su hijo no estaba comiendo lo suficiente. María tuvo sus momentos, cuando dudó de su hijo, al igual que nosotras tenemos nuestros momentos. No estaba segura que lo que Él estaba haciendo, y *la forma* en *que* lo estaba haciendo era realmente la mejor.

¿Acaso no nos hemos sentido inseguras de nosotras mismas? Yo sé que he ido a tocar a la puerta del cielo—"¿Puedo hablar un momento contigo? Creo que estás omitiendo algo importante aquí." Jesús no se inmuta por nuestra duda y no se inmutó por la de su madre. Pero sabemos que María no permaneció en la duda pues ella sabía quién era Jesús. Ella se quedó con Él, lo siguió y permaneció a su lado hasta el final.

La última vez que oímos hablar de María en las Escrituras es en el libro de los Hechos. Con toda probabilidad, ella había visto a Jesús resucitado y estaba reunida con los discípulos, dedicados a la oración y presente allí cuando el Espíritu Santo fue derramado en el ¡día de Pentecostés! Después de eso, no se oye hablar más de María. Pero podemos imaginar, meditar, e imitar.

Ella fue una mujer de fe, una mujer de gran valor, obediencia y sabiduría. Ella estaba muy familiarizada con el dolor, quien sabía quién era Jesús, lo siguió con dificultad *no importando* las circunstancias, y animó a otros a hacer lo mismo. Podemos imaginarla hablándonos ahora diciendo:

¡Haz lo que Él te ordene hacer! Y cuando Él les hable, no preguntes: "¿cómo puedes?" sino siempre pregunten "¿cómo lo harás?"

12

llegando a ser una mujer de adoración

Nuestro perro, Oban, me ama más que nadie. Es un labrador de cinco años y yo soy su favorita. Él hace pucheros cuando no estoy en casa y se queda en su acogedora jaula, poco interesado en los acontecimientos del día, aunque no es que estén pasando muchas cosas durante la quietud de las horas entre semana. Pero todavía hace pucheros. Cuando estoy en casa, Oban me sigue a todas partes y se acuesta a mis pies, dondequiera que esté sentada: en la butaca de la sala, en mi escritorio o en la mesa de la cocina. En este preciso momento está echado a mis pies. Oban me sigue a todas partes porque él me adora. Y aunque me gustaría creer que el afecto de mi perro no tiene absolutamente nada que ver con el hecho de que soy la única que le da de comer, sé que todo tiene que ver con eso. La atención de Oban es simplemente que me ama en respuesta a la forma en que lo he amado y con la esperanza de que en cualquier momento pueda amarlo de nuevo por medio de una galleta.

Oban es un perro muy inteligente. El sabe dónde enfocar su atención para beneficiarse al máximo. Nosotras, todas nosotras somos mucho más inteligentes que mi perro, Jesús ha captado nuestra atención y ahora somos mujeres que queremos sentarnos a *Sus* pies. Vamos a empezar orando para ayudar a preparar nuestros corazones a fin de recibir lo que Jesús quiere decirnos en este capítulo.

> *Querido Jesús,*
> *Vengo bajo tu autoridad.*
> *Vengo bajo tu amor.*
> *Me entrego a ti por completo.*
> *Te entrego todas mis cargas y me entrego a ti:*
> *Mi corazón, mente, alma, cuerpo y espíritu—todo dentro de mí.*
> *Por favor, límpiame de nuevo con tu sangre.*
> *¡Le pido a tu Espíritu que restaure mi unión contigo!*
> *¡Lléname con Tu vida! Dame ojos para verte y oídos para escucharte.*
> *Quita todo lo que está entre Tú y yo, Jesús.*
> *Te amo.*
> *Es en Tu poderoso nombre que yo oro.*
> *Amén.*

lo que Jesús anhela

¿Qué es lo que Jesús desea? ¿Qué es lo que Él quiere más que cualquier otra cosa? Bueno, esa es una respuesta fácil porque Él no lo ha mantenido exactamente en secreto. Jesús quiere que nosotras lo amemos. Recuerdas cuando a Jesús le preguntaron: "¿Cuál es el mandamiento más grande?" (Mat. 22:36). Él respondió: "Amarás al Señor tu Dios con todo tu corazón y con toda tu alma y con toda tu mente." (v. 37) ¡Ama a Dios! Jesús es Dios. Él está diciendo, "¡Ámame! ¡Lo más importante y lo máximo que puedes hacer con toda tu vida es amarme!"

Aquí hay algo fascinante: tú reflejas el corazón de Dios, estás hecha a su imagen, ¿verdad? Hasta el fondo de tu núcleo femenino, tú expresas algo acerca del corazón de Dios para el mundo. ¿Y qué es lo que el corazón de cada mujer anhela? Ser amada, ser elegida, ser la prioridad para alguien. Piensa en cómo esto fluye profundamente en ti. Ahora sabes algo realmente importante sobre el corazón de Dios. Él también quiere eso.

Ofrecer voluntariamente nuestro amor a Dios es la cosa más importante que podemos hacer. Amar a Jesús es el fuego que alimenta toda obra buena en nuestras vidas, lo cual nos permite vivir una vida valiente que no puede dejar de derramarse sobre otros. Vamos a ver en las Escrituras y aprender de una mujer que amó a Dios en primer lugar y con todo lo que tenía, María de Betania.

María de Betania, era la hermana de Lázaro y su otra hermana era Marta. María conocía bien a Jesús y porque ella lo conocía bien, lo amaba mucho. (Amar a Jesús es simplemente la respuesta natural del corazón que surge de conocerlo.)

Mi madre odiaba la famosa historia de María y Marta. Ella pensaba que Marta era poco apreciada, y ¿quién de nosotros no está de acuerdo con eso hasta cierto nivel? *¡Alguien* tenía que cocinar la comida! Durante las reuniones, las mujeres por lo general se encuentran en la cocina, ya sea preparando la comida o limpiando. Esto lo sé porque también lo hago; a menudo estoy más cómoda allí. Por lo tanto, sí, también me relaciono con Marta y un poco más profundamente de lo que quisiera admitir.

Pero en esta historia Marta representa una iglesia ocupada y distraída. Ella es una imagen de nosotras cuando hemos cambiado la relación con Jesús por el servicio de Él.

Mientras iba de camino con sus discípulos, Jesús entró
en una aldea, y una mujer llamada Marta lo recibió en su
casa. Tenía ella una hermana llamada María que, sentada a
los pies del Señor, escuchaba lo que él decía. Marta, por su
parte, se sentía abrumada porque tenía mucho que hacer.
Así que se acercó a él y le dijo:

—Señor, ¿no te importa que mi hermana me haya dejado
sirviendo sola? ¡Dile que me ayude!

—Marta, Marta —le contestó Jesús—, estás inquieta y
preocupada por muchas cosas, pero sólo una es necesaria.
María ha escogido la mejor, y nadie se la quitará. (Lucas
10:38-42 NVI)

Marta criticó a su hermana y reprendió al Señor. "¿Por qué estás sentado ahí? ¿No ves lo que está pasando aquí? Estoy trabajando *tan* duro y mi hermana no está haciendo *nada*. Haz que me ayude." Me encanta cómo Jesús corrigió suavemente a Marta por su preocupación y distracción. Él no dijo que lo que Marta estaba haciendo estaba mal, sino que era su actitud lo que estaba mal. (Probablemente pudiera ser una clave para percatarnos de nuestras actitudes, cuando nos sentimos obligadas a reprender a ¡Dios por no intervenir!)

Sin embargo, el enfoque de María era integro, no estaba siendo perezosa, sino que había sido capturada. No había corrido a ayudar a su hermana porque estaba encantada con Jesús. Había elegido aprender de Jesús, escuchar sus palabras, abrir su corazón y su mente a Él. Ella estaba haciendo lo único que era necesario –amando a Jesús– y Jesús le aplaudió su elección.

Mi familia dice que he arruinado a Oban a causa de mi hábito de darle muestras de lo que estoy comiendo. A él le encanta compartir una manzana conmigo, un mordisco para mí, un buen trozo para él. Oban no es un comelón muy exigente, él come *cualquier cosa*. Y por cualquier cosa, quiero decir *cualquier cosa*. Los calcetines sucios son sus favoritas, pero, sobre todo Oban quiere lo que *tú* estás comiendo.

Así que ahora, cuando cualquier persona está comiendo, sobre todo si se trata de una manzana, Oban también se sentará a sus pies con los ojos pegados a su comida, total y completamente enfocado; él está capturado. Y tal vez no es la imagen más halagadora, pero me recuerda a María. ¡Nada va a distraer a ese perro de la cosa más importante que está sucediendo a su alrededor! Se mantendrá sentado con el enfoque integro de un discípulo apasionado.

María se sentó a los pies de Jesús, que es el signo de un discípulo. (¡Me encanta cómo Jesús es con las mujeres! En ese tiempo, y aun hoy en muchos lugares, era un escándalo tener una mujer discípula. Pero Jesús las tuvo, él estima a las mujeres.) En vez de estar ocupada haciendo cosas para Él, María simplemente estaba *con* Él. Y Jesús dijo que estar con él, escuchándolo, honrándolo con atención y adoración, era más importante que hacer cosas para él. "Marta, Marta...María ha escogido lo que es mejor y no se le quitará."

Jesús *defendió* la elección de María. Por cierto, tampoco se molestó con Marta. Sencillamente, la invitó a una mejor opción, al mostrarle la de María.

Jesús no jadea detrás de nuestro servicio, aunque el servicio es maravilloso. Por mucho que Él haya plantado deseos y sueños en nuestros corazones, no le da el primado al uso de nuestros dones para promover el reino de Dios o para ministrar a sus ovejas amadas. Jesús dice que el mandamiento más grande es amarlo a Él. Nosotras lo amamos cuando amamos a los demás, sí, pero Dios le da el primer lugar a nuestro amor por Él, y esto lo hacemos *estando* con Él, pasando tiempo con Él, fijando nuestra mirada en quien es Él.

Sabes que cuando de verdad amas a alguien, sientes una gran alegría el mero hecho de estar en el mismo lugar con esa persona. Nuestros hijos ya no viven en casa y cuando vienen a casa de visita ¡me siento tan feliz! Solamente tenerlos bajo el mismo techo conmigo me hace feliz. Mi corazón descansa en la alegría de su proximidad. Tú sabes eso. María sabía eso. Jesús también lo sabe.

te amo, confío en ti

Una de las próximas veces que encontramos a María de Betania en las Escrituras es después de la muerte de su querido hermano Lázaro. Jesús amaba a Lázaro, así como también amaba a María y a Marta, pero no se apresuró al lado de Lázaro cuando se enteró de que estaba enfermo. Jesús escogió esperar dos días más antes de viajar a Betania, las hermanas querían que él viniera a sanar a Lázaro, pero Jesús tenía algo mejor en mente.

Por lo tanto, esperó, y luego Él llevó a cabo uno de los más grandes milagros de su ministerio terrenal. Así como nosotras tenemos que hacer muchas veces, María y Marta tuvieron que esperar a que Dios viniera. Esperar por Dios es una de las cosas más difíciles que alguna vez tenemos que hacer, ¿verdad? Pero si Jesús hubiera venido de inmediato y sanado a Lázaro, todos nos lo hubiéramos perdido.

Creer que Dios es bueno, en medio de la espera es increíblemente duro. Creer que Dios es bueno, en medio de una inmensa pena, pérdida o el dolor es aún más difícil. Esos son los momentos en que nuestra fe, el tesoro de nuestros corazones, es probado con fuego y llega a ser oro. Lo que llegamos a conocer de Dios y el lugar que viene a habitar en nuestros corazones por medio de las pruebas, lleva a la gente a decir "yo no cambiaría nada." Ese es el reino sorprendente y sobrenatural de Dios.

Yo sé que muchas veces Dios no ha respondido a tus oraciones en la forma en que querías, o en el momento en que deseabas. Sin embargo, lo que hizo al final fue mucho mejor, incluso si el "mucho mejor" fue tu llegada a depender más profundamente de Él a través de tus dolores.

Todas nosotras estamos viviendo vidas que pueden ser tanto maravillosas como dolorosas; eso es real. Solamente puedo imaginar lo que estás viviendo en... esperando por... anhelando por... llorando por, aferrándote a tu fe por... Yo sé lo que estoy viviendo; el oro se está forjando, chicas, oro invaluable e inmensurable. Philip Yancey escribió: "La fe cree de antemano lo que sólo puede ser entendido mirando hacia atrás."[1] Llegará un día en que vamos a mirar hacia atrás y a entender. Pero durante la espera, puede ser que Dios fortalezca nuestros corazones para aferrarnos al de Él.

Lázaro había estado muerto por cuatro días cuando Jesús finalmente llegó a la ciudad. Y me encanta que cuando Marta se enteró que había llegado, salió corriendo a su encuentro. Marta, a veces, podía recibir un trato injusto, pero ahora ella corría hacia Él, porque amaba a Jesús. Ella dijo: "Señor... si hubieras estado aquí, mi hermano no habría muerto." (Juan 11:21) Y después dijo:

> Pero yo sé que aun ahora Dios te dará todo lo que le pidas.
> —Tu hermano resucitará —le dijo Jesús.
> —Yo sé que resucitará en la resurrección, en el día final —respondió Marta.
> Entonces Jesús le dijo:
> —Yo soy la resurrección y la vida. El que cree en mí vivirá, aunque muera; y todo el que vive y cree en mí no morirá jamás. ¿Crees esto?
> —Sí, Señor; yo creo que tú eres el Cristo, el Hijo de Dios, el que había de venir al mundo."

Los teólogos llaman a esto la triple confesión. Fue la confesión más importante que Marta pudo hacer. ¡Muy bien, Marta! ¿Y no te encanta como ella dijo, "pero yo sé que *aun ahora* Dios te dará todo lo que le pidas"? Marta todavía seguía teniendo la esperanza de la intervención milagrosa de Jesús.

María no llegó, se quedó en la casa guardando luto, y no habló con Jesús hasta que le dijeron que estaba preguntando por ella. María es una persona normal, no es la asombrosa mujer que hace todo lo correcto todo el tiempo. Ella es una mujer como tú y yo, quien al ser vencida por el dolor, a veces ni siquiera puede moverse. María no pudo moverse, hasta que Dios la llamó.

Pero María amaba a Jesús; entonces corrió hacia Él y se echó a sus pies. Ella lo adoró. Trajo a Jesús toda la verdad de quién era ella, incluyendo su profundo dolor y su descontrolado llanto. Y al verla llorando, las Escrituras dicen: "Jesús se conmovió profundamente." Jesús se conmovió por las lágrimas sinceras de alguien que lo amaba y Él se conmueve por las tuyas también.

¿Me oíste? Jesús se conmueve por tus lágrimas, tu amor, tu espera y tus tristezas. Él se conmueve cuando confías en Él a pesar de que todo parezca desesperanzador; esa es una de las maneras más profundas en que expresamos nuestro amor por Él. Marta y María expusieron sus corazones delante de Jesús, y escogieron confiar en Él. ¡Tú sabes lo que pasó a continuación!

amor espléndido

Días después, cuando Jesús fue otra vez a cenar con Lázaro quien estaba bien vivo, y Marta estaba... bueno, sirviendo, María hizo lo impensable. Entró sin hacer ruido a la habitación con un vaso de alabastro de perfume muy costoso. (Y por cierto, ella no estaba en su casa, estaba en la casa de Simón el leproso. María trajo el aceite. ¡Planificó esto con anticipación!) Muchos comentaristas creen que este perfume costaba todo lo que había ahorrado en su vida. María rompió el cuello del frasco para abrirlo y lentamente derramó un poco del perfume en la cabeza de Jesús y luego vertió el resto en sus pies. Después hizo algo extremadamente íntimo y escandaloso: Se soltó el cabello y con él, le secó sus pies, a pesar de que una mujer respetable no se soltaba su cabello en público.

A María no lo le importaba lo que los demás pensaran, tenía un corazón integro. Derramó todo lo que tenía sobre Jesús en una ofrenda de adoración extravagante, le dio todo lo que tenía y le ministró de una forma culturalmente significativa. Hoy día, verter todo tu Chanel No. 5 sobre alguien que respetas mucho podría muy bien terminar esa relación, pero lo que hizo María fue dar una ofrenda de adoración.

Hubo varios resultados inmediatos:

En primer lugar, la fragancia de su ofrenda llenó la habitación, hubo un *cambio en la atmósfera.* Cuando derramamos todo lo que somos en adoración a Jesús, los que nos rodean pueden sentir la belleza de esa ofrenda. Es una fragancia agradable que perdura.

En el comienzo del libro de Hechos, los fariseos estaban sorprendidos de la valentía de Pedro y Juan. Pedro y Juan hablaron con poder y los fariseos notaron que estos hombres habían estado con Jesús. Cuando nosotras adoramos a Jesús, cuando estamos con Él, la fragancia de su amor llena nuestros corazones y se derrama. La atmósfera cambia dentro de nosotras y a nuestro alrededor. Al igual que los fariseos pudieron darse cuenta, la gente puede darse que hemos estado con Jesús.

La segunda cosa que ocurrió después de que María ministrara a Jesús, fue que los discípulos la reprendieron. Una y otra vez, Jesús les había dicho a sus discípulos que sería asesinado en Jerusalén y que luego resucitaría, pero ellos no entendieron. El enfrentamiento contra Jesús se hacía más fuerte cada día, le iban a quitar la vida, lo estaban cazando. Fue la atenta María quien, sentada a los pies del Señor sabía que no quedaba mucho tiempo. No había nada de lo que María poseía que ella no gastaría en Él.

Los evangelios nos dicen que los discípulos estaban indignados y la reprendieron con dureza, *¡Qué desperdicio de dinero! ¡El salario de todo un año derramado para nada! Piensen en cuántas familias pobres podrían comer durante una semana con eso;* ellos vieron solamente el dinero pero María vio solamente a Jesús.

¿Te ha pasado que tus motivos se hayan malinterpretado? ¿Has sido alguna vez criticada por la forma en que adoras o utilizas tu tiempo o tu dinero, por la forma en que ministras o crees o por como te superas o no te superas? Eso me ha sucedido muchas veces y lo odio. Jesús tampoco es muy afectuoso en eso de cuando la gente te juzga, especialmente por amarlo a Él. Jesús sabe muy bien lo que duele ser malinterpretado y juzgado, y sabe que es parte de la pena de vivir en un mundo caído.

Nosotras herimos a los demás cuando interpretamos sus acciones a través de los lentes del entendimiento forjado en nuestro quebrantamiento y pecado. Igualmente somos heridas por los demás cuando nos lo hacen. Y cuando nos sucede, ¿cómo se supone que vamos a defendernos? ¿Qué hizo María? Bueno, María no dijo ni una palabra en su propia defensa, pero Jesús sí lo hizo. Jesús siempre defiende un adorador. A veces Dios nos pide que hablemos —en el amor— pero siempre Él es nuestro Defensor.

> "Déjenla en paz" dijo Jesús. "¿Por qué la molestan? Ella ha hecho una obra hermosa conmigo. A los pobres siempre los tendrán con ustedes y podrán ayudarlos cuando quieran; pero a mí no me van a tener siempre. Ella hizo lo que pudo. Ungió mi cuerpo de antemano, preparándolo para la sepultura. Les aseguro que en cualquier parte del mundo donde se predique el evangelio, se contará también, en memoria de esta mujer, lo que ella hizo."
> (Marcos 14:6-9 NVI)

Jesús defendió la imprudente devoción de María, "entendió" a María y también te "entiende" a ti. Entendió su corazón y la profundidad de su amor; dijo: "Ella ha hecho una obra hermosa *conmigo*." Él nunca dijo eso acerca de cualquier persona o cualquier otra cosa. ¿Cuál fue la obra hermosa? Ella puso todo su amor sobre Él.

Pero, ¿te fijaste en lo demás que dijo Jesús? "Ella hizo lo que pudo." Ella tenía su única porción y la dio toda. Mujeres, aquí hay gracia para ser recibir. No somos iguales, compararnos las unas con las otras conduce a la muerte. A cada una de nosotras se nos ha dado una porción, se nos ha dado nuestro papel a desempeñar pues somos un cuerpo. Nos necesitamos las unas a las otras, *hacemos lo que podemos*.

Los Evangelios no mencionan a esta María de nuevo, no estaba en la crucifixión o en la tumba vacía. Esta María, quien estaba dentro de su casa llorando la pérdida de su hermano Lázaro después de su muerte y que no pudo correr al encuentro de Jesús, es la misma mujer que sabía que Jesús iba a morir, y creía que iba a resucitar al tercer día. Pero su corazón no podría aguantar ver lo que sucedería.

A propósito, la ofrenda de amor de María pudo haber perdurado. La fragancia del aceite que María había derramado sobre Jesús en los días anteriores todavía estaba en su cabello, sus pies y donde quiera que goteaba. María no estaba en la crucifixión, pero la belleza de su ofrenda si estaba.

María comprendió los tiempos, ella tenía una fe increíble y ministró a Jesús de una manera que nadie más ni siquiera comprendió, porque ella lo conocía a Él, lo amaba y lo adoraba espléndidamente.

Y a Jesús le *encantaba*.

amor escandaloso

Por último, vamos a ver qué podemos recoger de la vida de otra de mis mujeres favoritas, María Magdalena.

La tradición de la iglesia la identifica como la que entró sin autorización a la cena del fariseo y le besó los pies a Jesús mientras se los lavaba con sus lágrimas y los secaba con su cabello. El fariseo y sus invitados estaban horrorizados, pero Jesús la defendió. (Recuerda, Jesús siempre defiende a quienes lo adoran.) Pero en realidad, no hay ninguna base bíblica para creer que esa era María Magdalena. Este escandalosa amante de Dios era una fabulosa mujer diferente.

Sí, sabemos que María Magdalena fue una mujer a quien Jesús liberó de siete demonios. ¿Qué mujer no estaría agradecida? Ella también era una mujer con sus propios recursos que había seguido a Jesús desde Galilea. Era impensable que las mujeres viajaran con los hombres es esos tiempos, ¡especialmente mujeres solteras con hombres solteros! Pero Jesús era completamente indiferente con las tradiciones de la sociedad y aún sigue siendo indiferente ante ellas. María y varias mujeres viajaron con Él y sus discípulos, "ayudando a mantenerlos con sus propios recursos" (Lucas 8:3).

María Magdalena era apasionada con su devoción por Jesús. Sí, ella viajó con él, pues María necesitaba estar con Jesús porque ella lo amaba. Y ella, junto con la madre de Jesús, el discípulo Juan, y otras pocas mujeres siguieron a Jesús en su camino hacia el Gólgota. María Magdalena se quedó con Él en la cruz, Pedro no se quedó, y los Hijos del Trueno no se quedaron. Juan se quedó, como también la madre de Jesús y un puñado de mujeres.

Probablemente ha visto fotos de *La Piedad,* la hermosa escultura de Miguel Ángel, que describe a la madre de Jesús sosteniendo el cuerpo martirizado de su hijo después de su crucifixión. Es hermosa y desgarradora de corazón, pero no es cierto. Las mujeres no quitaron el cuerpo de Jesús de la cruz ni siquiera lo tocaron; los hombres lo hicieron. José de Arimatea y Nicodemo obtuvieron permiso para llevarse el cuerpo de Jesús, y ellos lo pusieron en el sepulcro.

María Magdalena no conocía a estos hombres. Nicodemo y José eran discípulos de Jesús en secreto, tampoco estaba familiarizada con esa tumba. Así que caminó furtivamente detrás de ellos, siguiéndolos de lejos para saber exactamente dónde iban a poner el cuerpo de Jesús. No podía soportar no saberlo. La separación de Jesús era insoportable. Así que al tercer día, al rayar el alba, en la primera oportunidad posible, María y un grupo de mujeres regresaron a la tumba con especias y aceite para ministrar el cuerpo de Jesús. Para su propia consternación, descubrieron que la tumba estaba vacía.

María estaba frenética. "¡Se han llevado al Señor del sepulcro y no sabemos dónde lo han puesto!"

Ella vio a un hombre, supuso que era el jardinero, y le preguntó si él había tomado el cuerpo. Y entonces Jesús se le reveló simplemente diciendo su nombre, "María." ¿Su reacción? Se echó a sus pies y lo adoró. María por siempre tendrá el honor de ser la primera persona que adoró al Señor resucitado y victorioso.

María Magdalena era una adoradora. Había sido sanada y liberada de mucho y amaba completamente a Jesús. Lo siguió a Él, dio su completa atención, dio sus recursos, dio su corazón y su rendición incondicional.

Esto es lo que Jesús más anhela. Él no está jadeando detrás de tu sacrificio o aun tu obediencia. No necesita tu dinero, ni tus regalos. Oh, pero él quiere tu corazón, anhela tu amor. Nuestra adoración es *lo único* que poseemos que Él no puede reclamar sin que nosotras se la ofrezcamos. Jesús anhela que te acerques a él. Y se ha estado moviendo a través de toda la eternidad, luchando, sufriendo, muriendo y triunfando a fin de ganar tu corazón para Él. Quiere capturar tu corazón como una respuesta a su abrumador amor por *ti*.

María Magdalena sabía eso y Jesús quiere que nosotros también lo sepamos. No fue una mera coincidencia que Jesús se revelase primero a María Magdalena. Ella no chocó con Él mientras salía caminando de la tumba. Él, sencillamente, no había llegado al vecindario. El Salvador resucitado ya no está atado a las limitaciones del tiempo y del espacio, El Jesús resucitado atraviesa las paredes. Aparece y desaparece de repente. Jesús *escogió* aparecerle primero a María, Él la eligió a ella. ¿Por qué?

¿No es su corazón atraído a los corazones de aquellos que lo aman?

Has sido alguna vez elegida? ¿Antes que muchas otras personas? ¿Elegida de primera para el equipo de pelota? ¿Invitada a bailar? ¿Seleccionada para el equipo de porristas? ¿Seleccionada para un papel en la obra de teatro del colegio, para un ascenso, para un premio? Es una cosa maravillosa ser elegida. Mientras crecía, yo no fui atlética, nunca fui elegida de primera para el equipo ni tampoco me sacaron a bailar alguna vez.

Sin embargo, cuando estaba en cuarto grado mis compañeros me eligieron para ser la Ciudadana del Año. Todavía recuerdo la alegría de eso. Cada día, la maestra escogía un estudiante para ser Ciudadano del Día. Su nombre se colocaba en una cartelera especial para que todos lo vieran. En el último día de clase, la maestra sumaba los nombres para ver quién había ganado el honor más a menudo. Y al final resultó un empate entre un chico lindo llamado Bobbie y yo, así que se hizo una votación secreta. La cuestión era que en el aula habían más niños que niñas y estaba casi segura de que no iba a ganar.

Pero yo tenía una ventaja, mi familia se iba a mudar más o menos en una semana de nuestra casa en Prairie Village, Kansas, a la desconocida California. Me iba y todo el mundo lo sabía, este podría ser mi regalo de despedida. Y yo si gané.

En ese momento pensé que era un voto de simpatía, o podría haber sido que yo era simplemente mejor ciudadana de lo que él era, pero realmente no me importó porque gané. Sólo me importaba que *yo* fuera elegida. Mi premio fue un certificado y una cartulina con la foto escolar de todos mis compañeros de clase. Quité sus fotos de la cartelera, las puse en un sobre, y me las llevé conmigo a California.

Me eligieron inmediatamente antes de separarme de mis amigos y de aquellos que cuidaban de mí, en lo que se llegaría a ser el terremoto de mi juventud. Cuando llegamos a nuestro nuevo estado, mi familia se vino abajo completamente. ¿Cuántas veces fui a mi cajita y miré minuciosamente una y otra vez las fotos de mis compañeros de clase y recordé que yo fui amada y que había un lugar donde la gente me conocía y yo les importaba? Yo había sido elegida. Dios me había dado una línea de vida para recordar, cuando yo más lo necesitaba.

Tú también has sido escogida.

> No me escogieron ustedes a mí, sino que yo los escogí a
> ustedes. (Juan 15:16)

> Según nos escogió en Él antes de la creación del mundo.
> (Efes. 1:4)

> Como escogidos de Dios, santos y amados. (Col. 3:12)

Es importante que nuestros corazones descansen en eso.

Después de su resurrección, Jesús se quedó con sus discípulos durante cuarenta maravillosos días. Pero luego, como todos sabemos muy bien, se fue, ascendió a los cielos y le dio instrucciones a sus seguidores para que permanecieran juntos y esperaran.

María Magdalena estaba con ellos, reunida, orando, esperando, sin saber exactamente lo que estaba esperando, pero sabiendo que Jesús había hablado acerca del Espíritu Santo. Imagínate esos diez días. Jesús se ha ido. El Espíritu Santo no está viviendo dentro de ellos. Todavía no pueden oír la silenciosa voz de Jesús y no pueden sentir su presencia; están vacíos. Pero Jesús les había dado una promesa. Les dijo que el Espíritu Santo prometido iba a venir, y ellos le creyeron; por lo tanto, esperaron. Y en la espera, se aferraron a la verdad. Ellos se acordaron, y se recordaron los unos a los otros. Cada uno de ellos había sido escogido y apartado.

Dios nos ha dado todo tipo de promesas. Algunas se han hecho realidad, y estamos viviendo en ellas y otras, las estamos esperando. Y en la espera, en el anhelo, en el dolor, en la vida y en el amor, debemos *recordar*. Recordamos a Jesús y nos aferramos a Él, acordándonos de las promesas que nos ha dado, y de la esperanza a la cual hemos sido llamadas. Y nos recordamos estas cosas la una a la otra.

el amor como adoración

Una de las mejores maneras de ayudarnos a recordar quién es nuestro Dios y quiénes somos nosotras para Él, es adorándolo. En la adoración, cuando volteamos la mirada de nuestros corazones, lejos de nosotras, y de nuestras necesidades hacia Jesús, sucede un cambio divino que nos trae un gran bien a nuestras vidas. Nuestras enormes luchas y preocupaciones llegan a ser menos abrumadoras ante el rostro de nuestro poderoso y amoroso Jesús. En la adoración, recordamos que hemos sido compradas con su sangre preciosa. Recordamos a quién le pertenecemos.

Tú eres la amada de Jesús: "Yo soy de mi amado y Él me busca con pasión" (Cant. 7:10). Él se preocupa por ti y por tus seres queridos más allá de lo que se pueda decir. Tú eres amada por siempre.

Adorarle es nuestra oportunidad de amarlo en respuesta a su amor. Es nuestra respuesta por ser amada, perdonada, y conocida. Es nuestra oportunidad para expresar nuestro profundo agradecimiento por habernos tomado en cuenta, elegirnos, desearnos, comprendernos, acariciarnos y ¡hacernos nuevas! La adoración es nuestra respuesta para ver a Jesús como de verdad es: digno, bello, infinitamente bueno, amable, perdonador, generoso, maravilloso, y total y completamente *para* nosotras.

La adoración es un encuentro íntimo con Dios que nos cambia, alineando nuestros espíritus con la verdad, incluso cuando no se *siente* real. Nosotras nos derramamos sobre Él, y él se derrama a sí mismo dentro de nosotras. Se trata de un intercambio divino desigual que ministra a su corazón y renueva nuestro propio corazón.

Nuestra adoración a Jesús hace retroceder el reino de las tinieblas, y anuncia el reino de Dios. Cambia la atmósfera que nos rodea para que otros puedan percibir, *Éstas estaban con Jesús.*

La adoración íntima es simplemente decirle a Dios lo maravilloso que es Él y por qué. Es derramar nuestro amor sobre Él como el aceite.

Le traemos todo lo que somos como mujeres, aun nuestro cansancio y dolor. *Jesús, te doy mi cansancio, te doy mi duda y mi deseo de renunciar. Vengo con mi sed. Te ofrezco mi deseo, mi don, mi debilidad, mi necesidad, mi fracaso, mi todo. Te doy todo lo que soy, Dios. Te doy mi amor.* Amando a Jesús llegamos a estar cada vez más disponibles para que continúe su obra profunda en nosotras, transformándonos en las mujeres que nosotras anhelamos ser.

Adorar a Jesús nos permite ser como María de Betania y ministrar a Jesús con nuestra adoración, nuestras lágrimas y nuestros corazones agradecidos. ¿Por qué no te tomas unos minutos y vienes delante de Él ahora? Imagínate que estás sentada a sus pies escuchando, o lavando sus pies con tus lágrimas, o mirándole en la cruz, o reverenciándole como el Señor completamente vivo y resucitado. No hay una forma de equivocarse. ¡A Dios lo hace muy feliz cuando hacemos una pausa en medio de nuestro día o creamos un tiempo extendido a solas con Él simplemente para adorarlo!

Jesús es digno de nuestra devoción y nuestro agradecimiento. Tu Jesús es el Único quien entró en las profundidades del más oscuro y más peligroso calabozo para rescatar a su amor verdadero. Él es el Único quien va a montar de nuevo en un corcel blanco con fuego en sus ojos y una espada de fuego en su mano. Él te ha inscrito en la palma de su mano, traspasada por los clavos. Conoce todos tus pensamientos, sabe cuántos cabellos tienes y aprecia cada una de tus lágrimas. Jesús llora por ti y llora contigo, te anhela, tiene esperanza por ti, sueña contigo y se regocija sobre ti con cánticos. Él es quien ha luchado contra todas las fuerzas del infierno para darte libertad y todavía sigue luchando.

Jesús es tu caballero de brillante armadura. Es el amor que has estado anhelando. Es tu sueño hecho realidad. Es tu héroe, es Aslan, el León de Judá y el Cordero de Dios. Él es el Príncipe de Paz, el Alfa y la Omega, el Primero y el Último, el Rey de reyes y Señor de señores, el Todopoderoso.

Su nombre es como un beso y un terremoto. Su mirada está sobre ti. Él ha comprometido su amor por ti y te ha comprometido con Él para siempre. Él es inmutable y Su amor nunca te fallará.

¿Cómo vas a responder? Amándolo, venerándolo, adorándolo.

Dios nos está invitando a llegar a ser una María. Nos está atrayendo para llegar a ser una mujer como María, la madre de Jesús, una mujer de profunda e inquebrantable fe. Nos está llamando para llegar a ser una mujer como María Magdalena, una mujer que le ofreció todo. Y Jesús nos está pidiendo que lleguemos a ser una mujer como María de Betania, quien sabía que nuestro mayor tesoro es Jesús y que su mayor placer es nuestra adoración.

13

llegando a ser nuestro verdadero nombre

Me encanta un buen cuento de hadas. Obséquiame un "felices para siempre" cualquier día de la semana. Las zapatillas de cristal, el poder del primer beso del amor, el triunfo del bien sobre el mal y la verdadera naturaleza de todo el mundo siendo revelada (¡Ella es un dragón! ¡Ella es una princesa!). Naturalmente, la boda real del Príncipe William y Kate Middleton capturó mi imaginación. Fue una boda de cuentos de hadas presentada ante el mundo.

Se estima que dos mil millones de personas en todo el mundo vieron la boda de Will y Kate. Al parecer, todo el mundo estaba hipnotizado. La encantadora Kate nació como una "plebeya", pero ahora está casada con el futuro rey de Inglaterra. La revista *People* publicó una edición especial con un gran título en la portada que decía, "¡El amor Reina!" ¡Sí! ¡En algún lugar profundo, todas anhelamos la trascendencia, anhelamos que los cuentos de hadas se hagan realidad!

Recuerdo muy bien la boda real anterior, cuando la encantadora Lady Diana se casó con Charles, el Príncipe de Gales. Mi familia se quedó despierta hasta pasada la media noche, viendo cuando la hermosa Diana salió del carruaje en metros ondulantes de tela blanca. Fue una boda de mucha pompa y bulla, nos encantó. Así que, cuando llegó el momento de la boda de su hijo (El Príncipe William), el mundo de nuevo estaba pendiente. La gracia de Catherine, la dama de honor trás ella y la sonrisa del novio, tan parecida a la de su madre.

identidad robada

Al heredero del trono británico se le ha dado el título de "Príncipe de Gales" desde el año 1200 cuando el Rey Edward (¿Recuerdas a Longshanks de la película *Braveheart*? Ese es él), conquistó al indomable y al noble pueblo de Gales y les quitó sus tierras, sus leyes y su idioma. Aunque él y los que vinieron después de él no lo lograron en su totalidad, ochocientos años más tarde, el idioma, la historia única y el sabor de Gales permanecen.

Confieso que me siento flechada por Llewellyn el Grande. Este Príncipe de Gales fue el primero en unir al país verdaderamente. Para mí gran parte de su vida es una imagen de Jesús, y no sé por qué Hollywood no ha descubierto la historia gloriosa allí y ha hecho una película sobre él, pero deberían. (¡Hagan que su gente llame a mi gente para planificar!)

De todos modos, él fue un hombre noble cuyo nieto y quien llevaba su mismo nombre—conocido como Llewellyn el Último—siguió los pasos de su abuelo y trató de unir, guiar y proteger a Gales. También su vida es una historia noble pero triste. Fue asesinado en una pequeña trifulca e incapaz de salvar a su país de la invasión inglesa la cual cambió el destino del pequeño país.

Llewellyn el Último tenía una heredera—una bebé. Ella tenía sólo unos meses cuando Gales cayó ante los ingleses, pero como era un bebé hembra, su destino no fue tan malo como lo habría sido si hubiera sido un varón. Fue capturada por las tropas de Edward e internada durante el resto de su vida en el Priorato o Monasterio de Sempringham en Inglaterra. Eventualmente llegó a ser una monja a la edad de treinta años, y murió veinte años más tarde, sabiendo muy poco de su patrimonio y sin hablar su idioma.

Su nombre era Gwenllian. No sé cómo pronunciarlo correctamente, pero nadie más tampoco lo supo pronunciar, no a ella. Los ingleses no podían pronunciarlo, así que lo simplificaron. Ella era una princesa en el exilio, viviendo en una tierra gobernada por el enemigo de su padre. Lo más probable es que el dolor en su corazón por su verdadero hogar nunca nadie lo entendió, y ciertamente, tampoco fue satisfecha. Nunca salió de los confines del convento de monjas durante toda su vida.

Los galeses tienen una palabra para el dolor en el corazón por su verdadero hogar, por el anhelo que va más allá de la comprensión: *hiraeth (nostalgia)*. Es una palabra santa para un dolor santo. Gwenllian vivió con ese dolor, estaba destinada a reinar, pero robaron su trono. Fue despojada de su autoridad y vivió su vida en cautiverio, sin nunca saber su verdadera identidad, sin nunca escuchar su verdadero nombre.

¿Puedes imaginarte ser de la realeza y ser tratada como una sirvienta? ¿Puedes imaginarte ser la hija del verdadero rey pero ser mantenida en baja estima y nunca poner un pie en tu país de origen mientras vivas? ¿Puedes imaginarte ser destinada a reinar y nunca escuchar tu verdadero nombre? Por supuesto que puedes. Los paralelismos son realmente sorprendentes.

¿Habría hecho alguna diferencia para Gwenllian si hubiera sabido la verdad? ¿Habría importado en su vida, en su corazón, si hubiera sabido quién fue su padre? ¿Quién era ella? ¿Hace alguna diferencia en nosotras? Oh, claro que sí, eso hace toda la diferencia en el mundo.

Recordemos quiénes realmente somos. ¡Vayamos más lejos y más allá hacia todas las riquezas, alegrías, intimidad y sanidad que Dios tiene para nosotras! ¿Recuerdas quién eres tú? ¿De quién eres?

En primer lugar eres la hija del Rey, eres el deleite de su Padre. Eres la niña de sus ojos y en quien descansan sus afectos.

En segundo lugar, eres la esposa de Cristo. Estás comprometida con el Gran Príncipe. Eres la amada de Jesús. Hay una boda real que viene, sin paralelo en la historia de los hombres y de los ángeles, y todos los ojos de la creación estarán fijos y regocijándose.

En tercer lugar, eres la amiga aliada de Jesús, enviada a esta tierra para llevar a cabo la invasión de Su reino. Tienes un papel en la poderosa historia llena de belleza y de peligro.

Cuando nosotras creemos que algo es verdad, afecta las decisiones que tomamos. Creemos que la gravedad existe, así que, saltamos hacia arriba, con la certeza de que vamos a volver a bajar. Creemos que el sol va a salir, así que, vamos a la cama sin el temor de que la noche vaya a durar para siempre. Pero algunas veces —en realidad bastante a menudo— Dios nos llama a creer en algo antes de que lo hayamos experimentado. El dicho popular es "ver para creer", pero en Cristo, creer lleva a ver. Dios nos invita a creer que somos quienes Él dice que somos, independientemente de nuestra experiencia.

En las sesiones de un retiro en el que estaba dando clases el año pasado, conocí a una mujer joven y encantadora que se acercó a mí para que le firmara su copia de *Cautivante (Captivating)*. Ella tenía una luz en sus ojos, una vulnerabilidad, una esperanza y un deseo de creer que todo lo que yo había dicho era cierto, pero también una falta de fe. Ella luchó con su peso. Conozco las ramificaciones de estar sobrepeso en un mundo que parece estimar la belleza exterior por encima de todas las demás cualidades. Conozco un poco acerca de lo que eso le ha costado a ella.

Ella me dio su libro y confesó que lo había leído por lo menos diez veces. Bueno, había leído los capítulos del 1 al 6 por lo menos diez veces. Parecía no poder pasar al capítulo 7, pues cuando llegaba al capítulo 7 se paralizaba y regresaba al comienzo del libro.

"¿Cuál es el capítulo 7?" le pregunté.

Ella abrió el libro en el capítulo y me mostró el título: "Romance." Oh, ahora podía entender. Allí hay una historia que incluye heridas y mensajes con respecto a ser digna de perseguir o de ser deseada.

"¿Cuál es tu nombre?" le pregunté.

"Cristina," respondió.

Yo sabía que Cristina significa "seguidora de Cristo," así que le pregunté: "¿Cuál es tu segundo nombre?"

"Luisa", respondió ella. "¿Sabes lo que significa Luisa?"

Yo no lo sabía pero tenía curiosidad.

"¡Significa Guerrera Famosa!"

Está bien, entonces. Colócalos en pareja: "Seguidora de Cristo" con "Guerrera Famosa" y obtendrás una mujer poderosa de Dios. Esa noche yo había mostrado una escena de la película *La Comunidad del Anillo, (The Fellowship of the Ring)* donde Arwen, la de piel clara, viaja para salvar el día. Ella es fuerte, hermosa, misericordiosa y llena de gracia, pero también es la hija favorita del gobernante de la tierra y la amada del verdadero rey.

Volví a mirar a Cristina y la entendí mejor. Le dije, "Hola, Arwen."

¡Ella se quedó sin aliento! ¡Se llenó de emoción y me dijo lo mucho que le encantaba esa escena! Una nueva luz apareció en sus ojos cuando dijo: "¡Yo quiero ser ella!"

Yo simplemente repetí. "Hola, Arwen." Pude ver sus ojos captando el significado de mis palabras. Fui testigo de la chispa de su creencia y del avivar de la llama de su fe.

"¿Me pusieron mis padres el nombre correcto?"

"Tú crees que tus padres te pusieron tu nombre. Dios te lo puso. Él sabe quién realmente eres tú. Sabe quién estás destinada a ser."

"Eh," dijo ella y se alejó. Al final del retiro de fin de semana, ella se me acercó de nuevo, esta vez con ojos claros y firmes. Sencillamente dijo: "Ya lo entendí."

¿qué hay en un nombre?

El nombre que le pones a algo es inmensamente importante. Kate Middleton ya no es conocida como Kate, sino como Catherine. Es una decisión importante. Kate es uno de mis nombres favoritos, pero Catherine es visto como más digno, más apropiado para la realeza.

¿Cuál es tu nombre? ¿Con qué nombres te llaman aquellos que te aman?

¿Con qué nombres te llamas a ti misma? ¿Qué te dices a ti misma cuando pasas frente a un espejo? ¿Qué te dices a ti misma acerca de tu cuerpo después de la lactancia o de tu barriga por la perimenopausia o de tu memoria que tan a menudo parece estar abandonándote? ¿Qué palabras utilizas?

Hay poder en cómo nos llamamos a nosotras mismas. También hay poder en cómo otra gente nos llama. El poder para bendecir y el poder para maldecir vienen del corazón y salen por la boca a través de las palabras. La forma en que llamamos algo o se nos llama a nosotras, sea bueno o malo, mostrará sus efectos en nuestras vidas:

> Más de 200 niñas indias cuyos nombres significan "no deseada" en el idioma hindi, eligieron nuevos nombres el sábado para un nuevo comienzo en la vida.
>
> Un distrito indio del centro llevó a cabo una ceremonia de cambio de nombre con la esperanza de dar a las niñas una nueva dignidad y ayudarlas en la lucha contra la discriminación que tiene la India con una proporción desigual de género, con muchos más niños que niñas.
>
> Las niñas—vestidas con sus mejores trajes con broches, trenzas y lazos en sus cabellos—se alinearon para recibir certificados con sus nuevos nombres junto con pequeños ramos de flores, en el estado de Maharashtra.

Al despojarse de nombres como "Nakusa" o "Nakushi", que significan "no deseada" en el idioma hindi, algunas niñas decidieron nombrarse a sí mismas como las estrellas de Bollywood tales como "Aishwarya"...Algunas sólo querían nombres tradicionales con significados más alegres, como "Vaishali" o "próspera, bella y buena. "

"Ahora, en la escuela, mis compañeros de clase y amigos me llamarán con este nuevo nombre, y eso me hace muy feliz", dijo una joven de 15 años, quien había sido llamada Nakusa por un abuelo decepcionado por su nacimiento.[1]

¿No es eso hermoso? ¿Y horrible? ¿Y de vital importancia?

El nombre que le pongas a alguien o a algo, es poderoso. Eso afecta su vida, sus relaciones y su caminar con Dios. Como te llames a ti misma *afecta tu capacidad para llegar ser quien estás destinada a ser.* Dios sabe que hay poder en cómo nos llamamos a nosotras mismas. Sabiendo esto, escucha la fuerte intención de Dios quien dice que va a cambiar *tu* nombre:

Debido a que amo a Sión, [esto significa el pueblo de Dios;
    pon tu nombre aquí: "Debido a que amo a Julie,
    debido a que amo a Sue"],
    No me quedaré quieto.
Debido a que mi corazón suspira por Jerusalén, [tú],
    no puedo quedarme callado.
No dejaré de orar por ella
    hasta que su justicia resplandezca como el amanecer,
    y su salvación arda como una antorcha encendida.
Las naciones verán tu justicia
    y los líderes del mundo quedarán cegados por tu gloria.

Tú recibirás un nombre nuevo
de la boca del SEÑOR mismo.
El SEÑOR te sostendrá en su mano para que todos te vean,
como una corona espléndida en la mano de Dios.
Nunca más te llamarán "La ciudad abandonada"
ni "La tierra desolada."
Tu nuevo nombre será "La Ciudad del Deleite de Dios"
y "La esposa de Dios,"
porque el SEÑOR se deleita en ti
y te reclamará como su esposa. (Is. 62:1-4 NTV)

Este bello pasaje viene después de Isaías 61, el cual también promete tu sanidad, tu restauración y tu liberación del enemigo. Ahora, Dios promete un nuevo nombre. Ya no vas a ser llamada Abandonada sino Buscada. No eres indeseada, ni eres perseguida. Eres digna de proseguir, perseguir y del romance. Eres deseada.

Dios quiere que nosotras llamemos las cosas correctamente, incluyéndonos a nosotras mismas. Es de vital importancia que lo hagamos.

Yo soy de mi amado, y él me busca con pasión. (Cant. 7:10).

Dios te llama "amada." ¿Qué significa amada? Significa una persona grandemente amada, cerca del corazón. Significa admirada, adorada, apreciada, querida. Amada quiere decir querida, querida mía, queridísima, estimada, favorita, cariño. Es decir, mujer amada, luz de amor, querida, amante, preciosa, apreciada, respetada y venerada. Amada eres tú. Eso representa quien eres para Él. Y quien eres para Él, lo significa todo.

Dios te llama a creerlo.

El fruto de saber quién eres para Cristo es la intimidad con Él. Eso no es caminar por ahí toda envanecida. *¡Oh, mírame! ¡Yo soy algo especial!* El fruto no es el orgullo ni la arrogancia. El fruto es la humildad, es la entrega agradecida. El fruto de creer que somos *quienes Dios dice que somos* es un amor profundo por Jesús. Amamos porque Él nos amó primero. La creencia evoca una respuesta; decidimos acercarnos a este Dios que nos aprecia, y eso es exactamente lo que Dios está buscando. Entonces, ¿quién eres?

Bueno, tú puedes ser como yo, y es difícil para mí responder esta pregunta con gracia justamente cuando me irrité tanto con mi esposo y tuve que salir de la habitación. Dios me ve tan hermosa, pero no son precisamente pensamientos preciosos los que han estado llenando mi mente en este momento. ¡Necesito ayuda! Cuando creemos que nuestra verdadera identidad es pecadora, entonces caminamos por ahí avergonzadas, acusadas, condenadas y separadas de Dios. Lo cual no nos hace una viajera feliz y es exactamente donde nuestro enemigo, el diablo, quiere que vivamos. Por alguna razón, el diablo es llamado el acusador de los hermanos.

Espera un segundo; tengo que ir a pedirle disculpas a mi esposo.

Bueno, estoy de regreso. Cuando el enfoque de nuestro corazón se basa únicamente en nuestros fracasos, entonces nuestro corazón se deprime. Dios nos dice que no nos enfoquemos únicamente en nuestros fracasos, sino en su fidelidad. Él no nos llama a mirar sobre nuestro quebrantamiento sino sobre nuestro Sanador. Él dice: "Fijemos la mirada en Jesús, el iniciador y perfeccionador de nuestra fe." (Heb. 12:2). Nos movemos hacia adelante en aquello en lo que nos enfocamos.

Se nos advierte en las Escrituras no tener un concepto más alto de nosotras mismas de lo que deberíamos tener, pero honestamente eso es raro en una mujer. Aún no he conocido esa mujer. He conocido a muchas mujeres que piensan de sí mismas mucho menos de lo que deberían pensar. Por supuesto, mucho menos de lo que Dios piensa de ellas. Y eso no es solamente desalentador, sino peligroso. ¿Por qué? Porque no puedes vivir bien, no puedes amar bien y no puedes cumplir tu destino si no sabes quién eres.

No puedes llegar a ser tú misma si no sabes quién deberías llegar a ser.

marcador

Gannon, el hijo de mi amiga, es un futbolista extraordinario. Como estudiante de noveno grado en la escuela secundaria, ayudó a llevar el equipo principal al campeonato estatal. Es un joven tranquilo y educado que se transforma en un guerrero una vez que llega al campo de juego. Durante uno de sus juegos recientes, tuvo la oportunidad de creer.

El Equipo de Gannon estaba en la delantera por tres goles, una enorme ventaja en el fútbol. Había un jugador custodiándolo quien utilizaba insultos para tratar de evitar que Gannon cumpliera su glorioso papel de jugador de fútbol. A eso le llaman "azote verbal." Él era incesante. Cruel. "Eres el peor jugador de tu equipo." "Ni siquiera puedes patear la pelota." "No le gustas a nadie en tu equipo." "No deberías estar en ese equipo." "No eres más que un bebé, un novato." "Vete a casa, muchachito."

¿Te suena familiar? Lo arruinaste. No puedes hacer nada bien. Nunca lo harás. No estás calificado. No tienes ningún amigo verdadero. Deberías irte a casa.

¿Qué es lo que oyes cuando se te olvida el cumpleaños de un amigo? ¿Te vas de una fiesta? ¿Pecas? El acusador de Gannon no tomaba un descanso. Comenzaba justamente después de cualquier intermedio.

Gannon dijo que era la cosa más difícil que jamás había experimentado en el campo de juego. "¡Fallaste! Siempre vas a fallar." Las acusaciones duelen, la guerra espiritual duele.

Gannon no se ocupó de él en una batalla verbal. No entretuvo las acusaciones que venían de él ni se defendió a sí mismo. Sólo le contestó: "Marcador." Eso fue todo lo que le respondió. "Marcador." Su acusador podía decir lo que quisiera, nada lo silenciaba pero el equipo de Gannon estaba ganando el juego. Él y sus compañeros de equipo estaban jugando bien. El marcador revelaba la verdad. La defensa de Gannon descansaba en esa verdad. No había forma de alcanzarlos. ¡Por supuesto ellos ganaron ese juego! Ahora eso silenció a su acusador.

Marcador, dicho y hecho. Jesús ganó nuestra victoria y nosotras también somos victoriosas, en Él. Nuestro pecado, nuestros fracasos o nuestro pasado no nos definen. Solamente la obra terminada de Jesucristo nos define para siempre. Todo lo que hizo y ganó Jesús fue para nosotras. Sí, nosotras éramos esclavas del pecado, pero por causa de Jesús, ya no somos esclavas. Somos hijas. Somos novias.

Cuida tus pensamientos porque ellos llegan a convertirse en palabras. Cuida tus palabras porque ellas llegan a convertirse en acciones. Cuida tus acciones porque ellas llegan a convertirse en hábitos. Cuida tus hábitos porque ellos llegan a convertirse en tu carácter. ¡Y cuida tu carácter porque él llega a convertirse en tu destino! Llegamos a ser lo que pensamos.

–Autor Desconocido

Llegamos a ser lo que pensamos.

En medio de tu día —en el desorden, en lo mundano, en lo glorioso— cuando te ríes y vives bien y cuando no lo hagas, haz el hábito de detenerte y preguntarte a ti misma: "¿Qué pienso es verdadero acerca de mí misma?" Si no se alinea con la Palabra de Dios, recházalo como una mentira, y reemplázalo con la verdad.

¿Qué se sentiría entretener en tu corazón ahora mismo la posibilidad de que todo lo que Dios dice acerca ti es verdad?

Tú eres Su deleite.

Tú lo haces feliz simplemente siendo tú.

Él cree que tú eres preciosa.

Tú eres Su amada.

Tú eres quien ha capturado Su corazón.

¿Qué diferencia haría en tu vida si esto realmente fuera verdad? Piensa en ello, y deja que tu corazón vaya allí un momento porque eso sí hace toda la diferencia en el mundo. Debes preguntarle a Él. *¿Yo soy tu amada? ¿Cómo me ves? ¿Te deleitas en mí? ¿Me amas porque eres Dios y ese es tu trabajo, o me amas simplemente por ser yo?*

Tú, cariño, *eres* la Amada.

> *Jesús, gracias por esta verdad acerca de mí. La recibo. Estoy de acuerdo contigo y declaro que soy tu hija. Yo soy elegida, santa y muy amada. Yo soy la niña de Tus ojos. Yo soy tu Amada y tu deseo es para mí. Por favor, escribe esta verdad profundamente en mi corazón. Oro en el nombre de Jesús. Amén.*

¿quién llegarás a ser?

¿Has tenido que ir alguna vez a un evento al cual no querías ir, una fiesta o a una celebración de bebé donde no conocías a nadie, excepto al invitado de honor? Recientemente tuve que ir a uno y no estaba muy feliz. Me quejé con mi esposo de que tenía que ir a pasar horas con gente a quien nunca había conocido y a quienes jamás volvería a ver. Bla, bla, bla. Y John dijo: "Cámbiale el nombre. Llámalo bueno."—Corrrrecto—no es malo, es bueno. Es una oportunidad para bendecir a alguien que me importa mucho, es una oportunidad para celebrar sus vidas. Le cambié el nombre, cambié mi marco de referencia y fui con un corazón contento.

En nuestras vidas hay muchas cosas a las cuales tenemos que cambiarles el nombre. Nuestro trabajo, nuestras relaciones e incluso nuestra vida. Cámbiales el nombre, cámbiale el nombre a tu vida. Eso es bueno. Porque tu vida le pertenece a nuestro buen Dios y Él te tiene a ti. Cámbiate el nombre tú misma. Dios lo ha hecho.

Mis padres me llamaron Stasi, eso significa resurrección. Hay muchas cosas en mi vida que han necesitado resucitar a lo largo de los años—mi corazón herido, mi sexualidad dañada, mi autopercepción rota, mis sueños, mis relaciones, mi vocación. Y Dios *está* resucitando cada área de mi vida a la *vida,* está resucitando mi mente para que sea capaz de creer que todo lo que Él ha hecho, y él *me* ha hecho, es bueno. Él está resucitando mis sueños y mis deseos e incluso mi anhelo de ser conocida profundamente y amada perfectamente. Sí, mis padres me llamaron Stasi, pero de verdad fue Dios quien me puso el nombre "Resurrección."

¿Sabes lo que significa tu nombre? Es una buena idea averiguarlo, y si no te gusta el significado que inicialmente descubras, profundiza para averiguar más sobre él; pídele a Dios que te revele *por qué* Él te llamó como lo hizo. A una amiga mía cuyo nombre es Melanie, yo le pregunté qué significaba y con una pequeña encogida de hombros me dijo, significa "morena." Ummm, morena.

Profundizamos para averiguar más acerca de lo que significa su nombre y descubrimos que no significa simplemente "morena", sino "belleza morena." En hebreo significa "belleza llena de gracia." El libro del Cantar de los Cantares dice: "Morena soy, pero hermosa." Esto puede significar: "Sí, soy imperfecta y puedo ver muchas fallas y pecados, pero cuando Dios me mira, ve mi belleza, no mi pecado. Para Jesús, yo soy y siempre he sido encantadora." Eso es lo que significa Melanie. Te das cuenta, es una buena idea averiguarlo.

Porque todo lo que sea cierto acerca de tu nombre, Dios dice:

> Ya no eres llamada Solitaria, sino Casada.
> Ya no estás sola o invisible; tu nombre es Buscada, Amada.
> Mía.
> Ya no te llamas Nakusa: no Deseada.
> Tu nombre es Vaishali—Próspera, Bella y Buena.

Como mujeres buscando llegar a ser, queremos vivir con intención santa. Queremos estar despiertas al momento presente, a aquellos que nos rodean, al Espíritu dentro de nosotras y a nuestras propias almas. Estamos destinadas a vivir vidas con significado. Es justo que nosotras deseemos vivir por un propósito mayor que el de proteger nuestra piel del daño solar y ser bien queridas. Queremos vivir para una alta vocación, un propósito significativo y ese propósito fluye de nuestra identidad.

Saber quiénes somos nos permite vivir la vida que hemos nacido para vivir, la vida que el mundo —visto y no visto— necesita que vivamos. Tenemos que saber quiénes somos y adueñarnos de lo que somos. ¿Quién *eres* tú? ¿Cuál es tu *verdadera* identidad?

Eres una nueva creación en Cristo, más que una vencedora. Eres victoriosa, fuerte, con facultades, salva, segura, y sellada. Eres un canal de la vida y del amor de Dios. Estás viva en Cristo, y eres la Amada de Dios. Le perteneces.

¿Quién es Jesús? Es el amor que has estado buscando toda tu vida y nunca te ha quitado la mirada de encima. Él tiene un nombre para ti que desea lo llegues a ser completamente. Él guarda tu verdadera identidad y en eso es lo que estás destinada a crecer. Por lo tanto, querrás preguntarle a Jesús por tu verdadero nombre (o nombres —que a menudo Él tiene varios para nosotras).

> *Jesús, yo elijo creer que soy tu Amada y que tu deseo es para mí. Elijo creer ya no estoy abandonada o desamparada, sino que soy tu Deleite, que me buscas y soy muy amada. Jesús, quiero llegar a ser la mujer que tienes en mente para mí. Enséñeme quién es ella; enséñeme quien de verdad soy, quien siempre fui destinada a ser. Dime mi verdadero nombre; dame una imagen de quien me ves llegando a ser. Dame ojos para ver, oídos para oír y el valor para aceptar lo que estás diciendo. Dime, Jesús.*

Y mientras Él lo hace, amada, elije creer.

Recibirás un nombre nuevo,
que el SEÑOR mismo te dará. (Is. 62:2)

14

anímate

Se necesita valor para crecer y llegar a ser lo que realmente eres.

—e.e. cummings

Los sueños de Julie finalmente se están haciendo realidad.

Ella pensó que estaría casada hace mucho tiempo. Mantener su esperanza viva y continuar confiando en Dios con sus deseos había demostrado ser una tarea bastante difícil. A través de años de dolor, el alma de Julie se había convertido en una demostración de esplendor en la mano de su Dios. A medida que continuaba buscando a Jesús en santidad y algunas veces en una búsqueda dando vueltas, Él no le disminuyó su deseo de casarse sino que lo hizo más profundo. Algunos días, algunos meses, parecían mucho para soportarlo. El corazón de Julie es un corazón hermoso. Su viaje para llegar a ser su verdadera yo no ha sido recto. La maravilla del desarrollo de la historia de Dios para su vida es santa. Julie decidió mantenerse alerta a su deseo y viva a su corazón, a veces lleno de duda y en Su tiempo perfecto (el cual muchas veces nos parece un poco tarde), Dios le trajo su hombre.

Desde entonces, Julie ha descubierto que a pesar de que su esposo es el amor de su vida, el regalo más verdadero vino a través de conocer a Jesús más profundamente en el cuidado de su corazón. Jesús sigue siendo el Amor (con A mayúscula) de la vida de Julie. Por eso, es libre de llegar a ser su verdadero yo, y en eso esta amando muy bien a su esposo. Ella escribió recientemente: "Yo soy más de mi misma de lo que jamás he sido y estoy tan feliz."

Por supuesto, las dos van de la mano.

Nosotras nunca seremos felices mientras estemos tratando de vivir separadas o ignorándonos a nosotras mismas, nuestros corazones, nuestros deseos, nuestros dolores. Aunque la felicidad nunca es la meta más alta, nos viene de una forma natural cuando los otros aspectos de nuestras vidas están en orden. "Mas buscad primeramente el reino de Dios y su justicia, y todas estas cosas os serán añadidas" (Mat. 6:33 RV). El amor siempre es la meta más alta, el amor de Dios, de otros y de nosotras mismas, la mujer que Dios nos ha creado para ser. No queremos vivir a pesar de nosotras mismas, sino abrazar quiénes somos, adueñándonos de la mujer multifacética y misteriosa que somos y de la forma especial en que traemos a Jesús al mundo.

Tú eres la única tú que jamás haya sido o jamás será.

Dios te hizo a *ti*, a propósito, ahora, por una razón.

El mundo no necesita otra mujer que desprecie la hermosa creación que ella es. Dios no anhela a otra mujer que se rechace a sí misma y por consiguiente lo rechace a Él. El mundo necesita una mujer que esté agradecida por ser como Dios la hizo, la está haciendo y que disfruta quién es ella. Es algo bueno que te guste quien eres. ¡A Dios le gusta como eres! ¡También llegamos a gustarnos a nosotras mismas! Cuando te quieres a ti misma, eres libre para disfrutar a los demás y en tu presencia las personas experimentan una invitación para llegar a ser y también para disfrutar quienes realmente son.

La vida engendra vida. El gozo engendra gozo. Llegar a ser engendra llegar a ser.

Santa Catalina de Siena

cuando no tenemos la fortaleza

El hotel Broadmoor es un centro turístico cinco estrellas que se encuentra en la base del pico Pikes con un hermoso lago en el centro y sí, cisnes flotando en él. Es elegante, antiguo y costoso. Y yo iba a cenar ahí. ¿Qué debería ponerme?

Yo no iba a una cena romántica con mi esposo, sino a una cena relacionada con el trabajo. Iba a ser una reunión de más o menos veinticinco personas, de las cuales no conocía a ninguna, y todos tenían posiciones de autoridad sobre mi esposo. Iba a tener que sentarme derechita y a recordar mis buenos modales. Estaba nerviosa.

La cena se celebró en un pequeño salón en el último piso al lado del salón Penrose, casi lo más lujoso que se puede conseguir en Colorado. Había una mesa larga en el centro del salón y cuando John y yo llegamos las personas empezaron a sentarse. Los mesoneros estaban listos. Sólo quedaban dos sillas vacías a cada lado al extremo de la mesa, justo al lado de la persona con el rango más alto en el salón. *Mi madre me enseñó cómo comportarme. ¡Yo puedo hacer esto!* me dije a mi misma.

Saludos fueron intercambiados, y luego me senté. En ese instante, la silla, bellamente tallada en madera, se rompió con mi peso, ruidosa y cruelmente. Milagrosamente me agarré de una madera astillada antes de caer al suelo. Los meseros llegaron rápidamente, disculpándose profusamente por la silla defectuosa y asegurándose de que yo estuviera bien.

Que comienzo.

De alguna manera, me las arreglé para no caer completamente en el abismo de la vergüenza, y permanecí un tanto presente con los eventos de la noche y con la gente a mi alrededor. Traté de mostrarme animada, interesada y divertida, escondiendo lo mortificada que estaba con la conversación. (Pero con un inicio tan desfavorable, les diré que la noche no fue muy buena. Con o sin silla, nunca volvimos a cenar otra vez con ese grupo).

La gente a menudo esconde la vergüenza detrás del humor. La chica gordita se convierte en la chica graciosa. La chica adorable con la piel mala es muy buena en los deportes, y la delgada, a la que nunca sacan a bailar, es excelente en sus clases.

Algunas veces necesitamos escondernos. Otras veces, el cargar con el peso de la tristeza del momento, nos impide ser capaces de tomar nuestro próximo respiro. Pero escondernos sólo nos mantiene escondidas. Cuando nuestros corazones están enterrados bajo la pena y las esperanzas perdidas, no pueden levantarse, y la cenicienta nunca puede levantarse de las cenizas. Para ser las mujeres que están vivas y conectadas con su mundo, no podemos permanecer escondidas; sin embargo, algunas veces ni siquiera poseemos las fuerzas para salir del sótano.

Lo maravilloso es que no estamos solas. Jamás.

"Yo nunca te dejaré, yo nunca te abandonaré" (Heb. 13:5). Es una promesa de una relación fiel de un Dios fiel que nunca nos ha dejado y nunca nos dejará solas. Jesús sostuvo mi corazón avergonzado mientras me quedé allí esperando que me trajeran una silla nueva (y más fuerte). Hoy Él se coloca entre mi persona y las acusaciones infinitas que vienen hacia mí. Él pelea por mí, y pelea por ti. En el juego del escondite, Él es siempre y para siempre el Buscador. En la herida de la vida, Él es siempre el Sanador.

Para continuar el viaje de llegar a ser yo misma, necesito que Él me encuentre donde todavía estoy escondida. Necesito que me fortalezca cuando estoy demasiado débil para creer. Necesito que me despierte con un beso en los lugares de mi corazón donde permanezco dormida. Necesito que respire su amor ardiente en las cámaras internas que están congeladas por el miedo. Necesito que sostenga mis esperanza, cuide mi corazón y me diga nuevamente quien soy yo. No puedo hacer esto sola, y tú tampoco puedes hacerlo.

Gracias a Dios, no estamos solas.

Dios está en ella, la ciudad no caerá;

al rayar el alba Dios le brindará su ayuda. (Sal. 46:5)

recibiendo una visión de ti misma

Hace más o menos veinte años estaba en la iglesia y estaba pasando por un momento muy depresivo en mi vida. Me sentía horriblemente fea. Me estaba diciendo a mí misma que me parecía a Jabba the Hutt. (No eran palabras bonitas para expresarme de mí misma—recuerda el poder que tienen las palabras). De rodillas en oración, le pregunté a Dios: "¿Cómo me ves?" En mi imaginación santificada, inmediatamente vi a una mujer arrodillada. El sol que filtraba por la ventana la enmarcaba en un rayo de luz dorado. Ella llevaba puesto un vestido blanco satinado que le quedaba encantadoramente a la medida. Su cabello estaba arreglado suavemente pero con mucha elegancia y adornado con perlas. Ella era hermosa, una novia claramente en la mirada de Dios.

Él me vio hermosa en ese momento. Y hoy me ve hermosa.

Cuando Dios mira a su hija—a mí, a ti, a cualquier amada—no la ve a través del velo de su pecado, del sudario de sus fallas, o de la sombra de su pasado. Cuando Dios nos mira, Él nos ve a través de la sangre de Jesús. Cuando Dios te mira, Él ve la jusrticia de Jesucristo. Eres una novia sin mancha, pura, hermosa. ¡Oh, cuánto necesitamos vernos a nosotras mismas como Él nos ve! Tanto quiénes somos en este momento como la mujer en la que Él nos está formando.

Necesitamos pedirle a Dios una imagen más radiante de
Él y una imagen más brillante de nosotras mismas.
—Graham Cooke

¿Quién crees que eres? ¿Quién estás llegando a ser? ¿Tienes unas visión de quién podrías llegar a ser? ¿Cómo te ve Dios? ¿Cuál es Su visión de quién vas a llegar a ser? Es vital que le hagamos esa pregunta a Él, y luego esperemos Su respuesta.

Tener una visión de quién estás llegando a ser, te da una idea de tu presente. Vivimos hoy sabiendo quiénes vamos a ser mañana. Saber quién estás llegando a ser pone esperanza en tu corazón y alegra tu caminar. La clave es *elegir creer* que nosotras somos quien Dios dice que somos. Y luego descansar en el entendimiento de que Dios es el responsable de nuestra transformación. Nos apoyamos en Él; nosotras fallamos, pero Él no fallará.

Así que pregúntele a Él. *¿Cómo me ves, Dios? Por favor, dame tu visión de la mujer que estoy llegando a ser.* Y luego escríbelo. Escribe lo que has escuchado de Dios o meramente lo que, por fe, eliges creer se está haciendo realidad en ti porque así lo deseas.

Aquí hay algo que escribí en mi diario en el 2007:

> La mujer que estoy llegando a ser es fuerte, poderosa, segura, inquebrantable, amable, honesta, amorosa, generosa y sabia. No me acechan las falsas expectativas y las demandas de otros porque yo sé que soy la Amada de Dios y sé lo que voy a llegar a ser. Yo soy una Adoradora. Soy esposa. Soy madre. Soy amiga. Soy guerrera de oración. Soy proclamadora de la verdad. Soy escritora. Soy conferencista. Y eso es grandioso y suficiente.
>
> Yo no tengo que cuestionar o demostrar mi valor porque Dios ha demostrado mi valor y dice que soy de un valor inestimable, precioso e incalculable…cada momento de cada día.
>
> La mujer que estoy llegando a ser no es esclava de la comida o de cualquier falso dios o de cualquier comodidad. Soy libre de la vergüenza. Soy saludable, hermosa, nueva y feliz. Tengo energía. Mi corazón está centrado

en el corazón de Dios. Amo mi vida y me gusta quién soy.

Cuando oro, se libera poder porque oro de acuerdo a la voluntad de Dios, ejerciendo la autoridad que Dios me ha dado en Cristo. Hago el trabajo que Dios me ha ordenado hacer—liberar a la gente de su servidumbre y oscuridad y dirigir corazones al amor de Dios. Traigo la sanidad de Jesús. Soy una mujer misericordiosa, amorosa y llena del Espíritu Santo quien ríe libre y con frecuencia.

Todavía no soy esa mujer totalmente, pero *estoy* llegando a serlo. Ahora soy más esa mujer de lo que era en el 2007 cuando escribí esto. Escribirlo me ayudó a abrazar la visión, a aceptarla, a creerla, y a avanzar hacia ella. ¿Quién estás llegando a ser?

Para llegar a ser nuestro verdadero yo, no solamente se requiere que confiemos más profundamente en Dios, sino que también estemos dispuestas a tomar lo que podemos sentir son enormes riesgos. Tendremos que correr el riesgo de creer que lo que Dios ha dicho sobre nosotras es *verdad.*

Debemos arriesgarnos a ser más hermosas, más poderosas, más amadas, más amorosas, más involucradas, más íntimas, más conectadas, más gloriosas y más talentosas de lo que pensábamos que jamás podríamos ser.

Debemos arriesgarnos a creer que vale la pena que nos amen, que luchen por nosotras, que nos protejan y que nos aprecien. Dios nos ha revelado la verdad a través de Su Palabra. ¿Quiere saber lo que Él piensa de ti? Abre la Biblia. ¡Acampemos en el capítulo 1 de Efesios por unos meses! Dios se nos ha revelado por medio de su Hijo Jesucristo. ¿Quieres saber cómo es Dios? Mira a Jesús. Él es el rostro de Dios. (Para saber cómo es Jesús en realidad, lee *Admirable Forajido [Beautiful Outlaw].* ¡No podría recomendarte algo mejor!)

Dios se ha revelado a nosotras y ha revelado lo que somos a nosotras mismas. Ahora debemos flexionar los músculos de la fe y elegir creerle en los momentos en que lo estemos experimentándolo o no.

Llegar a ser nosotras mismas requiere aguantarnos contra las corrientes del mundo—las exigencias, las expectativas, el asalto de las realidades cotidianas y nuestras propias historias. No podemos darnos el lujo de satisfacer nuestros insultos internos por más tiempo; para llegar a ser verdaderamente nosotras mismas, será necesario que hablemos la verdad en el amor, incluso haciaa nosotras mismas.

valor

Prométeme que siempre recordarás que eres más valiente de lo que crees,
más fuerte de lo que pareces y más inteligente de lo que piensas.
—Christopher Robin a Pooh

Para arriesgar cualquier cosa se requiere que poseamos el valor de arriesgarlo. Jesús dice: "En este mundo afrontarán aflicciones, pero ¡anímense! Yo he vencido al mundo" (Juan 16:33). Algunas versiones traducen "anímense" como "ten valor." Valor viene de la antigua palabra francesa *cor*, que significa "corazón." Anímense. Tengan valor. "Porque por mí," dice Jesús. "lo pueden lograr."

¡Jesús sabe que para continuar llegando a ser nosotras mismas se requerirá un valor poderoso! Hay una razón por la cual años atrás nos retraíamos de nuestros corazones, del amor, de nuestros sueños, de nuestra propia vulnerabilidad. Pero, amiga, los días de retraerse tienen que terminar. Con misericordia en Sus ojos, Dios nos llama a ser mujeres de valor:

Ya te lo he ordenado: ¡Sé fuerte y valiente! ¡No tengas miedo ni te desanimes! Porque el SEÑOR tu Dios te acompañará dondequiera que vayas. (Jo. 1:9)

No se angustien ni se acobarden. (Juan 14:27)

Viven sin ningún temor. (1 Pe. 3:6)

Manténganse alerta; permanezcan firmes en la fe; sean valientes y fuertes. (1 Cor. 16:13)

Vivimos en un mundo lleno de belleza y maravillas, aventuras y risas, pero también, muy a menudo, llenos de dificultad, miedo, peligro y dolor. El valor es la cualidad del espíritu que le permite a uno enfrentar el peligro, el dolor, la dificultad o el miedo con *confianza*. ¡Podemos tener confianza! Y ésta, no en nuestra propia capacidad para manejar la vida, sino en la fidelidad de Jesús. La confianza viene de las palabras latinas *con* y *fide* que significan "con fe." Nuestra confianza descansa en la fuerza y la bondad de Dios. Vivir una vida de valor no se trata de esforzarse para llegar a ser algo o alguien más. Es descansar por fe en el Dios que dice: *El que los llama es fiel, y así lo hará.* (1 Tes. 5:24).

Para llegar a ser nosotras mismas, dejamos sumergir nuestro yo en el amor de Dios, bebemos de su misericordia y vivimos en su gracia. Vernos a nosotras mismas a través de sus ojos y recibir su vida, es la única manera de vivir la vida que todas anhelamos vivir. No podemos vivir esta vida por nuestra propia cuenta. Puedo encontrar mi camino hacia la autopista, pero no puedo encontrar mi camino a la libertad. Apenas puedo vivir una noche; mucho menos puedo vivir toda una vida. Entonces, ¿cuál es el gran secreto para vivir con valor y llegar a ser la mujer que Dios ha destinado que seas? Yo te lo diré.

El secreto es que no puedes. *Tú* no puedes. Pero Jesús puede. Cristo puede en ti. ¡Él es el secreto! No hay nada que haga temblar a Dios. Jesús quien murió en la cruz por ti, entró en la peor pesadilla que podemos imaginar, y exigió que Satanás le entregara las llaves del infierno. Jesús se levantó triunfante y está sentado a la derecha de Dios. Ese mismo Jesús:

Calmó la tormenta y caminó sobre el agua

Sanó al leproso y alimentó a miles

Le dio vista a los ciegos, oído a los sordos y vida a los muertos

Limpió el templo y recibió a los niños

Reprendió a los fariseos, perdonó a los pecadores y echó
fuera los demonios

Y Él todavía lo sigue haciendo. Jesús está vivo hoy y viviendo su vida *a través de ti*. Recuerda: "He sido crucificado con Cristo y ya no vivo yo, sino que Cristo vive en mí" (Gál. 2:20). Pablo dice que todo el misterio del evangelio se reduce a esto: "Cristo en ustedes, la esperanza de gloria" (Col. 1:27).

Cristo es tu vida, tu aliento, tu esperanza y tu valor. En Él tú vives, respiras y tienes tu ser. "Separados de mí no pueden ustedes hacer nada" (Juan 15:5). Pero una vez que has aceptado a Jesús como tu Señor y Salvador, quien murió en tu lugar, quien perdonó tus pecados, a quien invitaste a tomar su legítimo lugar y a gobernar tu corazón, nunca estarás separada de Cristo otra vez.

Tú estás en la palma de su mano y nada te puede sacar. ¡Ese es el secreto para llegar a ser nosotras mismas! Cada vez más nos apoyamos en Jesús, pidiéndole que viva su vida a través de nosotras. Y mientras lo hace, somos transformadas en la misma imagen de Dios. Descubrimos la brillante verdad de que *cuanto más lleguemos a ser de Él, más llegamos a ser nosotras mismas*.

Cuanto más conocemos a Jesús como Él realmente es, más lo amamos. Cuanto más lo amamos, más nuestras vidas son transformadas. Tú eres hermosa y tu belleza está aumentando. Está creciendo. ¡De verdad! ¡Nosotras somos mujeres valientes de Dios y llegando a ser más valientes aún! Él es el Único que nos da la confianza para llegar a serlo. Él te dará valor mientras vive Su vida a través de ti. Él te dará valor:

Para apoyarte en Dios

Para creer

Para mantener tu corazón vivo

Para confiar en Él frente al inmenso quebrantamiento y
sufrimiento en el mundo

Para hacerle frente a tus temores y pedirle de nuevo la
sanidad

Él te dará valor:

Para contestar el teléfono

Para entrar al salón de clases

Para tener la conversación

Para enfrentarte contra la injusticia

Para levantarte de nuevo.

Para creer que lo que Él dice acerca de nosotras es verdad;
nuestras adicciones, pecados, fracasos, historias u
opiniones de otras personas no nos definen

Para saber que Él es Amor.

La mayoría de los mensajes para las mujeres toman un giro equivocado en una de dos direcciones. Independiente de lo sutiles que traten de ser, un estilo de mensaje es siempre alguna versión de: *Pon las cosas en orden.* Sé más disciplinada, más fiel, más humilde, más de lo que sea. Toda la presión termina de nuevo sobre nosotras. ¡Pero no, no, *no*! Jesús es tu vida, tu fuerza, tu sanador; la vida de Jesús en ti, te restaura, te permite vivir como la mujer que fuiste destinada a ser. Él es tu valor.

El otro estilo toma la dirección de: *No se trata de ti.* Sólo sirve, sólo obedece a Dios, simplemente pon tus deseos a un lado porque eso es lo que las mujeres santas hacen. Puede sonar bíblico porque exalta a Jesús, pero termina aplastando a las mujeres. Él te hizo a *ti* a propósito, y está plenamente comprometido a restaurarte. Por supuesto, tú importas —¿por qué murió Jesús si no fue por *ti*? Este viaje en el cual nos encontramos, no se trata de lanzarnos en una zanja en el nombre de la santidad, sino que se trata de llegar a ser la mujer que Dios nos creó para ser.

Avanzamos hacia donde fijamos nuestra mirada. Cuando estás aprendiendo a manejar un auto, se te dice: "¡Mantén tus ojos en el camino!" Del mismo modo, cuando estás montando un caballo, la dirección en la que estés mirando será la dirección que el caballo tomará. Lo que estás viendo llega a ser tu meta. Es lo mismo con los pensamientos de nuestra vida; nuestra transformación toma la forma de lo que ha captado nuestra atención.

Nuestra atención llega a ser nuestra intención.

Y yo sé que algunas veces, esta vida nuestra puede ser muy difícil. Hay días en los que simplemente deseo meterme de nuevo en la cama y arroparme hasta la cabeza. Quiero desconectar el teléfono, y tomar un descanso de mi vida. Y hay días en los que precisamente hago eso. Por un ratico. Eso realmente es una cosa buena. Hay temporadas en las que necesito retroceder para después poder avanzar.

Ahora, yo sé que si no quiero levantarme de la cama por una semana y no estoy enferma, algo está sucediendo en mi interior que necesita atención. Pero de vez en cuando, es necesario apartarnos para atender nuestros corazones y nuestros cuerpos cansados. No estamos aquí en una carrera. Nuestras vidas son un maratón y para poder correr la carrera que está delante de nosotras, vamos a tener que establecer un ritmo. La única posible manera de vivir es manteniendo nuestra mirada en Jesús, dependiendo de Él, siguiéndolo a Él y permitiendo que Él nos cargue con todo lo que nosotras cargamos.

Algunas veces la vida es cruelmente dolorosa, pero Jesús nos dice que debemos seguir adelante. En el libro de Hebreos 10:39 dice: "pero nosotros no somos de los que se vuelven atrás." Sí, puede ser que necesitemos retroceder un poco, pero por la gracia de Dios, no nos volveremos atrás. Vamos a seguir avanzando, trayendo el reino de Dios para influir en el mundo desesperado que nos rodea y llegar a ser cada vez más nuestro verdadero yo.

Amada, no serás capaz de hacerlo perfectamente, pero Jesús lo ha hecho y lo hará. Gracias a Jesús, puedes luchar bien, planificar bien, orar bien, escuchar bien, vivir bien, servir bien, amar bien y llegar a estar bien. Un día, Cristo te contará tu historia y te sorprenderás de la gloria, la belleza, la redención y la presencia de Jesús a través de tu vida de maneras que ni siquiera puedes imaginar ahora.

Mi amiga Delaney, de doce años de edad, me pintó las uñas de los pies de color verde. Ellas son, además de mi corazón, lo más joven que tengo. Yo las apunto hacia el cielo despejado de Colorado mientras apoyo mis pies sobre la barandilla y me recuesto en la silla. Estoy absorbiendo la belleza de un verano completamente florecido. Me siento tan feliz. Tengo ganas de reír y suelto mi risa en una carcajada, sabiendo que realmente puedo hacer como la mujer de Proverbios 31, reírme del futuro. Yo sé que el invierno vendrá otra vez, y otra vez. Sé que hay temporadas en el futuro cuando el paisaje de mi alma podrá congelarse una vez más y parecer estar muerto. Pero no tengo miedo de lo que está por venir. He leído el último capítulo del Libro. Sé que Jesús ha ganado la victoria, mi victoria. Sé que Él ha venido por mí y continua viniendo por mí y que cuando mi historia se cuente, yo voy a estar sonriendo.

Él me hace señas para continuar hacia adelante, me hace señas para continuar hacia arriba. Yo le he respondido con un sí. Voy a tener mil oportunidades para responderle sí de nuevo, este mismo mes. Tú también las tendrás.

Vamos, hermana mía. Vayamos juntas. Sigamos adelante hacia la meta que está delante de nosotras –para llegar a ser totalmente transformadas, totalmente llenas de vida, totalmente nosotras mismas, totalmente de Él.

¡Al único Dios, nuestro Salvador, que puede guardarlos para que no caigan, y establecerlos sin tacha y con gran alegría ante su gloriosa presencia, sea la gloria, la majestad, el dominio y la autoridad, por medio de Jesucristo nuestro Señor, antes de todos los siglos, ahora y para siempre! Amén.
(Judas vv. 24-25)

palabras finales

Creo que es un poco gracioso que esto se llame "Palabras Finales." Quiero ser clara—esto no significa "después que hayas llegado a ser," sino "después de haber leído el libro." Recuerda que, ¡es un viaje! Llegaremos algún día y seremos plenamente nosotras mismas, totalmente restauradas y totalmente transformadas. Pero por ahora—¡que continúe el proceso!

Quiero animarte a que te quedes con él. Este no es un tipo de libro que lees y luego simplemente lo echas a un lado para continuar con lo siguiente. Este es el viaje de tu vida. Tu crecimiento en conocer a Dios es la clave de vivir la vida que estás destinada a vivir. Deja que los mensajes y los temas de este libro marinen tu corazón. Hay más vida por vivir. ¡Hay más sanidad, más libertad y más alegría! Aquí están algunas ayudas que hemos creado para ti:

La Guía de Estudio de *Llegando a Ser*—para el uso de grupos o de individuos.

Una serie de vídeos de *Llegando a Ser*—¡Se publicará en enero de 2014!

¡Perfecto para grupos! (La guía de estudio se puede utilizar con el libro solo o con la serie de vídeos).

Facebook—¡Ve a mi página: Stasi Eldredge! Publicaré blogs y vídeos, y sencillamente compartiré la vida contigo.

Ransomed Heart (Corazón Rescatado)—nuestro ministerio es un tesoro de recursos. Somos un pequeño grupo dedicado a Jesús para traer su reino y restaurar los corazones de hombres y mujeres en todo el mundo. Tenemos muchos recursos para ayudarte a crecer en tu propio llegar a ser. Visítanos en www.ransomedheart.com. Regístrate para recibir lecturas diarias gratuitas. Échale un vistazo a nuestra tienda. Asiste a una de nuestras conferencias. Danos click al "Me gusta" en Facebook. Lee nuestros blogs. Únete a otros que están en este camino. Nuestro deseo es fortalecer los corazones del pueblo de Dios. Queremos presentar a Jesús a la gente que nunca lo ha conocido o que tienen una versión anterior de quien realmente Él es!

Cuanto más conocemos a Jesús, más lo amamos. Cuanto más lo amamos, más somos sanadas y más llegamos a ser. La gente te preguntará por la razón de la esperanza que está dentro de ti. Jesús es la razón. Él es tan maravilloso, y no hay fin para descubrir la belleza y majestuosidad de su corazón seductor. Así que, continuemos la aventura.

¡Estamos juntas en esto!

Con, y en, y por Cristo,
Stasi

la oración diaria

Con los años, hemos aprendido mucho sobre la oración—en su mayoría, ha sido mientras enfrentamos nuestras propias pruebas, pedimos ayuda, estudiamos las Escrituras, y le decimos a Jesús, lo que sus discípulos le dijeron: "¡enséñanos a orar!" Te ofrecemos la "Oración Diaria,"—la oración que hemos encontrado ser muy eficaz que no dejemos pasar un día sin orar alguna versión de ella. ¡Qué te traiga libertad, restauración, avance y vida!

Mi querido Señor Jesús, vengo a ti ahora para ser restaurada en ti, para ser renovada en ti, para recibir tu vida y tu amor y toda la gracia y misericordia que necesito desesperadamente el día de hoy. Te honro como mi Señor y te entrego todos los aspectos y dimensiones de mi vida. Te doy mi espíritu, alma y cuerpo, mi corazón, mente y voluntad. Con tu sangre cubro mi espíritu, alma y cuerpo, corazón, mente y voluntad. Le pido al Espíritu Santo que me restaure en Ti, que me renueve en Ti y que me dirija en este tiempo de oración. En todo lo que oro hoy, me pongo en total acuerdo con tu Espíritu y con todas las personas que oran por mí en el Espíritu de Dios y solamente en el Espíritu de Dios.

Querido Dios, santa y victoriosa Trinidad, sólo tú eres digno de toda mi adoración, de la devoción de mi corazón, de toda mi alabanza, de toda mi confianza y de toda la gloria de mi vida. Te amo, te adoro y, en la búsqueda de mi corazón por vivir, te entrego lo que soy. Sólo tú eres Vida, y tú has llegado a ser mi vida. Renuncio a todos los demás dioses, a todos los ídolos, y te entrego a ti, Dios, el lugar de mi corazón y de mi vida que realmente mereces. Todo esto se trata de ti y no de mí. Tú eres el Héroe de esta historia, y yo te pertenezco. Te pido perdón por todos mis pecados. Examíname, conóceme y revélame dónde estás trabajando en mi vida, y concédeme la gracia de la sanidad y de la liberación y un profundo y verdadero arrepentimiento.

Padre Celestial, gracias por amarme y por elegirme antes de que crearas el mundo. Tú eres mi verdadero Padre—mi Creador, mi Redentor, mi Sustentador y el Verdadero Fin de todas las cosas, incluyendo mi vida. Te amo; confío en ti; te adoro. Te entrego mi ser, Padre, para ser uno contigo como Jesús es uno contigo. Gracias por demostrar tu amor por mí al enviar a Jesús. Lo recibo a Él y recibo toda la vida y toda la obra que ordenaste para mí. Gracias por incluirme en Cristo, por perdonarme los pecados, por concederme tu justicia, haciéndome completa en Él. Gracias por darme vida con Cristo, por levantarme con Él, por sentarme con Él a tu mano derecha, por establecerme bajo tu autoridad y por ungirme con tu amor, tu Espíritu y tu favor. Recibo todo con agradecimiento y te doy el control total de mi vida—mi espíritu, alma y cuerpo, mi corazón, mente y voluntad.

Jesús, gracias por venir a mi rescate con tu propia vida. Te amo, te adoro, confío en ti. Me entrego a ti para ser uno contigo en todo. Recibo todo el trabajo y el triunfo de la cruz, la muerte, la sangre y el sacrificio por mí—a través del cual todos mis pecados reciben expiación; he sido rescatada, librada del reino de las tinieblas y trasladado a tu reino; has removido mi naturaleza de pecado; mi corazón ha sido circuncidado a Dios; cada reclamo hecho en mi contra es cancelado y desarmado. Tomo ahora mi lugar en la cruz y en la muerte, muriendo contigo al pecado, a la carne, al mundo, al Maligno y su reino. Tomo la cruz y crucifico mi carne con todo su orgullo, arrogancia, incredulidad e idolatría [añade cualquier otra cosa con la que estés luchando]. Me despojo del viejo hombre. Aplica todo tu trabajo y triunfo en la cruz, muerte, sangre y sacrificio sobre mí; lo recibo con agradecimiento y te doy el control total sobre mi espíritu, alma y cuerpo, mi corazón, mente y voluntad.

Jesús, yo también te recibo como mi Vida, y recibo todo el trabajo y el triunfo de tu resurrección, a través del cual conquistaste el pecado, la muerte, el juicio y el maligno. La muerte no tiene poder sobre ti, ni ninguna otra falta. Y he sido resucitada contigo a una nueva vida—muerta al pecado y viva para Dios. Tomo mi lugar ahora en tu resurrección y en tu vida, y te doy mi vida para vivir tu vida. Soy salva por tu vida. Reino en la vida a través de tu vida. Recibo tu esperanza, amor, fe, alegría, bondad, verdad, sabiduría, poder y fuerza. Aplica todo el trabajo y el triunfo de tu resurrección sobre mí; lo recibo con agradecimiento y te doy el control total sobre mi espíritu, alma y cuerpo, mi corazón, mente y voluntad.

Jesús, yo también te recibo como mi autoridad, gobierno y dominio, como mi victoria eterna contra Satanás y su reino y como mi habilidad para traer tu reino en todo momento y en todos los sentidos. Recibo todo el trabajo y el triunfo de tu ascensión, a través del cual Satanás ha sido juzgado y arrojado. Toda autoridad en el cielo y en la tierra te ha sido dada. *Toda* autoridad en los cielos y en esta tierra te ha sido dada a Ti, Jesús, y tú eres digno de recibir toda la gloria y el honor, el poder y el dominio, ahora y para siempre. Tomo mi lugar ahora bajo tu autoridad y tu trono, a través del cual he sido levantada contigo a la derecha del Padre y establecida en tu autoridad. Me entrego a ti, para reinar contigo para siempre. Aplica todo el trabajo y el triunfo de tu autoridad y tu trono sobre mí; lo recibo con agradecimiento y te doy el control total sobre mi espíritu, alma y cuerpo, mi corazón, mente y voluntad.

Ahora traigo la autoridad, gobierno y dominio del Señor Jesucristo, y el trabajo completo de Cristo sobre mi vida—sobre mi hogar, mi familia, mi trabajo, todo mi reino y dominio. Traigo la autoridad del Señor Jesucristo y la obra completa de Cristo en contra de todos los poderes del mal que vienen contra mí—contra todo espíritu inmundo, todo poder maligno y toda estratagema. [Puede que tengas que nombrarlos. ¿Qué te ha estado atacando?] Los corto en el nombre del Señor, los ato y los hago huir de mí y de mi reino ahora, en el poderoso nombre de Jesucristo. También traigo la obra completa de Cristo entre mí y cada persona, y sólo doy entrada entre nosotros al amor de Dios y al Espíritu de Dios.

Espíritu Santo, gracias por venir. Te amo, te adoro, confío en ti. Recibo todo el trabajo y el triunfo del día de Pentecostés, a través del cual viniste, me llenaste con poder de lo alto, me sellaste en Cristo y me uniste con el Padre y el Hijo, el Espíritu de la verdad en mí, la vida de Dios en mí, mi Consejero, Consolador, Fuerza y Guía. Te honro como Señor, y te doy completamente todos los aspectos y dimensiones de mi espíritu, alma y cuerpo, mi corazón, mente y voluntad—para llenarme de ti, para caminar contigo en todas las cosas. Lléname de nuevo, Espíritu Santo. Restaura mi unión con el Padre y el Hijo. Guíame a toda verdad, úngeme para todo en la vida, mi caminar y mi llamado, y guíame a profundizar en Jesús hoy. Te recibo con agradecimiento, y te doy el control total sobre mi vida.

Padre Celestial, gracias por concederme toda bendición espiritual en Cristo Jesús. Afirmo las riquezas de Cristo Jesús sobre mi vida hoy. Traigo la sangre de Cristo, una vez más a mi espíritu, alma y cuerpo, por encima de mi corazón, mente y voluntad. Me pongo la armadura de Dios—el cinturón de la verdad, la coraza de justicia, el calzado del evangelio, el casco de la salvación; tomo el escudo de la fe y la espada del Espíritu, y elijo ser fuerte en el Señor y en el poder de su fuerza, para orar en todo tiempo en el Espíritu.

Jesús, gracias por tus ángeles. Los llamo en el nombre de Jesucristo y les doy instrucciones para destruir todo lo que se levante en mi contra, para establecer tu reino sobre

mí, para protegerme día y la noche. Te pido que envíes
tu Espíritu para levantar oración e intercesión por mí. Y
ahora invoco el reino de Dios a través de mi hogar, mi
familia, mi reino, mi dominio en la autoridad del Señor
Jesucristo, a quien doy toda la gloria y la honra y las gracias. En el nombre de Jesús, amén.

oración de salvación

Si nunca has dado tu vida a Jesucristo, ahora sería el momento perfecto. Este es el momento que Él eligió para ti. Es hora de que vuelvas a casa al corazón de Dios. Esta oración te ayudará:

Jesús, te necesito. Necesito tu vida y tu amor. Creo que tú eres el Hijo de Dios. Creo que tu muerte en la cruz fue para mí—para rescatarme del pecado y de la muerte y para restaurarme al Padre. Decido en este momento entregar mi vida a ti. Me aparto de mi pecado y mi autodeterminación, y te entrego mi vida. Gracias por amarme y perdonarme. Ven y toma tu lugar legítimo en mi corazón y en mi vida. Sé mi Salvador y mi Señor. Vive en mí, vive a través de mí. Yo soy tuya.

reconocimientos

El comienzo de un nuevo año es el momento ideal para una persona mirar hacia atrás, hacer inventario y dar gracias. Resulta que escribir un reconocimiento para un libro es otra. ¿Por dónde empezar?

Algunos autores lanzan una amplia red de agradecimientos que incluye vecinos, amigos de la niñez y maestros de escuela primaria. Otros autores acortan el reconocimiento, señalando el hecho de que cada persona que ha hecho una importante contribución a la vida no se puede enumerar. Por lo menos aquí no. Elijo seguir su ejemplo, con la esperanza segura de que algún día tendré la oportunidad de agradecerle a todos con profunda tranquilidad. Espero por ese momento, mientras tanto, debo por lo menos nombrar algunos.

Mi agente, Curtis Yates, creyó en este libro antes de que yo lo hiciera. Su estímulo, orientación y fe han sido un gran regalo para mí. Curtis, agente extraordinario, gracias por toda tu habilidad y duro trabajo. Te considero no sólo un aliado, sino también un amigo.

Mi editora, Karen Lee Thorp, es todo lo que una excelente editora debe ser. Ella ajustó con precisión mi forma de escribir con sus preguntas, su dulce pulidora y su vasta experiencia. Estoy muy agradecida.

Todo el equipo de David C Cook es un grupo de personas con quienes me siento honrada, bendecida y privilegiada en asociarme. Estoy muy contenta de unirme a ustedes en su misión, y oro a Jesús para que, en efecto, estemos "transformando vidas juntos."

Todos estos años, una gran compañía de santos me ha rodeado. Los adoradores y guerreros que me aman con gracia, me animan profundamente y comparten el viaje conmigo—Lori, Craig, Carrie, Sue, Sallie, Rie, Julie (x2), Abbey, Susie, Becky, Cherie, Morgan, Lisa, Amanda, Sam y todo el equipo de Ransomed Heart, les doy las gracias, queridos amigos. No podría haberlo hecho sin ustedes. Los atesoro.

Mis hijos. Oh, mis hijos. Sam, Blaine y Lucas, he aprendido mucho más de ustedes de lo que les he enseñado. Tienen mi corazón siempre.

Y luego está mi marido. John me ha amado, me ha guiado, ha estado en este viaje conmigo, y me ha mostrado el rostro de Jesús durante más de treinta años. Ha sido mi audiencia en este proyecto, y confío en él con mis palabras, mis pensamientos, mis sueños y, más importante, mi corazón.

Ahora doy reconocimiento a mi Rey. Él merece mucho más que un asentir con la cabeza, aun mucho más que un gran manto de reverente gratitud. La verdad es que todo lo digno y toda cosa buena que he llegado a conocer y disfrutar, lo he recibido de Él. ¡Oh, gracias, Jesús. Te amo tanto.

notas

capítulo 1

1. C.S. Lewis, *Mero Cristianismo, (Mere Christianity)* (New York: Macmillan, 1943, 1945, 1952), 190.

2. Lewis, *El Caballo y Su Muchacho, (The Horse and His Boy)* (New York: Macmillan, 1954), 159

capítulo 2

1. George MacDonald, *El Diario de un Alma Vieja (Diary of an Old Soul): 366 Escritos para la Reflexión Devocional,* entrada 16 de junio (Minneapolis: Augsburg, 1965), 64.

2. Oswald Chambers, *En Pos de lo Supremo: Una Edición Actualizada en el Lenguaje Actual,* (My Utmost for His Highest: An Updated Edition in Today's Language) (Grand Rapids, MI: Discovery House, 1992).

capítulo 3

1. Para profundizar sobre el tema, recomiendo altamente a: Lorraine Pintus, *Saltar del Columpio Hormonal: Vuele a través de los Síntomas Físicos, Mentales y Espirituales del Síndrome Premenstrual y la Perimenopausia, (Jump off the Hormone Swing: Fly through the Physical, Mental and Spiritual Symptoms of PMS and Perimenopause)* (Chicago: Moody, 2011); y a Christiane Northrup, *La Sabiduría de la Menopausia: Creando Salud Física y Emocional durante el Cambio, (The Wisdom of Menopause: Creating Physical and Emotional Health during the Change)* (New York: Bantam, 2012).

2. Aquí recomiendo a Jean Lush and Patricial H. Rushford, *Frases Emocionales de la Vida de una Mujer (Emotional Phases of a Woman's Life)* (Old Tappan, NJ: Revell, 1987).

3. Frank Sinatra, *Extraños en la Noche (Strangers in the Night), Strangers in the Night* © 1966 Reprise

4. *"Joven de Etiopía Guardada por Leones" ("Ethiopian Girl Reportedly Guarded by Lions"),* MSNBC, June 21, 2005, www.msnbc. msn.com/id/8305836/ns/world_news-africa/t/ethiopian-girl-reportedly-guarded-lions/#. UI78qLRpfWE.

5. "Misioginia," Merriam-Webster's Collegiate Dictionary, Undécima Edición, s.v. "misogyny," www.merriam-webster.com/dictionary/misogyny (accessed May 31, 2012).

6. Michael Flood, *La Enciclopedia Internacional de Hombres y Masculinidad, (International Encyclopedia of Men and Masculinities)* (New York: Routledge, 2007), 443.

7. Sam Jolman, *"La Lujuria, parte 2: La Resaca," ("Lust, Part 2: The Hangover")* www.samjolman.com, consultado el 20 de noviembre de 2011, http://www.samjolman.com/lust-part-2-the-hangover, consultado el 8 de agosto de 2012.

8. *Revista Compassion (Compassion Magazine)*, otoño 2001, 7.

9. Julie Baumgardner, "La Trata Humana," ("Human Trafficking"), *Timesfreepress.com, 15 de abril, 2012,* www.times- freepress.com/news/2012/apr/15/041512e2-human-trafficking/.

10. Jolman, *"La Lujuria, parte 2: La Resaca," ("Lust, Part 2: The Hangover")*

capítulo 4

1. Mark Salzman, "Bach en la Cárcel" ("Jailhouse Bach") *Selecciones (Reader's Digest)*, mayo 2004.

2. Christiane Northrup, *Sabiduría entre Madre e Hija (Mother-Daughter Wisdom)*, DVD (Hay House, 2005).

3. Phillip Moffit, "Sanando la Herida de una Madre [o Padre]" ("Healing Your Mother [or Father] Wound)," DharmaWisdom, 2012, http://dharmawisdom.org/teachings/articles/healing-your-mother-or-father-wound.

capítulo 5

1. Becky, comunicación con la autora. Usado con permiso.

capítulo 6

1. Dan Zadra y Kristel Wills, *¿Dónde estarás Cinco Años a partir de Hoy? (Where will you be Five Years from Today?* (Seattle: Compendium, 2009), 9.

capítulo 7

1. Derek Both, "¿Por qué son tan Populares las Películas de Terror?" ("Why Horror Films are So Popular"), ABC *Article Directory*, www.abcarticledirectory.com/Article/Why-Horror-Films-Are-So-Popular/91442, consultado el 8 de agosto de 2012.

2. Dictionary.com, s.v. "miedo" ("fear"), dictionary.reference.com/browse/fear (accessed August 8, 2012).

capítulo 8

1. John Fawcett, "Bendito Sea el Lazo que Une" ("Blest Be the Tie that Binds"), 1782. Dominio público.

2. Para profundizar sobre el tema, ver Andrew Reese, *Herramientas de Libertad: Para Superar los Problemas Difíciles de la Vida, (Freedom Tools: For Overcoming Life's Tough Problems)*, (Grand Rapids: Chosen, 2008); and John Eldredge, Waking the Dead (Nashville: Nelson, 2003), 2.

capítulo 9

1. Sarah Young, *Jesús te Llama, (Jesus Calling)*, (Nashville, TN: Integrity, 2004), 341.

capítulo 10

1. *La Redención de Shawshank (The Shawshank Redemption)*, directed by Frank Darabont (Culver City, CA: Columbia Pictures, 1994).

2. Sabatina James, "Por qué mi Madre me Quiere Muerta" ("Why My Mother Wants Me Dead") *Newsweek*, March 5, 2012, www. thedailybeast.com/newsweek/2012/03/04/ sabatina-james-why-my-mother-wants-me- dead.html.

3. John Eldredge, *El Despertar de los Muertos (Waking the Dead)* (Nashville: Thomas Nelson, 2003), 18.

4. Para leer más sobre el tema; John Eldredge, *El Despertar de los Muertos, (Waking the Dead)*; y Neil T. Anderson, *El Interruptor de la Esclavitud, (The Bondage Breaker)* (Eugene, OR: Harvest House, 1990).

capítulo 11

Epígrafe. C. S. Lewis, *La Silla de Plata (The Silver Chair)* (New York: Macmillan, 1953), 19–21.

1. Lewis, *La Silla de Plata, (The Silver Chair)*, 21.

2. Lewis, *La Silla de Plata, (The Silver Chair)*, 21.

3. Oswald Chambers, *En Pos de lo Supremo (Utmost for His Highest), (Uhrichsville, OH: Barbour Publishing, 1999), 120.*

4. John Milton, *Las Prosas de John Milton (The Prose Works of John Milton),* (London: George Bell and Sons, 1888), 329.

5. Thomas Wolfe, *"El Hombre Solitario de Dios" ("God's Lonely Man"), Las Montañas de más Allá, (The Hills Beyond),* ((Baton Rouge: Louisiana State University Press, 1935, 1936, 1937, 1939, 1941, 1969, 2000), 186.

capítulo 12

1. Philip Yancey, *¿Dónde está Dios Cuando Duele? (Where Is God When It Hurts?)* (Grand Rapids, MI: Zondervan, 1990), 161.

capítulo 13

1. Chaya Babu, "285 Niñas Indias se Despojan de sus Nombres 'No Deseados'", ("285 Indian Girls Shed 'Unwanted' Names,") *Associated Press,* 22 de octubre, 2011, http://news.yahoo.com/285-indian-girls-shed-unwanted-names-122551876.html.